VERBORGENES
TOKIO

Pierre Mustière und Yoko Kera

JONGLEZ VERLAG

Reiseführer

Pierre Mustière wurde 1976 in Frankreich geboren, lebt aber seit 1998 in Tokio. Er interessiert sich sehr für die Geschichte der Stadt und strebt immer danach, mehr darüber zu erfahren. An den Wochenenden schlendert er oft durch die weniger bekannten Viertel der japanischen Hauptstadt und hält dabei Ausschau nach einer vergessenen Brücke, einer unbekannten Gasse oder einem versteckten Schrein oder Garten, um neue Aspekte dieser Metropole, die er eigentlich gut zu kennen glaubte, zu entdecken. Obwohl er hauptberuflich in einem völlig anderen Bereich arbeitet, hat er sich zu seinem eigenen Vergnügen zum National Guide Interpreter (通訳案内士) ausbilden lassen und ist zudem als Tokyo City Guide (東京シティ ガイド) lizenziert.

Yoko Kera (計良曜子) stammt von der Insel Sado im Japanischen Meer. Sie ist in die Hauptstadt gezogen, um an der renommierten Universität von Tokio (Todai) zu studieren. Sie interessiert sich mehr für die hipperen Orte der Stadt und die neuesten internationalen Einflüsse als für deren Vergangenheit.

Pierre und Yoko sind verheiratet und haben eine Tochter.

Die Arbeit am Reiseführer *Verborgenes Tokio* hat uns sehr viel Spaß gemacht, und wir hoffen, dass Sie damit – ebenso wie wir – ungewöhnliche, verborgene oder weniger bekannte Aspekte dieser Stadt entdecken werden.
Einige Einträge sind mit historischen Anmerkungen oder Anekdoten versehen, die dazu beitragen sollen, die Stadt in ihrer Vielschichtigkeit besser zu verstehen. *Verborgenes Tokio* hebt zudem eine Vielzahl von Details hervor, auf die wir an Orten gestoßen sind, an denen man Tag für Tag vorbeigeht, ohne sie besonders zu beachten. Diese laden Sie dazu ein, die städtische Landschaft genauer zu betrachten und mit derselben Neugier und Aufmerksamkeit, die wir auf Reisen meist an den Tag legen, durch unsere Stadt zu streifen.

Über Anmerkungen zu diesem Reiseführer und seinem Inhalt sowie Informationen zu Orten, die darin nicht aufgeführt sind, freuen wir uns sehr und bemühen uns, diese in zukünftige Ausgaben aufzunehmen.

Kontaktieren Sie uns:
E-Mail: info@jonglezverlag.com

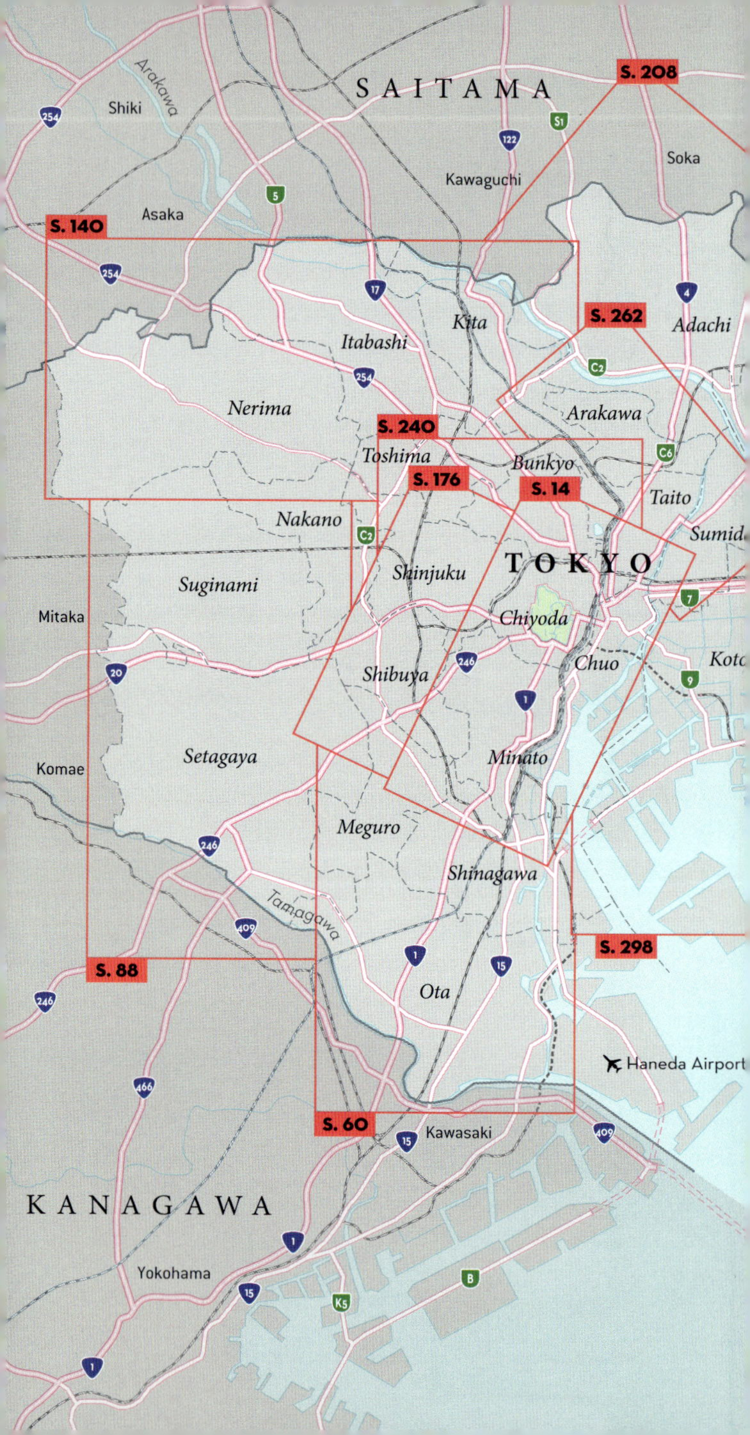

SAITAMA
Shiki
Arakawa
Asaka
Kawaguchi
Soka
S. 208
S. 140
S. 262
S. 240
S. 176
S. 14
Kita
Itabashi
Adachi
Nerima
Arakawa
Toshima
Bunkyo
Taito
Nakano
Sumid
TOKYO
Shinjuku
Suginami
Mitaka
Chiyoda
Chuo
Koto
Shibuya
Setagaya
Minato
Komae
Meguro
Shinagawa
Tamagawa
S. 298
S. 88
Ota
Haneda Airport
S. 60
Kawasaki
KANAGAWA
Yokohama

Nagareyama
Abiko
Misato
C6
16
6
Shiroi
Matsudo
464
298
464
Kamagaya
16
Katsushika
Yachiyo
CHIBA
Ichikawa
14
7
296
Edogawa
Narashino
Funabashi
357
357
Urayasu
14
Tokyo Bay
297
16
N
409
0
5
10 km

INHALT

Chuo / Chiyoda / Minato

KRIMINOLOGISCHE SEKTION DES MUSEUMS DER MEIJI-UNIVERSITÄT *16*
SÄULEN AM STANDORT DER SAKUMA-BRÜCKE *17*
ZUG-AUSSICHTSPLATTFORM MAACH ECUTE KANDA MANSEIBASHI *18*
DAIKOKUTEN-SKULPTUR BEI MINOBU-BETSUIN *20*
DIE KOKUCHO-GLOCKE *21*
BRANDBOMBENEINSCHLÄGE AUF DER NIHONBASHI-BRÜCKE *22*
GEDENKSTEIN IN DER RESIDENZ VON WILLIAM ADAMS *24*
NIHONBASHI-UOGASHI-DENKMAL *25*
DENKMAL FÜR DEN KOPF VON TAIRA NO MASAKADO *26*
CHINREISHA *28*
DIE SÄULEN DES HAUPTTORS ZUM YASUKUNI-SCHREIN *29*
STATUEN VON TIEREN, DIE IM KRIEG GETÖTET WURDEN *29*
DER GARTEN SHINCHITEIEN *30*
TAKARAKUJI DREAMKAN *32*
DAS TOKIOTER POLIZEIMUSEUM *33*
OKUNO BUILDING IN GINZA *34*
DENKMAL FÜR DAS ALTE GINZA *35*
DIE TOILETTEN DES LEUCHTTURMS IM TSUKUDA-PARK *36*
WACHTPOSTEN IM VIERTEL NISHI-NAKA-DORI *37*
DER PFEILER DER KACHIDOKI-BRÜCKE *38*
GODZILLA-STATUE VOR DEM MIDTOWN HIBIYA *40*
RUNENSTEINE IM HIBIYA-PARK *41*
DER KOKU-JINJA-SCHREIN *42*
DIE FUCHSSTATUEN IM TOYOKAWA-INARI-TEMPEL *44*
DENKMAL FÜR DEN COUNTDOWN ZUM 21. JAHRHUNDERT *46*
DIE HIMMELSTREPPE AM MOUNT ATAGO *48*
NHK-RUNDFUNKMUSEUM *49*
DIE STATUE IM GARTEN VON ATAGO GREEN HILLS *50*
TAKANAWA CENTRAL PASSAGE *52*
ARIMASUTONBIRU-HAUS *53*
DAS TOR ZUR SEISHIN-JOSHI-GAKUIN-SCHULE *54*
ÜBERRESTE DER KANONENSTÄNDE VON ODAIBA *56*

Ota / Shinagawa / Meguro

MEGURO SKY GARDEN *62*
GEDENKSTEIN MIT WEISSEN ZIEGELN IN TOGOSHI-GINZA *64*
PALM *65*
DIE STATUEN VON GOHYAKU RAKAN-JI *66*
AM KAGATA-SCHREIN BEGRABENER WAL *68*

SHINAGAWA-SHUKU 69
TORII DES TOYOKAWA-INARI IN JIYUGAOKA 70
MARINEDORF 71
EIN VENEZIANISCHER KANAL IN TOKIO 71
DIE SENZOKU-IKE-UNTERFÜHRUNG 72
TOKODAI-BLÜTE 73
ÜBERRESTE DER SUZUGAMORI-HINRICHTUNGSSTÄTTE 74
WILDVOGELPARK AM HAFEN VON TOKIO 76
DIE BLUMENHALLE AM OTA-MARKT 78
DAS OMORI-NORI-MUSME 80
BEWEGLICHE BRÜCKE VON HANDEDA 82
JIZO IM HOJOIN-TEMPEL 83
PIO 84
DER NISHIROKUGOKOEN-PARK 86

Nakano / Suginami / Setagaya

BRONZEDENKMAL FÜR GUNDAM 90
DER TETSUGAKUDO-PARK 92
DER EINGANG ZUM NAKANO-GEFÄNGNIS 94
NAKANO-BROADWAY-WOHNANLAGE 95
DER KISHO-JINJA-WETTERSCHREIN 96
STATUETTEN IM PEARL CENTER 97
DER ŌTAGURO-PARK 98
IRORI IM SUGINAMI HISTORICAL MUSEUM 100
DIE HEILIGEN HALLEN DES RISSHO KOSEI-KAI 102
DIE WOHNHÄUSER LA PORTA IZUMI NO MON
UND MIND WAA 104
DAS EHEMALIGE WOHNHAUS VON TOKUTOMI ROKA 110
ZWEI BERÜCHTIGTE HÄUSER IM SOSHIGAYA-PARK 112
MANEKI-NEKO IM GOTOKU-JI-TEMPEL 113
DER ULTRAMAN VON SOSHIGAYA-OKURA 114
WEITERE SPUREN VON ULTRAMAN 115
DER ROTIERENDE BUDDHA VON OKURA 116
DIE GODZILLA-STATUE AM EINGANG DER TOHO STUDIOS 117
LEBENSMITTEL- UND LANDWIRTSCHAFTSMUSEUM 118
BIORIUM 119
WEGWEISER IN DER OYAMA-DORI 120
SETAGAYA MUSEUM OF HISTORY 121
DIE TÜRME DER KOMAZAWAWASSERENTNAHMESTELLE 122
DIE STATUEN VON SAZAE UND IHRER FAMILIE IN
SAKURASHINMACHI 124
HASEGAWA-MACHIKO-KUNSTMUSEUM 125
DER SANDO AM HISATOMI-INARI-SCHREIN 126
GALERIE DER GEDENKSTÄTTENIM KOMAZAWA-OLYMPIAPARK 128
DIE EDAN MALL FUKASAWA 129

INHALT

DER BAHNHOF KUHONBUTSU 130
DIE TODOROKI-SCHLUCHT 132
TUMULI AUF DEN HÜGELN MUSASHINOS 134
KIMURA BUDOEN („TRAUBENGARTEN“) UND HÜHNERSTALL 135
DER KISHIN-EN-GARTEN 136
UNTER DEM TAMAGAWA-DAISHI-TEMPEL 138

Nerima / Itabashi / Kita

DIE ANTISUIZID-GITTER VON TAKASHIMADAIRA 142
DER YAKUSHI-NO-IZUMI-GARTEN 144
DER GROSSE BUDDHA VON TOKIO 146
ZUM GEDENKEN AN DIE BURG VON AKATSUKA 147
HIKARIGAOKA *DANCHI* 148
KOIZUMI-RINDER 150
DER SOBA-KUI JIZO VON KUHON'IN 152
SHINGYOJI 153
AUSSICHTSPLATTFORM AM RATHAUS VON NERIMA 154
EKODAS FUJIZUKA 156
TOKIWADAI UND SEINE SACKGASSEN 158
DAS DAGASHI-YA-SPIELEMUSEUM 159
DER FUSSWEG DES KIRIGAOKA *DANCHI* 160
AKABANE HACHIMAN 161
DAS ARAKAWA MUSEUM OF AQUA 162
DIE IWABUCHI-SCHLEUSEN 164
DIE STELE TSUKI WO IRU 165
DIE KYU-FURUKAWA-TEIEN-GÄRTEN 166
TAFEL AM MOUNT ASUKA 167
DIE ÜBERRESTE DER MUNITIONSFABRIK JUJO 168
DIE PULVERMÜHLE DES ZWEITEN ARSENALS 170
NOGUCHI-INSTITUT 171
DIE ÜBERRESTE VON ITABASHISHUKU 172
ENKIRI ENOKI 174

Shibuya / Shinjuku

WASEDA EL DORADO 178
DAS TSUMAMI-KANZASHIMINI-MUSEUM 180
HAKONE-YAMA 182
DAS ICHIGAYA FISH CENTER 184
DAS NAITO-SHINJUKU-DIORAMA 186
DIE ENMA-STATUE IM TAISO-JI 187
DAS GUNKAN HIGASHI-SHINJUKU 188
TOYAMA HEIGHTS, EIN ÜBERALTERTES DORF IN DEN

YAMANOTE-HÜGELN 189
DER PFERDEBRUNNEN 190
DIE GEHEIMNISVOLLEN SÄULEN VON LUMINE EST 191
DER RURIKOIN-BYAKURENGEDO-TEMPEL 192
PONYS IM YOYOGI-STADTPARK 194
DER KAISER-BAHNHOF HARAJUKU 195
DER SENDAGAYA-TUNNEL 195
FLUSSAUFWÄRTS AUF DEM FLUSS SHIBUYA 196
ARCHÄOLOGIEMUSEUM DER UNIVERSITÄT KOKUGAKUIN 198
GEBÄUDE NR. 1, AOYAMA TECHNICAL COLLEGE 200
DER TOKIO-ABLEGER DER MIKI CORPORATION 202
DIE E-SONNENBLUME VON DAIKANYAMA 204
TOKYO CAMII 206

Adashi / Katsukiha / Edogawa

DER TONERI-IKIIKI-PARK 210
DER ARCHÄOLOGIEPARK IKO 212
DAS TEMPELDORF IKO 213
DIE *JIZOS* VON NISHIARAI-DAISHI 214
DIE TOBU-DAISHI-LINIE 215
DIE ÜBERRESTE DER SENJU-*SHUKUBA* 216
DIE BRONZESTATUEN DER *KOCHIKAME*-CHARAKTERE 218
EINE VERSCHNÜRTE *JIZO*-STATUE 220
EIN PARK AN DEN UFERN DES HIKIFUNEGAWA 222
STADTMUSEUM KATSUSHIKA 223
STATUEN VON CAPTAIN TSUBASA 224
DIE STATUE AN DER CHIKUSA-SPIELWARENFABRIK 226
DER SHIBUE-SPIELPLATZ 227
DER STEHENDE STEIN VON TATEISHI 228
TATEISHI NAKAMISE 229
DAS SHOGAN-JI-PLANETARIUM 230
DIE RIESENDÄMME AM EDOGAWA 232
DIE TOWER-HALL-FUNABORI-AUSSICHTSPLATTFORM 234
ZENSHINSHA 235
DIE TORE DER ALTEN SCHLEUSE VON KOMATSUGAWA 236
DAS NAKAGAWA-FUNABANSHO-MUSEUM 235
DER HEISEI-GARTEN IM GYOSEN-PARK 238

Bunkyo / Toshima

WESTLICHE GRÄBER AUF DEM SOMEI-FRIEDHOF 242
DER GEDENKSTEIN FÜR DAS SUGAMO-GEFÄNGNIS 244
DAS LABYRINTH VON 6-OTSUKA UND 5-HIGASHI IKEBUKURO 245
DIE LOURDES-GROTTE 246

INHALT

DAS CHINZANSO-ANWESEN 248
DAS HAUS VON BASHO 252
DIE BOTANISCHEN GÄRTEN DER TOKIO UNIVERSITY GRADUATE 254
DER KOISHIKAWA-BAU, MUSEUM DER UNIVERSITÄT TOKIO 255
DIE BLINDE ENMA-STATUE 256
DAS WASSERVERSORGUNGSMUSEUM IN TOKIO 258
DIE MON-FLIESEN DES *AKAMON* IN TODAI 260
GEISTERSTUFE IN YAYOI 261

Arakawa / Taito / Sumida

STRASSENBAHNEN AUF DER ARAKAWA-LINIE 264
DIE BACKSTEINMAUER DES ARAKAWA YUEN 266
DIE TOILETTEN DES OKU-BAHNHOFS 268
DIE GRÄBER SEZIERTER LEICHEN IN YANAKA 270
DIE BINBO-GA-SARU-STATUE 271
DIE AUFGELASSENE STATION KEISEI HAKUBUTSUKAN-DOBUTSUEN 272
KAN'EIJI-SAKA: EINE WEITERE AUFGELASSENE STATION AUF DER KEISEI-LINIE 273
DAS GESICHT DES GROSSEN BUDDHA VON UENO 274
DAS GRABMAL FÜR DIE TIERE DES ZOOS UENO 276
DAS POLIZEIHÄUSCHEN UND DER BRIEFKASTEN IM ZOO VON UENO 277
MUMIFIZIERTER *KAPPA*-ARM AM SOGEN-JI 278
DIE VERBRANNTEN BÄUME VON SENSO-JI 280
DER YOKOAMICHO-PARK 282
DER SEE DER EHEMALIGEN YASUDA-GÄRTEN 284
DAS SUMIDA HERITAGE MUSEUM 286
DAS SHIRAHIGE-HIGASHI *DANCHI* 288
DER IMADO-SCHREIN 290
DENKMAL FÜR DIE PROSTITUIERTEN VON YOSHIWARA IM JOKAN-JI 292
DIE JOE-STATUE IN SAN'YA 294
UMGEBAUTE TAMANOI-CAFÉS 295
ÜBERRESTE DER HINRICHTUNGSSTÄTTE KOZUKAPPARA 296

Koto

DER KATORI-JINJA-SCHREIN IN KAMEIDO 300
DENKMAL IM PFLAUMENGARTEN 301
DIE ÜBERRESTE DES ONAGIGAWA-FRACHTTERMINALS 302
DAS MUSEUM DER LUFTANGRIFFE UND KRIEGSSCHÄDEN IN TOKIO 304

HAYAGRIVA VON KOTO *305*
DIE INSZENIERUNG DER ENMA-STATUEIM FUKAGAWA ENMADO *306*
DIE FASSADE DES FUKAGAWA FUDOU-DOU *308*
EITAIBASHI *309*
DAS *MEIJI-MARU*-MUSEUMSSCHIFF *310*
DIE *DAIGO FUKURYU MARU* *312*
NEUE SPORTANLAGE IN TATSUMI NO MORI *314*
DAS TATSUMI *DANCHI* *315*
DIE AUFGELASSENE HARUMI-BRÜCKE *316*
DIE RESTE DES K-MUSEUMS *318*
DAS ZOLLINFORMATIONSZENTRUM TOKIO *320*
BLICK AUF DIE UFERPROMENADE VON OI VOM AOMI-MINAMI-FUTO-PARK AUS *321*
DIE CHUO-BOHATEI-DEPONIE *322*
FUSSGÄNGERZUGANG ZUR GATE BRIDGE *323*

ALPHABETISCHER INDEX *324*

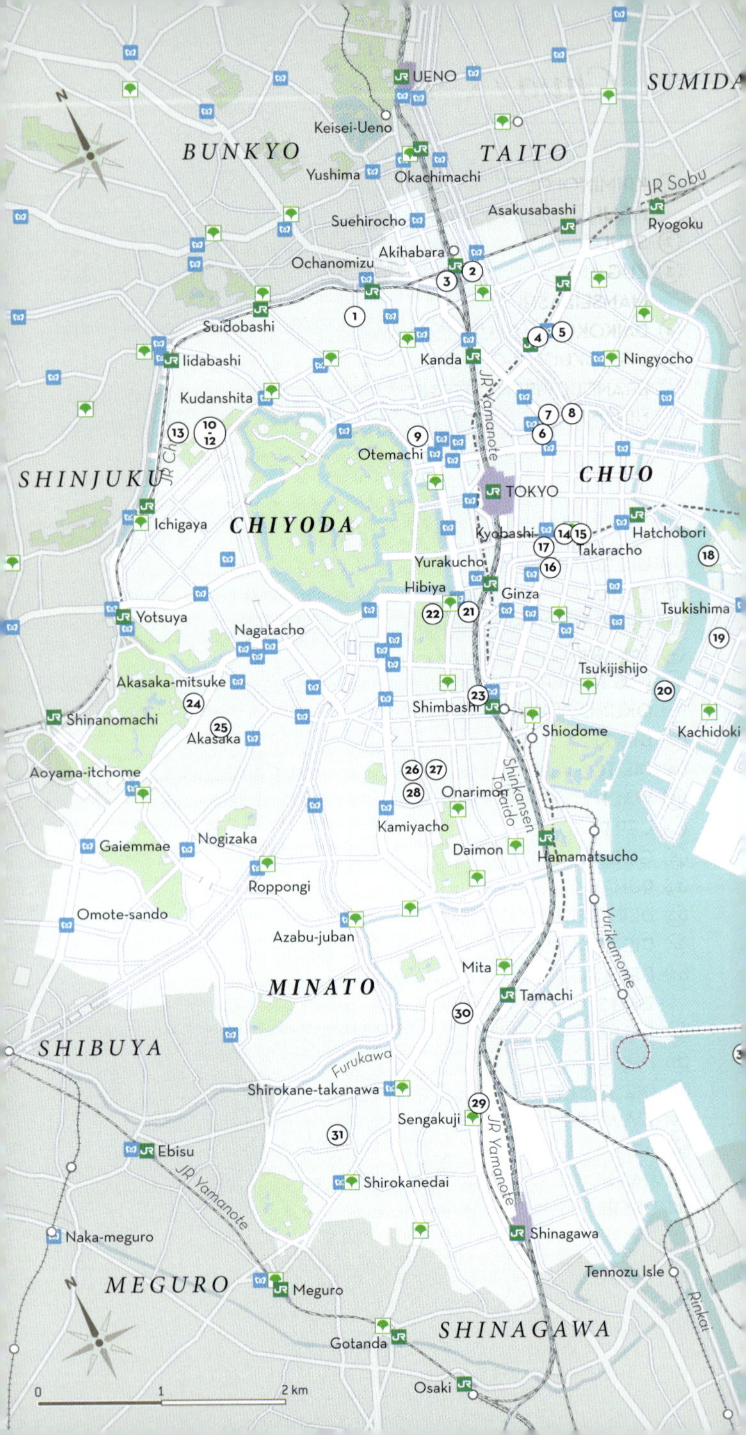

SUMIDA
BUNKYO
TAITO
UENO
Keisei-Ueno
Yushima
Okachimachi
JR Sobu
Asakusabashi
Ryogoku
Suehirocho
Akihabara
Ochanomizu
Suidobashi
Iidabashi
Kanda
Ningyocho
Kudanshita
JR Yamanote
Otemachi
SHINJUKU
JR Chuo
CHUO
TOKYO
Ichigaya
CHIYODA
Kyobashi
Hatchobori
Takaracho
Yurakucho
Hibiya
Ginza
Yotsuya
Tsukishima
Nagatacho
Akasaka-mitsuke
Tsukijishijo
Shinanomachi
Shimbashi
Shiodome
Akasaka
Kachidoki
Aoyama-itchome
Onarimon
Shinkansen Tokaido
Kamiyacho
Gaiemmae
Nogizaka
Daimon
Hamamatsucho
Roppongi
Omote-sando
Yurikamome
Azabu-juban
Mita
MINATO
Tamachi
SHIBUYA
Furukawa
Shirokane-takanawa
Sengakuji
Ebisu
JR Yamanote
Shirokanedai
Naka-meguro
Shinagawa
Tennozu Isle
Rinkai
MEGURO
Meguro
SHINAGAWA
Gotanda
Osaki
0
1
2 km

Chuo / Chiyoda / Minato

① KRIMINOLOGISCHE SEKTION DES MUSEUMS DER MEIJI-UNIVERSITÄT 16
② SÄULEN AM STANDORT DER SAKUMA-BRÜCKE 17
③ ZUG-AUSSICHTSPLATTFORM MAACH ECUTE KANDA MANSEIBASHI 18
④ DAIKOKUTEN-SKULPTUR BEI MINOBU-BETSUIN 20
⑤ DIE KOKUCHO-GLOCKE 21
⑥ BRANDBOMBENEINSCHLÄGE AUF DER NIHONBASHI-BRÜCKE 22
⑦ GEDENKSTEIN IN DER RESIDENZ VON WILLIAM ADAMS 24
⑧ NIHONBASHI-UOGASHI-DENKMAL 25
⑨ DENKMAL FÜR DEN KOPF VON TAIRA NO MASAKADO 26
⑩ CHINREISHA 28
⑪ DIE SÄULEN DES HAUPTTORS ZUM YASUKUNI-SCHREIN 29
⑫ STATUEN VON TIEREN, DIE IM KRIEG GETÖTET WURDEN 29
⑬ DER GARTEN SHINCHITEIEN 30
⑭ TAKARAKUJI DREAMKAN 32
⑮ DAS TOKIOTER POLIZEIMUSEUM 33
⑯ OKUNO BUILDING IN GINZA 34
⑰ DENKMAL FÜR DAS ALTE GINZA 35
⑱ DIE TOILETTEN DES LEUCHTTURMS IM TSUKUDA-PARK 36
⑲ WACHTPOSTEN IM VIERTEL NISHI-NAKA-DORI 37
⑳ DER PFEILER DER KACHIDOKI-BRÜCKE 38
㉑ GODZILLA-STATUE VOR DEM MIDTOWN HIBIYA 40
㉒ RUNENSTEINE IM HIBIYA-PARK 41
㉓ DER KOKU-JINJA-SCHREIN 42
㉔ DIE FUCHSSTATUEN IM TOYOKAWA-INARI-TEMPEL 44
㉕ DENKMAL FÜR DEN COUNTDOWN ZUM 21. JAHRHUNDERT 46
㉖ DIE HIMMELSTREPPE AM MOUNT ATAGO 48
㉗ NHK-RUNDFUNKMUSEUM 49
㉘ DIE STATUE IM GARTEN VON ATAGO GREEN HILLS 50
㉙ TAKANAWA CENTRAL PASSAGE 52
㉚ ARIMASUTONBIRU-HAUS 53
㉛ DAS TOR ZUR SEISHIN-JOSHI-GAKUIN-SCHULE 54
㉜ ÜBERRESTE DER KANONENSTÄNDE VON ODAIBA 56

KRIMINOLOGISCHE SEKTION

①

Folter aller Art

1-1 Kanda-Surugadai, Chiyoda-ku (東京都千代田区神田駿河台 1-1)
Werktags 10–17 Uhr, samstags 10–16:30 Uhr
Sonntags, an gesetzlichen Feiertagen, während der Sommerferien (10.–16. August) und vom 26. Dezember bis 7. Januar geschlossen
Freier Eintritt
5 Gehminuten entfernt von den Stationen Ochanomizu (御茶ノ水) oder Shin-Ochanomizu (新御茶ノ水), JR-Linien Sobu oder Chuo, Tokyo-Metro-Linien Marunouchi oder Chiyoda

Das Museum der privaten Meiji-Universität besitzt drei Hauptbereiche. Wenngleich jene für Archäologie und Konsumgüter interessant sind, überrascht der zwischen den beiden anderen liegende: Dieser ist der Kriminologie (刑事博物館) gewidmet und verfügt über eine umfangreiche Objektsammlung zur Geschichte von Gesetzgebung und Gerichtsurteilen. Eine besondere Attraktion sind die detaillierten Abbildungen der Folterpraktiken in der Edo-Zeit sowie der genutzten „Werkzeuge". Die Härte der damaligen Strafen mag heutzutage extrem erscheinen. Das Museum besitzt das einzige Exemplar einer eisernen Jungfrau[1] in Japan sowie eine Guillotine – allerdings beides Nachbildungen aus dem frühen 20. Jahrhundert. Alte juristische Manuskripte, auf Holztafeln verewigte Erlasse und Instrumente, die zur Gefangennahme von Flüchtlingen in der Edo-Ära dienten, runden diese seltene Sammlung ab. Diverse andere Foltergeräte werden in diesem Museum mit seiner speziellen Atmosphäre ausgestellt – nichts für zarte Gemüter, wie ein Hinweis warnt. Seinen Spitznamen „Museum der Folter" trägt es zu Recht.

[1] *Folterinstrument in Form eines Sarges mit dem Gesicht einer jungen Frau, dessen gesamte Innenseite mit langen Metallspießen bedeckt ist.*

SÄULEN AM STANDORT DER SAKUMA-BRÜCKE

②

Eine Brücke ohne Wasser auf dem Weg aus Akihabara

1 Kanda-Sakumachi, Chiyoda-ku (東京都千代田区神田佐久間町 1)
Rund um die Uhr zu besichtigen
5 Gehminuten entfernt von der Station Akihabara (秋葉原), Tokyo Metro Hibiya-Linie; JR-Linien Yamanote, Sobu oder Keihin Tohoku; Tsukuba-Express der MIR

Am Südausgang des Bahnhofs Akihabara, zwischen dem Yodobashi-Gebäude und dem Fluss Kandagawa, stehen südlich des Akihabara-Parks und auf der anderen Straßenseite in Richtung Fluss Säulen, die an *Sakumabashi* (佐久間橋) – die Sakuma-Brücke – erinnern. Der Name ist auch darin eingraviert, doch seltsamerweise scheint hier kein Gewässer zu sein, das überquert werden müsste. Dafür gibt es eine historische Erklärung. Einst war Akihabara ein multimodaler Verkehrsknoten: Fracht wurde über den Kandagawa verschifft und dann entlang eines schmalen Kanals, der Ende des 19. Jahrhunderts gegraben und in den 1960er-Jahren wieder zugeschüttet wurde, zum Bahnhof gebracht. Darüber spannte sich diese mittlerweile verschwundene Brücke. Am Ende der Meiji-Ära war Akihabara der zweitgrößte Güterbahnhof der Stadt; er wurde erst 1925 für Passagiere geöffnet. Lange bevor der Bezirk eine Hochburg für Elektronik und Otaku-Kultur wurde, lebten hier vor allem Holzhändler. Einer von ihnen war Sakuma Heihachi[1], der der Brücke und dem Viertel seinen Namen gab.

Kleines Akihabara

Die Neonreklamen rund um den Bahnhof Akihabara liegen nicht im Ortsteil dieses Namens, sondern erstrecken sich über mehrere Viertel Chiyodas (Kanda-Sakumacho, Kanda-Hirakawacho, Kanda-Matsunagacho, Kanda-Hanaokacho, Kanda-Aioicho, Kanda-Neribeicho und Soto-Kanda). Der Ortsteil Akihabara im Bezirk Taito liegt am Rande des Elektronik-Rummels, etwa 500 Meter nördlich des Bahnhofs. Es handelt sich um ein paar unscheinbare Blocks an der Eisenbahnstrecke, und es ist nicht das Akihabara, das man in der Regel sucht.

[1] *佐久間平八, ?–?, ein Anfang des 17. Jahrhunderts sehr erfolgreicher Kaufmann.*

ZUG-AUSSICHTSPLATTFORM MAACH ECUTE KANDA MANSEIBASHI

③

Aussichtsplattform auf den renovierten Bahnsteigen eines ehemaligen Bahnhofs

1-25-4 Kanda-Sudacho, Chiyoda-ku (東京都千代田区神田須田町 1-25-4
Aussichtsplattform: Montag bis Samstag 11–22 Uhr, sonntags und an gesetzlichen Feiertagen 11–20:30 Uhr
5 Gehminuten entfernt vom Akihabara (秋葉原), Tokyo Metro Hibiya-Linie; JR-Linien Yamanote, Sobu oder Keihin Tohoku; Tsukuba-Express der MIR

Gleich neben dem Bahnhof Akihabara wurde der 1943 geschlossene Manseibashi-Bahnhof renoviert und im September 2013 als Einkaufszentrum, mAAch ecute Kanda Manseibashi (マーチエキュート神田万世橋), wiedereröffnet. Bei der Sanierung setzte man einige bauliche Elemente des Bahnhofs wieder ein, darunter die roten Ziegelsteine.

Im mAAch ecute gibt es ein paar Restaurants, Geschäfte und einige schöne Cafés, doch die wahre Attraktion sind die Bahnsteige, die in eine Aussichtsplattform verwandelt wurden, um die Züge der Chuo-Linie vorbeifahren zu sehen. Sie ist verglast, sodass man den Anblick in Ruhe genießen kann. In einem Teil wurde ein Café untergebracht, für alle, die sich beim Beobachten der Güterzüge stärken möchten. Der Zugang erfolgt über zwei originale Treppen, eine aus dem Jahr 1935 und eine aus dem Jahr 1912. Aufgrund der späten Schließzeiten und der durchdachten Beleuchtung kann man die Nachtzüge mit den Lichtern von Akihabara im Hintergrund genießen. Der rege Verkehr auf der Chuo-Linie garantiert ein eindrucksvolles Erlebnis.

Der 1912 eröffnete Manseibashi-Bahnhof war der erste Bahnhof der Chuo-Linie. Entworfen von Tatsuno Kingo[1], verlor er jedoch 1919, nach der Eröffnung des Hauptbahnhofs (ebenfalls von Kingo), an Bedeutung. Das Bahnhofsgebäude, das während des Erdbebens von 1923 abbrannte, wurde zwar wieder aufgebaut, aber nicht im Originalstil. Nach der Eröffnung der Bahnhöfe Kanda und Akihabara nahm die Zahl der Fahrgäste ab, und der Bahnhof wurde 1943 geschlossen. Man ersetzte ihn durch ein Eisenbahnmuseum, das wiederum 2006 seine Pforten schloss.

Die Manseibashi-Geisterstation

Auf der Ginza-Linie, zwischen Kanda und Suehirocho, befindet sich auch eine U-Bahn-Station Manseibashi, die nur zwei Jahre lang, zwischen 1930 und 1931, in Betrieb war. Diese Haltestelle ist für die Öffentlichkeit geschlossen, blickt man jedoch aus dem Fenster der Ginza-U-Bahn und sieht ganz genau hin, bemerkt man, dass die Abstände zwischen den Tunnelstützpfeilern auf dem Weg nach Kanda variieren. Die Lüftungsschächte befinden sich immer noch unter den Gittern auf dem Bürgersteig der Chuo-dori-Straße in der Nähe des Laox-Ladens in Akihabara.

[1] 辰野金吾, *1854–1919. Architekt der Meiji-Zeit.*

DAIKOKUTEN-SKULPTUR BEI MINOBU-BETSUIN

④

Öl-Skulptur

Minobu-Betsuin-Tempel
3-2 Nihonbashi-Kodenmacho, Chuo-ku (東京都中央区日本橋小伝馬町 3-2)
2 Minuten entfernt vom Bahnhof Kodenmacho (小伝馬町), Tokyo Metro Hibiya-Linie

In dem kleinen Tempel von Minobu-Betsuin (身延別院) – nicht zu verwechseln mit seinem größeren Nachbarn Daianrakuji – fällt eine gedrungene glänzende *Daikokuten*-Skulptur auf. Dies ist einer der wenigen Aburakake-Daikokuten (油掛大黒天 – Daikoku, der mit Öl übergossen wird) im Land und der einzige in Tokio. Nach altem Brauch muss als gutes Omen Öl über die Statue gegossen werden, kein Wunder also, dass sie so glänzt! Diese Figur ist nicht sehr alt. Kurz nach dem Krieg sah die sehr gläubige Ehefrau des Schauspielers Hasegawa Kazuo[1] Daikokuten in einem Traum und erzählte im Tempel davon. Der Tempel stellte daraufhin diese Skulptur auf, damit die Tokioter ihn verehren konnten, wie er es verdiente. Die Figur ist von Öl umgeben – gießen Sie einfach mit der vorhandenen Kelle etwas davon darüber.

Am Tempel gibt es zudem einen Gedenkstein, der 1983 von einigen lokalen Restaurantbetreibern errichtet wurde, die die lokale Spezialität *Kabayaki* anbieten. Die Gastronomen bedanken sich auf diese Weise für den Fisch, mit dem sie ihren Lebensunterhalt verdienen.

[1] *長谷川一夫, 1908–1984, Theater- und Kinoschauspieler, der in rund 300 Filmen mitspielte, insbesondere in den 1940er- und 1950er-Jahren.*

IN DER UMGEBUNG

Die Kokucho-Glocke ⑤

Direkt gegenüber von Minobu-Betsuin befindet sich auf dem Gelände des Denmacho-Gefängnisses aus der Edo-Zeit der Park Jisshi-koen. In seiner Mitte steht ein kleiner Betonturm mit der Kokucho-Glocke (石町時の鐘). Die ursprünglich etwa 200 Meter entfernt errichtete Glocke wurde mehrfach durch Brände zerstört; das heutige Modell stammt aus dem Jahr 1711. Sie wurde unter anderem verwendet, um die Hinrichtung von Sträflingen anzukündigen. Heute wird sie nur noch am ersten Tag des Jahres geläutet. Sie ist eine der neun Glocken von Edo, die den Bewohnern die Tageszeit anzeigen sollten – diese hier war die erste der Stadt. Es gibt noch zwei weitere antike Glocken, eine im Ueno-Park (nahe dem Gesicht des Buddha, s. S. 274) und eine im Tempel des Senso-ji in Asakusa. Die sechs anderen (Honjo, Yokoyamamachi, Ichigaya-Yawata, Meguro-Fudo, Akasaka-Tamachi und Yotsuya) sind verloren gegangen.

Die Zeit in Edo

Wie man in der Edo-Ära Zeitangaben machte, unterscheidet sich erheblich von modernen Praktiken. Der Tag wurde, abhängig von der Menge an Tageslicht und somit den Jahreszeiten, in zwölf unterschiedlich lange „Stunden" unterteilt, die man den chinesischen Tierkreiszeichen zuordnete (sechs für die Nacht, sechs für den Tag). Die Stunden wurden von 9, der neunten Stunde, die Mitternacht und Mittag entsprach, bis 4, der letzten Stunde des Morgens und der letzten Stunde vor Mitternacht, gezählt (also ab Mitternacht 9, 8, 7, 6, 5, 4, 9, 8, 7, 6, 5, 4). Die sechsten Stunden markierten den bevorstehenden Sonnenaufgang bzw. Sonnenuntergang. Die Glocken läuteten zunächst dreimal, dann wechselten sie das Tempo und schlugen die Stunde. Im Jahr 1872 übernahm die Meiji-Regierung schließlich die westliche Praxis mit 24 gleich langen Stunden pro Tag, was den Bürgern ein paar schwierige Übergangsmonate bescherte. Das automatische Läuten von Stunden unterschiedlicher Länge war eine große technische Herausforderung. Dies führte zu einigen beeindruckenden mechanischen Geräten wie Tanaka Hisashiges[1] Universaluhr aus dem Jahr 1851, die im National Museum of Nature and Science im Ueno-Park ausgestellt ist.

[1] 田中久重, *1799–1881, Ingenieur und 1875 Gründer von Shibaura Seisakusho (芝浦製作 所), das 1939 durch eine Fusion mit Tokyo Denki zu Toshiba wurde. Eine Reproduktion der Universaluhr ist im Toshiba Science Museum in Kawasaki zu sehen.*

BRANDBOMBENEINSCHLÄGE AUF DER NIHONBASHI-BRÜCKE

⑥

Spuren des Krieges

Zwischen 1 Nihonbashi Chuo-ku (東京都中央区日本橋1) und 1 Nihonbashi-Muromachi Chuo-ku (東京都中央区日本橋室町 1)
Nihonbashi (日本橋), Tokyo-Metro-Linien Tozai und Ginza,
Toei-U-Bahn-Linien Asakusa, Mitsukoshimae (三越前),
Tokyo-Metro-Linien Hanzomon und Ginza

Die Nihonbashi-Brücke ist der Ausgangspunkt der fünf Edo-Routen, entlang derer sich die Shukubas befanden (s. S. 173). Außerdem liegt dort der Kilometer null der Hauptverkehrsstraßen des Landes. Daher war sie stets ein Herzstück der modernen japanischen Geschichte. Die heutige Brückenanlage über den Nihonbashigawa geht auf das Jahr 1911 zurück: Die Brücke überlebte das große Erdbeben von 1923 sowie das Bombardement in der Nacht vom 9. auf den 10. März 1945.

Die Brücke sollte zu ihrem 100. Geburtstag schön schmuck aussehen und wurde deshalb im November und Dezember 2010 mit einem Hochdruckreiniger und Kalziumcarbonatpulver gesäubert.

Obwohl die Reinigung sehr gründlich war, gelang sie nicht perfekt: An mehreren Stellen der Steingeländer waren noch geheimnisvolle braune Flecken zu erkennen, die jetzt umso sichtbarer hervortraten, da die Brücke wieder ihre ursprüngliche weißliche Farbe bekam. Es handelt sich dabei um die Spuren von Brandbomben aus dem großen Bombardement vom März 1945, die bewusst als historisches Zeugnis sichtbar gelassen wurden.

Das am leichtesten erkennbare Brandmal ist an den Geländersäulen auf der Südostseite zu finden, nur wenige Meter hinter der Statue des legendären Löwen Shishi (獅子), der die Brücke schützt. Eine weitere, etwas weniger eindrucksvolle Spur ist am unteren Ende einer Säule auf der Nordwestseite zu erkennen.

Spuren des Erdbebens von 1923

Es finden sich dort zudem vom Erdbeben anno 1923 verursachte Schäden: Ein brennendes Boot kollidierte kurz nach dem Beben mit der Brücke. Die Spuren dieses Aufpralls befinden sich auf Höhe der Brückenbögen und sind vom Fluss aus leicht zu sehen, z. B. während einer Bootsfahrt.

Weitere Informationen zum Bombardement vom 9. auf den 10. März 1945 finden Sie auf S. 304.

GEDENKSTEIN IN DER RESIDENZ VON WILLIAM ADAMS ⑦

Der englische Berater für Äußeres im Shogunat

11-10 Nihonbashi-Muromachi, Chuo-ku (東京都中央区日本橋室町 1-10)
5 Gehminuten entfernt von der Station Mitsukoshi-Mae (三越前), Tokyo-Metro-Linien Ginza oder Hanzomon

Den Standort des Edo-Hauses des englischen Navigators William Adams (三浦按針屋敷跡), auf Japanisch Miura Anjin (三浦按針 – der Navigator von Miura), kennzeichnet ein nüchterner grauer Stein unweit des Kaufhauses Mitsukoshi und der Bank of Japan. Vom Gehweg zurückversetzt und neben einen Juwelier gezwängt, kann man ihn leicht übersehen. Die Straße trägt noch heute seinen Namen: Anjin-dori (按針通り). Der ursprüngliche, erstmals 1930 errichtete Gedenkstein wurde während des Krieges zerstört. Dieser hier stammt aus dem Jahr 1951.

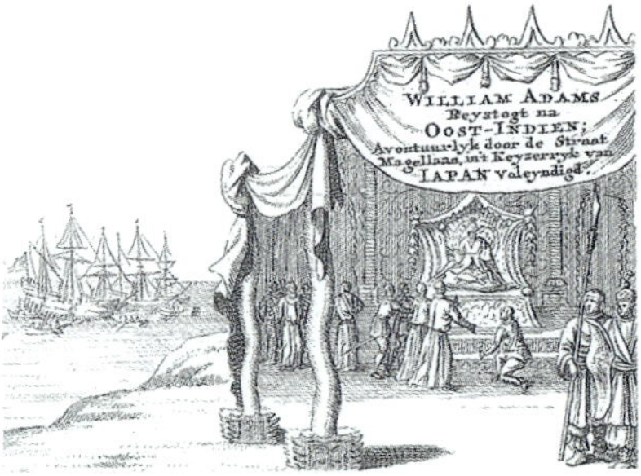

Miura Anjin, der erste westliche Samurai

James Clavell verarbeitete William Adams' faszinierendes Leben in seinem Buch *Shogun*. In der gleichnamigen Fernsehserie wurde Adams (unter anderem Namen) von Richard Chamberlain gespielt. Als er 1600, wenige Monate vor der Schlacht von Sekigahara, in Japan ankam, gewann Adams als Kapitän der *Liefde*, einem gestrandeten holländischen Schiff, das Vertrauen von Tokugawa Ieyasu. Ieyasu wurde 1603 der erste Tokugawa-Shogun mit Adams als Berater für auswärtige Angelegenheiten. Adams wurde zum Hatamoto ernannt, nahm den Namen Miura Anjin an und war der erste westliche Samurai. Nach Ieyasus Tod im Jahr 1616 verlor Adams seinen Einfluss auf das Shogunat. Als das Land sich allmählich vom Rest der Welt isolierte, stationierte man ihn in Hirado in Nagasaki. Er verstarb im Jahr 1620. Bei seiner Ankunft hatte ihn der Holländer Jan Joosten van Lodensteijn begleitet. Jan Joosten, auf Japanisch Yayosu, gab dem Bezirk, in dem er lebte und der heute als Yaesu bekannt ist (östlich des Bahnhofs Tokio), seinen Namen.

IN DER UMGEBUNG

Nihonbashi-Uogashi-Denkmal (8)

Den Kandagawa entlang in Richtung Nr. 1–10, unweit des Steins, der die Adams-Residenz kennzeichnet, befindet sich neben einer U-Bahn-Station die kleine Statue einer sitzenden Frau. Dieses dezente Denkmal, das 1953 errichtet wurde, markiert den Standort des Nihonbashi Uogashi (日本橋魚河岸), des alten Fischmarkts von Edo und Tokio. Dieser Markt, der während des Erdbebens von 1923 schwer beschädigt wurde, musste nach Tsukiji übersiedeln und legte damit den Grundstein für den heutigen Fischmarkt. Von dem, was einst eines der belebten Wirtschaftszentren Edos war, ist heute nicht mehr viel übrig.

DENKMAL FÜR DEN KOPF VON TAIRA NO MASAKADO

9

Die Botschaft ist klar: Stört Masakado nicht!

1-2-1 Otemachi, Chiyoda-ku (東京都千代田区大手町 1-2-1)
Rund um die Uhr zu besichtigen
5 Gehminuten entfernt von der Station Otemachi (大手町), Tokyo-Metro-Linien Hanzomon, Marunouchi, Tozai oder Chiyoda; Toei-U-Bahn Mita-Linie

Im Herzen des Geschäftsviertels, in dem die großen Finanz- und Handelsunternehmen angesiedelt sind, befindet sich ein schmales Denkmal an einem schattigen Ort, der als Hügel des Kopfes von Taira no Masakado (平将門の首塚) bekannt ist. Es ist dem Kopf des Mannes gewidmet, der zur Schutzgottheit der Stadt erklärt wurde (*shugoshin*) und der unter

© 菊竹若狭

anderem am Kanda-Myojin-Schrein verehrt wird. Laut einer Masakado-Legende soll der Kopf des Kriegers alleine von Kyoto (damals Heian-Kyo) nach Kanto geflogen sein, um seinen Körper zu suchen. Er landete hier vermutlich auf einer Anhöhe in der Nähe von Kofun, das damals, vor der Erweiterung Tokios, am Rande der Bucht lag.

Die Stätte genießt hohes Ansehen und wird sorgfältig gepflegt, mit immer frischen Opfergaben am Fuße des Gedenksteins, um den Geist nicht zu verärgern. Anekdoten, unglückliche Zufälle, Aberglaube, Gerüchte über Flüche und andere Legenden gibt es im Überfluss über diejenigen, die Masakados Zorn auf sich gezogen haben.

Nach dem Erdbeben 1923 wurde der (damals viel höhere) Grabhügel durch provisorische Gebäude des Finanzministeriums ersetzt, das nach dem Beben abgebrannt war. Der Minister sowie mehrere Personen, die anscheinend direkt am Bau beteiligt waren, starben, und die Bauten, die während eines heftigen Gewitters vom Blitz getroffen wurden, gingen in Flammen auf. Nach dem Zweiten Weltkrieg sollte das Denkmal durch einen Parkplatz für das Alliierten-Hauptquartier ersetzt werden, doch der Tod eines Baggerfahrers brachte die Arbeiten zum Erliegen. 2021 wurde die Stätte mit größter Sorgfalt renoviert, denn die Botschaft war klar: „Stört Masakado nicht!“

Taira no Masakado

Taira no Masakado (平将門), ein Adeliger aus der Kanto-Region, war der Anstifter einer der größten bewaffneten Revolten gegen die Zentralregierung Mitte des 10. Jahrhunderts. Nach mehreren Konflikten mit anderen lokalen Adligen, die offenbar in keiner Verbindung zum Hof in Kyoto standen, übernahm Masakado im Jahr 940 die Kontrolle über einen Großteil der Region und stürzte nebenbei den Gouverneur der Provinz Hitachi. Kyoto wollte diese Bedrohung für die Zentralregierung beseitigen, und eine den Kanto-Rebellen weit überlegene Armee unter Führung von Taira no Sadamori[1] und Fujiwara no Hidesato[2] zerschlug die Revolte. Masakado wurde enthauptet und sein Kopf nach Kyoto gebracht, wo er zwei Nächte und drei Tage lang zur Schau gestellt wurde.

Im Laufe der Jahrhunderte wurde der Name Masakado zur Legende und viel Aberglaube und Märchen rund um die Konkurrenz zwischen Kanto und Kansai rankten sich um seine Person. 1309 erklärte man ihn in Kanda-Myojin zur Gottheit, und der Schrein galt während des Tokugawa-Shogunats als Schutzmacht Edos.

[1] *平貞盛, ?–989. Taira no Masakados Cousin, dessen Vater (Masakados Onkel) 935 während einer Schlacht unter Beteiligung Masakados getötet worden war.*

[2] *藤原秀郷, ?– ?. Adliger und General, s. S. 301.*

CHINREISHA

⑩

Der andere Schrein für Kriegsopfer

3-1-1 Kudan-Kita, Chiyoda-ku (東京都千代田区九段北 3-1-1)
Gelände des Yasukuni-Schreins: ab 6 Uhr geöffnet, schließt im Januar und Dezember um 17 Uhr, im März, April, September und Oktober um 18 Uhr und zwischen Mai und August um 19 Uhr
Sie können sich dem Schrein mit der Erlaubnis eines Priesters nähern, sofern Sie begleitet werden (fragen Sie nach einer Miko, einem „Schreinmädchen"); dies ist offiziell aus Sicherheitsgründen notwendig
10 Gehminuten entfernt von der Station Kudanshita (九段下), Tokyo-Metro-Linien Hanzomon oder Tozai; Toei-U-Bahn Shinjuku-Linie

Hinter dem Yasukuni-Shinto-Schrein befindet sich ein weiterer kleiner Schrein oder *Hokora*: Chinreisha (鎮霊社 – Schrein für das Seelenheil), der 1965 auf Initiative des Oberpriesters Prinz Tsukuba Fujimaro[1] errichtet wurde.

Der Hauptschrein von Yasukuni ist all jenen gewidmet, die nach der Meiji-Ära im Dienste des Kaisers starben, einschließlich einiger sehr umstrittener Persönlichkeiten. Der kleine und oft übersehene Chinreisha ehrt die *Kami* (Geister) aller Kriegsopfer, unabhängig von ihrer Nationalität. Er ist somit ein Refugium für die Toten, die keinen Platz

im Hauptschrein gefunden hätten, wie etwa die Opfer der Atom- oder US-Bomben oder gar Saigo Takamori[2].

Wie auch der Hauptschrein hat Chinreisha (starke) politische Untertöne und löst manchmal Kontroversen und extremistische Aktionen aus. In der Nacht des 31. Dezember 2014 versuchte ein scheinbar suizidwilliger junger Mann den Schrein niederzubrennen, der dabei stark beschädigt wurde, aber wieder restauriert werden konnte.

Nicht vergessen: Um den Chinreisha-Schrein besuchen zu dürfen, müssen Sie zuerst einen Priester fragen.

IN DER UMGEBUNG

Die Säulen des Haupttors zum Yasukuni-Schrein ⑪

Der Yasukuni-Schrein, in dem die Kami der 2,4 Millionen für den Kaiser gestorbenen Menschen gewürdigt werden, sorgt für Konflikte zwischen Japan und einigen seiner asiatischen Nachbarn.
Die Toiletten auf der Südseite waren im November 2015 Schauplatz eines Bombenanschlags, bei dem glücklicherweise niemand verletzt wurde. Das Haupttor zum Schrein, das mit dem kaiserlichen Siegel geschmückt ist, trägt noch heute auf einer Säule linker Hand (auf der Seite des Schreins) die Spuren eines Brandanschlags durch einen chinesischen Aktivisten Ende Dezember 2011.

Statuen von Tieren, die im Krieg getötet wurden ⑫

Im nördlichen Teil des Tempelgeländes, neben dem weißen Yushukan-Gebäude, das der Militärgeschichte gewidmet ist, befinden sich drei Tierstatuen: ein Hund, ein Pferd und eine Brieftaube. Diese wurden errichtet, um die Geister der Tiere, die im Krieg getötet wurden, zu besänftigen. Das Pferd in der Mitte stammt aus dem Jahr 1958. Die Gedenktafel darunter besagt, dass etwa eine Million Pferde in den Kriegen von der Meiji-Ära bis zum Ende des Pazifikkriegs ums Leben gekommen sind. Die Taube ist seit 1982 dort, und der Deutsche Schäferhund seit 1992.
Gegenüber dem Schrein, direkt neben den Tierstatuen, wurde 1903 auf dem Gelände des Schreins eine Noh-Theaterbühne aus der Meiji-Ära installiert. Es finden regelmäßig Aufführungen statt, um die Geister abzulenken. Diese Bühne gilt als die älteste der Stadt.

[1] 筑波藤麿, *1905–1978, fünfter Oberpriester des Schreins seit 1946.*
[2] 西 郷 隆盛, *1828–1877, Samurai während der Meiji-Restauration, starb während des Satsuma-Aufstands. Saigo ist die wichtigste Inspirationsquelle für die Katsumoto-Figur im Film* Der letzte Samurai *(s. Polizeimuseum, S. 33).*

DER GARTEN SHINCHITEIEN

⑬

Das seltene Beispiel eines traditionellen Gartens aus der frühen Meiji-Ära

3-1-1 Kudan-Kita Chiyoda-ku (東京都千代田区九段北3-1-1)
Gelände des Yasukuni-Schreins: ab 6 Uhr geöffnet, schließt von Januar bis Dezember um 17 Uhr, im März, April, September und Oktober um 18 Uhr und von Mai bis August um 19 Uhr
10 Gehminuten entfernt von Kudanshita (九段下), Tokyo-Metro-Linien Hanzomon und Tozai sowie Toei-U-Bahn Shinjuku-Linie

Shinchiteien wurde 1999 unter der fachkundigen Leitung von Isao Yoshikawa, Präsident der Japanese Garden Research Association, rekonstruiert und ist ein seltenes Beispiel für einen traditionellen Garten aus der frühen Meiji-Ära. Er befindet sich auf der Rückseite des Yasukuni-Geländes und wird nur selten von den zahlreichen Schrein-Besuchern besichtigt. Ein paar dicke Karpfen schwimmen friedlich in einem Teich, über den ein Fußweg aus Steinen führt.

Das Wasser wurde nach dem Erdbeben von 1923 offenbar zum Löschen der Brände in der Umgebung verwendet, und die Karpfen verschenkte man 1982 an den Schrein der Niigata-Präfektur, um die Eröffnung der Joetsu-Shinkansen-Strecke zu feiern.

Der einzigartige Granitblock, der die Brücke über den Teich bildet, ist einer der längsten des Landes.

Die drei Teehäuser, die den Teich in dieser urbanen Oase umgeben, sind nicht für die Öffentlichkeit zugänglich.

TAKARAKUJI DREAMKAN

⑭

Wie viel wiegen 100 Millionen Yen?

2-5-7 Kyobashi, Chuo-ku (東京都中央区京橋 2-5-7)
Montag, Dienstag, Donnerstag und Freitag 10–19:30 Uhr, Mittwoch 10–19 Uhr, Samstag 10–18 Uhr geöffnet
Sonntags und an gesetzlichen Feiertagen geschlossen. Fällt ein gesetzlicher Feiertag auf einen Sonntag, ist am folgenden Tag geschlossen
Vom 29. Dezember bis 3. Januar geschlossen, wenn Ziehungen an einem gesetzlichen Feiertag stattfinden, öffnet das Zentrum um 17 Uhr
Ziehungen sind für die Öffentlichkeit zugänglich, Einlass um 18:45 Uhr – 30 Zuschauerplätze (freier Eintritt); 2 Gehminuten entfernt von der Station Kyobashi (京橋), Tokyo-Metro Ginza-Linie, oder 2 Minuten entfernt von der Station Takaracho (宝町), Toei-U-Bahn Asakusa-Linie

In einem großen, hellen Raum befinden sich, unter dem wachsamen Auge von Ku-Chan, Lotteriemaskottchen, einige mit dem Spiel mehr oder weniger zusammenhängende Exponate. Darts, verschiedene Lottoscheine und Lotterien aus der ganzen Welt füllen die Vitrinen in der Nähe des Eingangs. Dort liegt auch die berühmte Broschüre, die an Gewinner von über 10 Millionen Yen verteilt wird: *Sono hi kara yomu hon* (その日」から読む本 – „Das Buch, das es nach dem D-Day zu lesen gilt“). Man kann auch versuchen, 100 Millionen Yen in 10.000-Yen-Scheinen hochzuheben und feststellen, dass 400 Millionen (selbst in 10.000-Yen-Scheinen) eine Menge Platz brauchen. Der „Traum“ ist also zum Greifen nahe …

Das für die Öffentlichkeit kostenlos zugängliche Zentrum wird auch für Lottoziehungen genutzt, die hinter einer großen Scheibe aus Panzerglas abgehalten werden. Sie finden in der Regel um 18:45 Uhr statt, und man kann daran teilnehmen, auch wenn es nur Platz für 30 Personen gibt.

IN DER UMGEBUNG

Das Tokioter Polizeimuseum ⑮

Gut bewacht von Pipo-kun, dem Maskottchen der Stadtpolizei an der Adresse 3-5-1 Kyobashi, bietet das 2017 renovierte Polizeimuseum (ポリス・ミュージアム警察博物館) drei- bis zwölfjährigen Mädchen und Jungen auf Anfrage eine gute Gelegenheit, eine Polizeiuniform zu tragen. Doch zunächst müssen die Kinder (oder ihre Eltern) einige grundlegende Fragen beantworten: Wollen sie eine Standard- oder Motorraduniform? Rot oder Blau? Helme werden zur Verfügung gestellt, und man kann ein Erinnerungsfoto auf einem echten Motorrad machen. Angehende Piloten dürfen im Cockpit eines Polizeihubschraubers aus den 1950er-Jahren Platz nehmen. Die Ausstellungen, die die Geschichte der japanischen Polizei eingehender behandeln, sind wohl eher für Erwachsene interessanter. Sie sind viel schlechter besucht als das Erdgeschoss mit den bei Kindern so beliebten Fahrzeugen (Motorräder usw.). Dort gibt es historische Uniformen, Schwerter, eine kurze Information zu den Helden, die im Dienst getötet wurden, und eine Erklärung zur Rolle der kaiserlichen Polizeitrupps während des Satsuma-Aufstands. Außerdem ist ein Schild mit einigen beeindruckenden Einschusslöchern zu sehen, das während des Asama-Chalet-Falls[1] verwendet wurde.

Kawaji Toshiyoshi, Saigo Takamori und der Satsuma-Aufstand

Der von Saigo Takamori angeführte Satsuma-Aufstand (der die freie Grundlage für den Film *Der letzte Samurai* ist) war neun Jahre nach der Meiji-Restauration die letzte große bewaffnete Revolte der unzufriedenen Samurai gegen die neue Kaiserregierung. Kawaji Toshiyoshi, der wie Saigo aus Satsuma kam, war der Begründer der modernen Polizeiarbeit. Er kam nach der Restauration auf Empfehlung von Saigo höchstpersönlich nach Tokio. Nachdem er Europa bereist hatte, gründete er 1874 ein Polizeisystem, das sich an jenes in Frankreich anlehnte. Zur Zeit des Aufstands von 1877 war Kawaji in den Kampf gegen die Meuterer aus seiner Heimat involviert, überzeugt von der Notwendigkeit, die Ordnung aufrechtzuerhalten. Danach wurde er krank und starb 1879. Seine Uniform und sein Schwert sind im Museum ausgestellt.

[1] 浅間山荘事件. *Geiselnahme vom 19. Bis 28. Februar 1972 durch eine linksextreme Gruppe in einem Ferienhaus in der Nähe von Karuizawa (drei Tote) – ein Ereignis, das die Geschichte des Fernsehens und des Journalismus in Japan stark beeinflusst hat. Die Ereignisse des 28. Februar, die live übertragen wurden, zogen ein Rekordpublikum an.*

OKUNO BUILDING IN GINZA

⑯

Ein Hauch des alten Paris

1-9-8 Ginza, Chuo-ku (東京都中央区銀座 1-9-8)
Öffnungszeiten variieren je nach Galerie (freier Eintritt)
5 Gehminuten entfernt von der Station Ginza-itchome (小伝馬町), Tokyo Metro Yurakucho-Linie

Das Okuno Building (奥野ビル), das 1932 in einer der Seitenstraßen von Ginza fertiggestellt wurde, ist eines der seltenen erhaltenen Beispiele eines Luxuswohnblocks aus der frühen Showa-Ära. Er erstrahlt noch immer in seiner ursprünglichen Pracht und erweckt das Ginza der 1930er-Jahre sowie die Blütezeit des *Mobo-Moga*[1] zum Leben. Die niedrigen Decken, schmalen Treppen und dezenten Details hinter einer mit Grünpflanzen bedeckten Fassade verströmen eine besondere Atmosphäre und spiegeln eine gewisse Vorkriegseleganz wider. Das Gebäude wurde von Kawamoto Ryoichi[2] entworfen, der auch den ehemaligen Offiziersklub Kudan Kaikan und die durch den Omotesando-Hills-Komplex ersetzten (und schmerzlich vermissten) Aoyama Dojunkai Apartments in Omotesando kreierte. Das Okuno Building wurde mit nur sechs Stockwerken eröffnet – das oberste ist eine Erweiterung. Die Residenz beherbergt heute diverse Kunstgalerien, die dem Ambiente angepasst sind. Der Eintritt ist frei, und jeder kann die schmalen Treppen und die recht düsteren Korridore entlangschlendern. Lassen Sie sich aber den ungewöhnlichen Fahrstuhl nicht entgehen, der von Hand mit einem Metallgitter geschlossen werden muss und keine Ähnlichkeit mit den sterilen und automatisierten Türen moderner Häuser hat!

IN DER UMGEBUNG

Denkmal für das alte Ginza ⑰

Unweit dieser Denkmäler des alten Ginza, nahe 1-11-2 (Richtung Kyobashi, unterhalb der Schnellstraße), gibt es ein weiteres Andenken an die Vergangenheit: Eine Stele aus weißem Backstein weist darauf hin, dass die Straßen hier Ende des 19. Jahrhunderts wegen ihrer Feuerbeständigkeit aus Ziegeln waren (s. S. 65). Neben der Stele steht die Kopie einer Gaslaterne. Etwa 85 davon erleuchteten einst die Straßen, und in Ginza gibt es einige Reproduktionen, vor allem in der Nähe des Apple Stores. Die Kombination aus „weißen Ziegeln und Gaslaternen" beschreibt das Viertel am Ende der Meiji-Ära sehr gut. Die Grenzen der Ziegelbauweise zeigte das Erdbeben von 1923 auf.

Ein Diorama des alten Ginza ist im Edo-Tokyo-Museum in Ryogoku zu sehen.

Das Yonei und das Maruka Building

Das 1930 fertiggestellte Yonei Building in Ginza 2-8-20, nur wenige Gehminuten vom Okuno Building entfernt, ist ein weiteres schönes Beispiel westlicher Architektur im Vorkriegs-Ginza. Die Fassade der oberen Stockwerke, die heute einheitlich ist, war ursprünglich gefliest und im neoromantischen Stil dekoriert. Im Erdgeschoss mit seinen bogenförmigen Fenstern befindet sich eine schicke Patisserie, die oberen Stockwerke nutzt die Firma Yonei als Büros. Das Gebäude ist das Werk von Moriyama Matsunosuke[3], der die japanische Kolonialarchitektur in Taiwan prägte und unter anderem das Präsidialbüro in Taipeh designte. Moriyama entwarf auch das Maruka Building, das 1929 in Ginza 7-7-1 errichtet wurde und viel Charakter besitzt, aber nicht so beeindruckend ist wie das Yonei Building.

[1] モボ・モガ, *Abkürzung für Modern Boy, Modern Girl – Jugendkultur und Modeströmung nach westlichem Vorbild in den 1920er- und 1930er-Jahren.*
[2] 川元良一
[3] 森山松之介, *1869–1949.*

DIE TOILETTEN DES LEUCHTTURMS IM TSUKUDA-PARK

(18)

Der „Leuchtturm" an der Flussmündung

1-11-4 Tsukuda, Chuo-ku (東京都中央区佃 1-11-4)
Rund um die Uhr zu besichtigen
10 Gehminuten entfernt von der Station Tsukishima (月島), Tokyo Metro Yurakucho-Linie

An der Südseite des Tsukuda-Parks, neben dem hübschen japanischen Garten, steht etwas, das wie ein altmodischer Leuchtturm aussieht. Das seltsame Bauwerk ist tatsächlich ein Denkmal über den öffentlichen Toiletten, es erinnert an einen echten Leuchtturm, der 1866 gebaut wurde, um Schiffe durch die Mündung des Sumida zu leiten. Dieser nicht mehr existente Leuchtturm wurde von dem Magistrat, das für das nahe Arbeitslager Ishikawajima (石川島人足寄場 – siehe unten) zuständig war, errichtet.

Das Arbeitslager Ishikawajima

Ende des 18. Jahrhunderts litt Japan unter der großen Tenmei-Hungersnot, einer der schlimmsten der Edo-Zeit. Diese führte zu einer massiven Landflucht und brachte große Probleme wie Arbeitslosigkeit, städtische Armut und steigende Kriminalität mit sich. Auf Vorschlag von Hasegawa Nobutame[1] richtete das Shogunat 1790 ein Arbeitslager an der Mündung des Sumida ein, um den Arbeitslosen die nötigen Fähigkeiten für den Arbeitsmarkt beizubringen. Ein damals revolutionäres Angebot, das tendenziell auf Bestrafung basierte – denn das Shogunat überlegte nicht lange, wenn es darum ging, Arbeitslose in die Minen zu entsenden.

[1] 長谷川宣以, *1745–1795, ein Hatamoto (Samurai im Dienste des Shogunats), der die Kriminalität in Edo bekämpfte und viele historische Romane inspirierte, vor allem die für das Fernsehen adaptierte Romanreihe* Onihei Hankacho *(鬼平犯科帳).*

WACHTPOSTEN IM VIERTEL NISHI-NAKA-DORI

19

Der älteste Koban *des Landes*

3-4-3 Tsukishima, Chuo-ku (東京都中央区月島 3-4-3)
Noch in Gebrauch
5 Minuten entfernt von der Station Tsukishima (月島), Tokyo Metro Yurakucho-Linie; Toei-U-Bahn Oedo-Linie

Der Bau mit dem langen Namen Nishi-Naka-dori-Nachbarschaftswache (] 西仲通地域安全センター) war bis 2007 der älteste *Koban* im Land. 1921 ursprünglich als Holzhütte errichtet, wurde er 1926 durch den heutigen kleinen Betonbau ersetzt, der knapp 5 Meter lang und in Braun- und Creme-Tönen gestrichen ist.

Der *Koban* auf der Monja-Straße wacht still über die *Monjayaki*-Restaurants, die Tsukishima die meisten Besucher bringen.

Seit er 2007 zu einer Nachbarschaftswache umgewandelt wurde, beherbergt er heute die „Bürgerwehr" (地域安全サポーター), meist ehemalige Polizeibeamte. Touristen, die sich verlaufen haben, können hier nach dem Weg fragen. Man erhält auch Ratschläge, wie mit Kriminalität umzugehen ist, und wenn nötig, wird die Polizei verständigt.

Einige Monja-Restaurants stammen aus den 1950er-Jahren, doch die Dichte an Lokalen in Tsukishima ist ein recht neues Phänomen. Der von den Medien Ende der 1980er-Jahre geförderte Monja-Boom sowie der lokale Werbeverband, der Ende der 1990er-Jahre mit Unterstützung von Bulldog Sauce gegründet wurde, machten das Viertel bekannt, und es wurde zu Unrecht als „traditionelle" Gastronomiehochburg vermarktet. Das Ziel, den Bezirk zu beleben, wurde erreicht: In Nishi-Naka-dori ist immer etwas los!

DER PFEILER DER KACHIDOKI-BRÜCKE

⑳

Ein beeindruckender Mechanismus

6-20-11 Tsukiji, Chuo-ku (東京都中央区築地 6-20-11)
Museum: Dienstag, Donnerstag, Freitag und Samstag 9:30–16:30 Uhr (im Dezember und Januar 9–16 Uhr); 29. Dezember bis 3. Januar geschlossen
Touren im Inneren des Brückenpfeilers: in der Regel donnerstags (außer an gesetzlichen Feiertagen) in kleinen Gruppen und nur nach Voranmeldung (03-5381-3380, Tokyo Metropolitan Public Corporation for Road Improvement and Management) – freier Eintritt
10 Gehminuten entfernt von der Station Tsukiji (小伝馬町), Tokyo Metro Hibiya-Linie

Am westlichen Ende der prächtigen Kachidoki-Brücke (勝鬨橋), neben dem historischen Tsukiji-Markt, ist das Kachidoki-Brückenmuseum (かちどき橋の資料館) ein winziges, meist verlassenes Gebäude, das die Geschichte und den Aufbau der Doppelklappbrücke erzählt. Auch die Elektromotoren und der Schaltraum können besichtigt werden. Man kann Touren im Inneren des Pylons buchen, der den imposanten Mechanismus zum Hochheben der Brückenfelder beherbergt. Da er jedoch nicht für Besucher entworfen wurde, kann es etwas unbequem werden. Die Brücke entstand in den 1940er-Jahren im Rahmen der großen Stadtbauprojekte, die zu Ehren der 2.600 Jahre seit der Thronbesteigung Jimmus (des legendären ersten Kaisers von Japan und Begründers der Kaiserdynastie) errichtet wurden. Bereits seit den 1970er-Jahren wurde sie nicht mehr hochgeklappt, und die Motoren haben seit 1980 keinen Strom mehr. Im Zuge dieses Bauprojekts wurden auch eine Reihe städtischer Einrichtungen sowie herrliche Parks, zum Beispiel der Mizumoto-, der Kinuta- oder der Shinozaki-Park, geschaffen.

Eine Brücke für die Expo 1940 in Tokio, die nie stattfand

Die Kachidoki-Brücke führte zum zentralen Platz der 1940 geplanten Großen Weltausstellung in Japan, die ebenfalls im Rahmen der Feierlichkeiten zum 2600. Jahrestag der mythischen Gründung des Landes organisiert wurde, auf neugewonnenem Land an den Ufern des Bezirks Harumi. Am Ende wurde die Expo (Plakat rechts) wegen des Chinesisch-Japanischen Kriegs abgesagt.

GODZILLA-STATUE VOR DEM MIDTOWN HIBIYA

Das Monster sieht dich

1-1-3 Yurakucho, Chiyoda-ku (東京都千代田区有楽町 1-1-3)
2 Gehminuten entfernt von der Station Hibiya (九段下), Tokyo Metro Hanzomon- oder Tozai-Linie; Toei-U-Bahn Mita-Linie

❙ m Gebäude der Toho Cinemas Hibiya wurde die ursprünglich 1995 errichtete Godzilla-Statue (ゴジラ像) im Jahr 2018, zum 40. Geburts-

tag des Films, durch ein beeindruckendes Modell von Shin-Godzilla ersetzt. Nicht ganz so imposant wie die Statue des treuen Hundes Hachiko vor dem Shibuya-Bahnhof befindet sich dieser Godzilla in einer recht unbekannten Ecke und zählt nicht wirklich zu den großen Sehenswürdigkeiten. Die kleine Statue, die zu Unrecht von den Menschenmassen ignoriert wird, ist zwar bei Weitem nicht lebensgroß, aber ausgesprochen bedrohlich.

Unter der Bestie befindet sich ein Sockel, in den folgendes scharfsinniges Zitat eingraviert ist: *Kono Gojira ha saigo no ippiki da to omoenai* (このゴジラが最後の一　匹だとは思えない – „Dieser Godzilla ist wahrscheinlich nicht der letzte". Auf dem Platz, im Schatten von Shin-Godzilla, findet man Handabdrücke und Unterschriften diverser Filmstars, hauptsächlich japanischer Stars der Toho Studios, wobei offenbar auch Tom Cruise und Jackie Chan hier waren.

IN DER UMGEBUNG

Runensteine im Hibiya-Park (22)

Im Herzen des Hibiya-Parks, neben dem Teich von Shinji-ike in der nordöstlichen Ecke der Grünfläche, befindet sich ein bemerkenswerter Runenstein mit einer Wikinger-Inschrift. Das Original wurde im Februar 1967 von Scandinavian Airlines präsentiert, um die zehn Jahre seit der Eröffnung der Polarroute Europa–Japan zu feiern. Dieser hier ist eine Kopie. Am 24. Februar 1957 verließ eine DC-7 Kopenhagen. Nach einem Zwischenstopp in Anchorage erreichte das Flugzeug Tokio in nur 32 Stunden. Gleichzeitig flog eine weitere DC-7 die Strecke in die entgegengesetzte Richtung. Die neue Polarroute verkürzte die Reisezeit zwischen Europa und Japan, die bisher rund 50 Stunden betrug, erheblich. Neben dem Denkmal befindet sich ein massiver Fels, der von einer Antarktis-Expedition mitgebracht wurde. Im Park gibt es noch mehr Diplomatengeschenke: eine Kopie der *Lupa Romana*, der Wölfin, die Romulus und Remus säugte, aus dem Jahr 1938 von der italienischen Botschaft sowie eine Nachbildung der Freiheitsglocke aus dem Jahr 1952 von den USA.

DER KOKU-JINJA-SCHREIN

(23)

Ein Schrein, der dafür sorgt, dass Ihr Flugzeug sicher landet

1-18-1 Shinbashi Minato-ku (東京都港区新橋1-18-1 9F), im 9. Stock
Täglich 9–17 Uhr, sonntags, an gesetzlichen Feiertagen und Silvester geschlossen
2 Gehminuten entfernt von Uchisaiwaicho (内幸町), Toei-U-Bahn Mita-Linie

Der kleine Koku-Jinja-Schrein (航空神社), der seit 1983 auf dem Dach der Japan Aeronautic Association (JAA) steht, ist der Luftfahrt gewidmet.

Koku Jinja wurde 1931 auf Anregung des Vorläufers der JAA errichtet und war ursprünglich den Geistern jener gewidmet, die im Dienste der Luftfahrt starben. Seine Funktion wurde 1982 ausgeweitet und gilt nun der allgemeinen Flugsicherheit. In der Fahrstuhlhalle, die zum Dach führt, werden *Omamoris* (御守; Talismane) verkauft, um die Sicherheit in der Luft zu gewährleisten.

Das Ministerium für Land, Infrastruktur und Verkehr (MLIT) erklärte den 20. September zum „Sky Day“ (空の日), der vor seiner Umbenennung anno 1992 als „Tag der Luftfahrt“ bekannt war. Das jährliche Fest des Schreins wird traditionell an diesem Tag gefeiert.

Abgesehen von seinem Standort auf einem Dach inmitten der sehr seriösen Shinbashi-Bürohäuser ist das Design des Schreins äußerst schlicht. Luftfahrtbegeisterte werden seine Einfachheit in dieser skurrilen Umgebung zu schätzen wissen.

Haneda-Shinto-Schrein

Der Haneda-Koku-Jinja-Schrein befindet sich neben einer Zahnklinik im ersten Stock des Terminal 1 am Haneda Airport. Er ist ein Koku-Jinja-Bunrei, der 1963 in einem kleinen Raum am Ende eines Korridors errichtet wurde. Oft menschenleer, wird der Schrein gerne von Luftfahrtexperten oder von Passagieren und Crews besucht, die darauf bedacht sind, einen guten Flug zu haben.

DIE FUCHSSTATUEN IM TOYOKAWA-INARI-TEMPEL

(24)

Lassen Sie sich befördern …

1-4-7 Moto-Akasaka, Minato-ku (東京都港区元赤坂 1-4-7)
Täglich 6-20 Uhr
5 Gehminuten entfernt von der Station Akasaka-Mitsuke (赤坂見附), Tokyo-Metro-Linien Marunouchi, Ginza, Nagatacho (永田町), Nanboku, Hanzomon oder Yurakucho

Nur wenige Schritte vom geschäftigen Treiben Akasakas entfernt, überrascht der buddhistische Tempel Toyokawa-Inari (豊川稲荷東京別院) die Besucher mit einer überwältigenden Anzahl (und das ist noch untertrieben!) von Fuchsstatuen und -statuetten. Es gibt sie überall, in allen Formen und Größen, in jedem Winkel. Hier ehren Eltern, die selbst gerne Kinder hätten, eine Füchsin mit ihren Jungen. Im hinteren Teil des Tempels ist ein achteckiger Stein mit Opfergaben von Fuchsstatuetten bedeckt, die – wenig überraschend – von weiteren Vierbeinern überragt werden … Die vielen Füchse basieren auf dem Dakini-Kult, der buddhistischen Schutzgottheit eines Tempels, die üblicherweise auf einem weißen Fuchs reitet. Toyokawa-Inari ist der Tokioter Ableger des Toyokawa-Inari-Tempels in der Präfektur Aichi, wo es noch mehr Fuchsstatuen gibt. Auf dem Tempelgelände steht ein monumentaler Stein auf dem Grab seines Gründers, des Edo-Beamten Oooka Tadasuke[1], den man zwischen den Füchsen leicht übersieht. Oooka, der aus einfachen Verhältnissen stammte, gelang der soziale Aufstieg zu einem der renommiertesten Beamten der Stadt. Das erklärt, warum der Tempel und seine Füchse heute von jenen verehrt werden, die nach Beförderung und Erfolg streben.

Dakini, Inari, Buddhismus und Shinto

Inari (稲荷神), unter anderem die Göttin der Ernte und des Handels, ist eine japanische Gottheit komplexen Ursprungs. Als Schutzgöttin der Hata, einem mächtigen Clan, der aus China einwanderte, wird sie im berühmten Fushimi-Inari-Schrein in Kyoto gewürdigt. Inari, die oft mit Ukanomitama (宇迦之御魂神) gleichgesetzt wird, die im *Kojiki*, der *Aufzeichnung aller Begebenheiten*, auftaucht, ist somit Teil des traditionellen japanischen Shinto-Glaubens. Der Fuchs, der Schädlinge jagt, die die Ernte bedrohen, ist ihr Botentier. Die Vermischung zwischen Buddhismus und Shinto (神仏習合 – *Shinbutsushugo*) wird durch die Annäherung zwischen Inari und Dakini perfekt verkörpert. Allerdings entfernten sich die beiden in der Meiji-Ära, nach der Trennung der beiden Religionen, wieder voneinander. Beide Göttinnen behielten jedoch dieselbe Symbolik bei. In der Meiji-Ära musste der Tempel seine Verbindung zum Buddhismus erst beweisen. Doch die Gewohnheit siegte und der Tempel behielt seinen Namen, was einigermaßen verwirrend war. Toyokawa-Inari, der Dakini und nicht Inari würdigt, ist ein buddhistischer und kein Shinto-Tempel.

[1] 大岡忠相, *1677–1752.*

DENKMAL FÜR DEN COUNTDOWN ㉕ ZUM 21. JAHRHUNDERT

Ein ausgedientes Denkmal von Friedensreich Hundertwasser

5-3-6 Akasaka Minato-ku (東京都港区赤坂5-3-6), südlich des TBS-Gebäudes
2 Gehminuten entfernt von Akasaka (小伝馬町), Tokyo Metro Chiyoda-Linie

©Arjan Richter from Amsterdam, The Netherlands

Der berühmte österreichische Architekt Friedensreich Hundertwasser (1928–2000) erlebte nicht mehr, wie der Countdown seines Werks, das den Übergang ins 21. Jahrhundert markierte, am 1. Januar 2001 um Mitternacht die Null erreichte. Seitdem zeigt das seltsame Denkmal den wenigen Menschen, die hier vorbeikommen – angezogen vom Unterhaltungsprogramm der Akasaka Sacas – lediglich die Zeit an; die einstigen Countdown-Anzeigen sind schwarz. Die runde Uhr auf dem Denkmal zeigt die Zeit in Kanji an, was ihr einen japanischen Touch verleiht. Bunte Säulen mit der Zahl 21 tragen sie – ein Verweis auf das 21. Jahrhundert.

1992 neben dem TBS-Gebäude errichtet, um das 21. Jahrhundert und den 50. Geburtstag des Senders zu verkünden, zeigt das Denkmal allmählich Alterserscheinungen. Es mag bei seiner Installation futuristisch gewirkt haben, aber der Beton und das sehr eckige Design verraten sein wahres Alter.

Die Jahrhundertwende ist tatsächlich Geschichte, was Hundertwassers Werk zu einem perfekten Denkmal macht, um dieses Ereignis zu würdigen.

©Arjan Richter from Amsterdam, The Netherlands

DIE HIMMELSTREPPE AM MOUNT ATAGO

㉖

Der höchste natürliche Gipfel der Yamanote-Hügel

1-5-3 Atago, Minato-ku (東京都港区愛宕 1-5-3)
5 Gehminuten entfernt von der Station Kamiyacho (神谷町), Tokyo Metro Hibiya-Linie

Nur einen kurzen Spaziergang vom Wolkenkratzerkomplex Toranomon Hills entfernt, liegt der Mount Atago (愛宕山), offiziell der höchste natürliche Gipfel der Yamanote-Hügel. Dieser Gipfel, auf dem der Atago-Schrein thront, erhebt sich 25,7 Meter über dem Meeresspiegel (etwas mehr als ein Zehntel der Höhe der Toranomon Hills). 80 Stufen führen in einer 45-Grad-Steigung bei einer kurzen, aber anstrengenden Wanderung, die fast Bergsteigerniveau hat, hinauf zum Gipfel.

Die Aussicht, die vor 150 Jahren zu den berühmten Panoramablicken der Stadt zählte, wird heutzutage durch diverse Gebäude in der Nähe behindert. Es gibt jedoch ein Foto von Felice Beato[1], das ein paar Jahre vor der Meiji-Restauration vom obersten Treppenabsatz gemacht wurde – eines der seltenen Panoramen von Edo.

Das Erklimmen der Stufen ist selbst für Sportler eine kleine Herausforderung. Fürs Protokoll: Nur vier Reiter schafften es, den Gipfel zu Pferd zu erreichen. Der Erste war 1634 Magaki Heikuro[2] vom Marugame-Clan aus Sanuki, zur Überraschung des 3. Tokugawa-Shoguns, der seinen Reitern auftrug, einen Pflaumenzweig vom Gipfel zu holen. Das Kunststück wurde 1882 und 1925 wiederholt. Zuletzt war ein TV-Stuntman im Jahr 1982 als Gipfelreiter erfolgreich. Tafeln zu diesen Heldentaten sind im Schrein zu sehen.

Hakone-Yama (s. S. 182) ist zwar höher, aber ein künstlicher Hügel.

IN DER UMGEBUNG

NHK-Rundfunkmuseum (27)

Der wichtigste Vorläufer der NHK Tokyo Broadcasting Corporation (bekannt unter dem Rufzeichen JOAK) übertrug von Juli 1925 bis 1938 Radioprogramme von den Höhen des Mount Atago aus. 1956 eröffnete NHK das weltweit erste Museum für Fernsehen und Rundfunk auf dem Gelände der JBC.

Das heutige Gebäude stammt aus dem Jahr 1968. Das Museum ist kostenlos und für alle, die sich für die Geschichte des Rundfunks interessieren, durchaus sehenswert. Auf vier dicht gepackten Etagen werden frühe Kameras, die ersten experimentellen TV-Systeme (noch funktionsfähig), Schallplatten, die während des Krieges verwendet wurden, Beispiele der ersten Studio-Sets, Kostüme usw. ausgestellt.

[1] *1832–1909, britischer Fotograf, geboren in Italien. Beato zog 1863 nach Yokohama und machte gegen Ende der Edo-Zeit seine wertvollen Japan-Aufnahmen.*
[2] 曲垣平九郎, *?–?*

DIE STATUE IM GARTEN VON ATAGO GREEN HILLS

28

Eine versteckte Statue in einer Oase des Friedens

2-4-7 Atago Minato-ku (東京都港区愛宕2-4-7)
Rund um die Uhr zu besichtigen (freier Eintritt); die Statue befindet sich auf der linken Seite, gut versteckt am Fuße des Mori Tower
Station Kamiyacho, Tokyo Metro Hibiya-Linie
2 Gehminuten entfernt von der Station Kamiyacho (神谷町), Tokyo Metro Hibiya-Linie, oder von der Station Onarimon (御成門), Toei-U-Bahn Mita-Linie

Im Herzen des Geschäftsviertels, mitten in einem kolossalen Büro- und Wohnkomplex, liegt eine wahrhafte Oase der Ruhe. Der Atago-Green-Hills-Komplex, 2001 vom Bauträger Mori fertiggestellt, umfasst zwei Türme, den Mori Tower (187 Meter) und den Forest Tower (157 Meter), die neben mehreren Tempeln stehen, darunter Seigan-in, Denso-in und Seisho-Ji. Am Fuße des Mori-Turms gibt es terrassierte Gärten und einen Bach, in dessen Nähe, umgeben von majestätischem Bambus, eine riesige Bronzestatue von *Kannon* aus Seisho-ji steht. Dies ist der perfekte Ort für einen Moment der Reflexion zwischen zwei Vertragsunterzeichnungen … oder um ein idyllisches Foto zu machen.

Kannon (観音), von den Chinesen „Guanyin“ genannt (Ableitung vom indischen „Avalokitesvara“), ist der *Bodhisattva* für Barmherzigkeit und Mitgefühl und vermutlich der am meisten verehrte *Bodhisattva* des ostasiatischen Buddhismus. Für manche hat *Kannon* eine gewisse Ähnlichkeit mit Maria, der Mutter Jesu. So wurde er zum Objekt der Anbetung unter heimlichen Christen, als diese Religion zwischen dem 17. und 19. Jahrhundert verboten war.

TAKANAWA CENTRAL PASSAGE

(29)

Taxi-Albtraum

Zwischen Shibaura Minato-ku und Konan Minato-ku (東京都港区芝浦~港区港南)
Rund um die Uhr zu besichtigen
5 Gehminuten entfernt von der Station Sengakuji (泉岳寺), Toei-U-Bahn-Linien Asakusa und Keikyu Honsen

Die Takanawa Central Passage (高輪中央架道橋), ein schmaler Tunnel unter der Yamanote-Linie nördlich des Bahnhofs Shinagawa, verdient den Spitznamen „Schildermörder" (提灯殺し), den einige Tokioter Taxifahrer ihr gegeben haben. Mit einer Höhenbegrenzung von 1,5 Metern ist dieser klaustrophobische Albtraum eines Tunnels zu niedrig für die Schilder auf den Dächern einiger privater Taxis – und erst recht für Autos, die höher als Taxis sind. Doch mit der Neugestaltung des Gebiets um den Bahnhof Takanawa Gateway ist der Tunnel seit 2020 nur noch für Fußgänger geöffnet, und das wird auch die nächsten zehn

Jahre so bleiben. Mit einer Deckenhöhe von weniger als 170 Zentimetern müssen sich schon so einige Fußgänger ducken, um sich nicht den Kopf zu stoßen. Für Passanten ist der 250 Meter lange Tunnel aufgrund der Geschwindigkeit der Autos und der niedrigen Tunneldecke zumindest beeindruckend, solange es keinen Verkehr gibt. Mit dem Rad durchzufahren ist ein echtes Abenteuer, und man kann sich leicht vorstellen, wie bedrohlich es wäre, würde man hier auf ein Auto treffen! Trotz der geplanten Wohnhausanlagen in der Nähe und der Eröffnung einer neuen Station auf der Yamanote-Linie soll die Central Passage erhalten bleiben.

Bis zur Schließung des Tunnels für Autos im Jahr 2020 waren die meisten Fahrzeuge im Tunnel Taxis, deren Fahrer die Strecke gut kannten und mit schelmischem Vergnügen aufs Gas stiegen, um ihre Passagiere zu erschrecken.

IN DER UMGEBUNG

Arimasutonbiru-Haus (30)

4-15-35 Mita, Minato-ku (東京都港区三田 4-15-35)
10 Gehminuten entfernt von der Station Tamachi (田町), Linien JR Yamanote oder Keihin-Tohoku

Unweit des Mita-Campus der Keio University baut Oka Keisuke[1], ein Architekt bester Qualifikation, auf einem Grundstück, das er 2000 erworben hat, seit 2005 eigenhändig sein Traumhaus. Es trägt den Namen *Arimasutonbiru* (蟻鱒鳶ル – Ameisen-Forellen-Schwarzmilan[2]-Haus), wobei die drei Tiere, die im Obergeschoss auf einer grünen Tafel dargestellt sind, Erde, Wasser und Himmel repräsentieren, und befindet sich in einem potenziellen Stadterneuerungsgebiet. Doch Keisuke, der Gaudí von Mita genannt, kämpft darum, sein Werk zu beenden. Obwohl es vermutlich noch einige Jahre dauern wird, bis das Haus fertig ist, sieht man, dass bei diesem ungewöhnlichen Bau, der wie die dreigeschossige Realisierung eines kubistischen Gemäldes aus Beton aussieht, gute Fortschritte erzielt werden. Das bereits Vorhandene ist überraschend genug: Die Fensteröffnungen sind bewusst unregelmäßig, die fertigen Wände alles andere als flach und glatt, und manchmal reich verziert. Durch die Öffnungen sieht man einen höchst ungewöhnlichen Betoninnenraum. Wer sich um die Einhaltung des Gesetzes sorgt, kann beruhigt sein: Die Pläne wurden zertifiziert, und eine Baugenehmigung wurde erteilt. Es handelt sich also nicht um das Katastrophengebiet eines aufgeklärten Exzentrikers, sondern um die Verwirklichung des Traums eines Einzelgängers. Keisuke organisiert manchmal Touren auf der Baustelle, die auf der Website angekündigt werden: arimasutonbi.blogspot.com. Voranmeldung erforderlich!

[1] 岡啓輔, *1965.
[2] *Im Übrigen ein Wortspiel, da arimasu „vorhanden" bedeutet.*

DAS TOR ZUR SEISHIN-JOSHI-GAKUIN-SCHULE

(31)

Tokios einziges Beispiel deutscher Jugendstilarchitektur

4-11-1 Shirokane, Minato-ku (東京都港区白金 4-11-1)
10 Minuten entfernt von der Station Shirokanedai (白金台), Tokyo Metro Nanboku-Linie; Toei-U-Bahn Mita-Linie

Der Haupteingang zur 1909 errichteten Seishin-Joshi-Gakuin-Schule (聖心女学院) ist das einzige architektonische Beispiel des deutschen Jugendstils in Tokio. Es handelt sich um ein Überbleibsel des ursprünglichen Campus, der beim Erdbeben 1923 zerstört wurde – ein verlorenes Werk des tschechischen Architekten Jan Letzel[1].

Ursprünglich weiter entfernt auf der Spitze des Hügels gelegen, wurde das Tor 1935 verlegt und die Ziegelsteine durch eine Stahlbetonkonstruktion ersetzt. Besonders hervorzuheben sind die akribisch gemeißelten Schildkröten (Bedeutung unbekannt) an den Seiten des Eingangs und das von Dornen umgebene Herz über dem Bogen – ein Symbol für das heilige Herz. Die hölzernen Tore sehen viel japanischer aus, wobei die Mischung aus zwei Stilen zum Charakter des Tors beiträgt.

Das von Antonin Raymond entworfene Hauptgebäude des Schulgeländes stammt aus dem Jahr 1928 und ist in der Regel nicht für die Öffentlichkeit zugänglich.

Jan Letzel war auch der Architekt der in der Präfektur Hiroshima 1915 erbauten Industrial Promotion Hall sowie der berüchtigten Atombombenkuppel bzw. des Hiroshima-Friedensdenkmals, das heute zum UNESCO-Weltkulturerbe gehört.

Antonin Raymond, Begründer der modernen japanischen Architektur

Raymond, der 1888 in Böhmen (Tschechische Republik) geboren wurde, gilt als einer der Begründer der modernen japanischen Architektur und hat führende Architekten wie Kenzo Tange beeinflusst (siehe auch S. 247). Er kam 1919 als Assistent von Frank Lloyd Wright[2] für das Hotel-Imperial-Projekt nach Japan. Im Jahr 1922 machte sich sein eigenes Büro mit seiner Arbeit für Tonjo einen Namen. In den 1920er- und 1930er-Jahren beteiligte sich Raymond an zahlreichen Projekten (wie der Seishin University), bei denen Beton das wichtigste Baumaterial war. 1938 verließ er Japan, kehrte jedoch 1947 zurück und beteiligte sich am Wiederaufbau mit vielen Bauwerken in den 1950er- und 1970er-Jahren im ganzen Land, unter anderem der St. Alban's Church in Minato Ward und Raymond Hall in der Präfektur Mie. Er starb 1976, doch das Raymond Architectural Design Office gibt es noch immer.

[1] *1880–1925.*
[2] *1867–1959, amerikanischer Architekt.*

ÜBERRESTE DER KANONENSTÄNDE VON ODAIBA

32

Verteidigungsanlagen Edos

Standort der dritten Batterie: 1-10-1 Daiba, Minato-ku (東京都港区台場 1-10-1)
10 Gehminuten entfernt von der Station Odaiba-Kaihin-koen (お台場海浜公園), Yurikamome-Linie

Die Ankunft von Matthew Perrys Schiffen im Jahr 1853, die die Öffnung des Landes forderten, hatte unmittelbare Auswirkungen auf die Stadt. Das Shogunat, das einen Angriff auf Edo vom Meer aus fürchtete, ordnete zwei Monate nach Ankunft der „Schwarzen Schiffe" rasch den Bau von elf sechs- und fünfeckigen Kanonenständen in der Bucht und einem am Ufer an. Acht davon wurden in nur wenigen Monaten teilweise oder vollständig fertiggestellt. Vier mussten seitdem der Stadterweiterung in die Gewässer der Bucht weichen oder wurden entfernt, um den Schiffsverkehr nicht zu behindern. Die Überreste von vier Anlagen sind mehr oder weniger in das städtische Gefüge integriert, daher der Name des bekannten Odaiba-Boulevards (お 台 場 – *Odaiba*, Batterie).

Die dritte und bekannteste Anlage (第三台場) ist von der Spitze Odaibas aus nach wie vor leicht zugänglich. Sie wurde 1928 zum Daiba-Park umgebaut. Ein Tiegelofen und die Überreste eines Pulverlagers sind noch vorhanden, die ausgestellten Waffen sind aber Reproduktionen. Die sechste und am besten erhaltene Batterie (第六台場) ist in der Bucht, etwa 300 Meter von der dritten Anlage entfernt, deutlich sichtbar: die „geheimnisvolle Insel" neben der Regenbogenbrücke. Leider ist sie nicht öffentlich zugänglich, doch von der Brücke aus kann man den Anlegeplatz sehen. Es gibt auch noch Reste der vierten Batterie (第四台場), die nie fertiggestellt wurde. Das Gelände, ursprünglich eine Insel, wurde in den Tennozu Boulevard eingegliedert. Die Steinmauern verwendete man für den Gehweg entlang der Uferpromenade des Daiichi Hotel Tokyo Seafort wieder. Die Goten-Miyashita-Batterie (御殿山下台場) befand sich neben der Mündung des Megurogawa in der Nähe der *Shukuba* Shinagawa (s. S. 69). Heute ist die gut ausgestattete kommunale Grundschule von Daiba (品川区立台 場小学校 – Shinagawa Battery Municipal Elementary School) dort angesiedelt. Der Umriss der Batterie lässt sich auf der Karte leicht erkennen. Vor der Schule steht eine Reproduktion des Leuchtturms, der früher auf der zweiten Batterie untergebracht war.

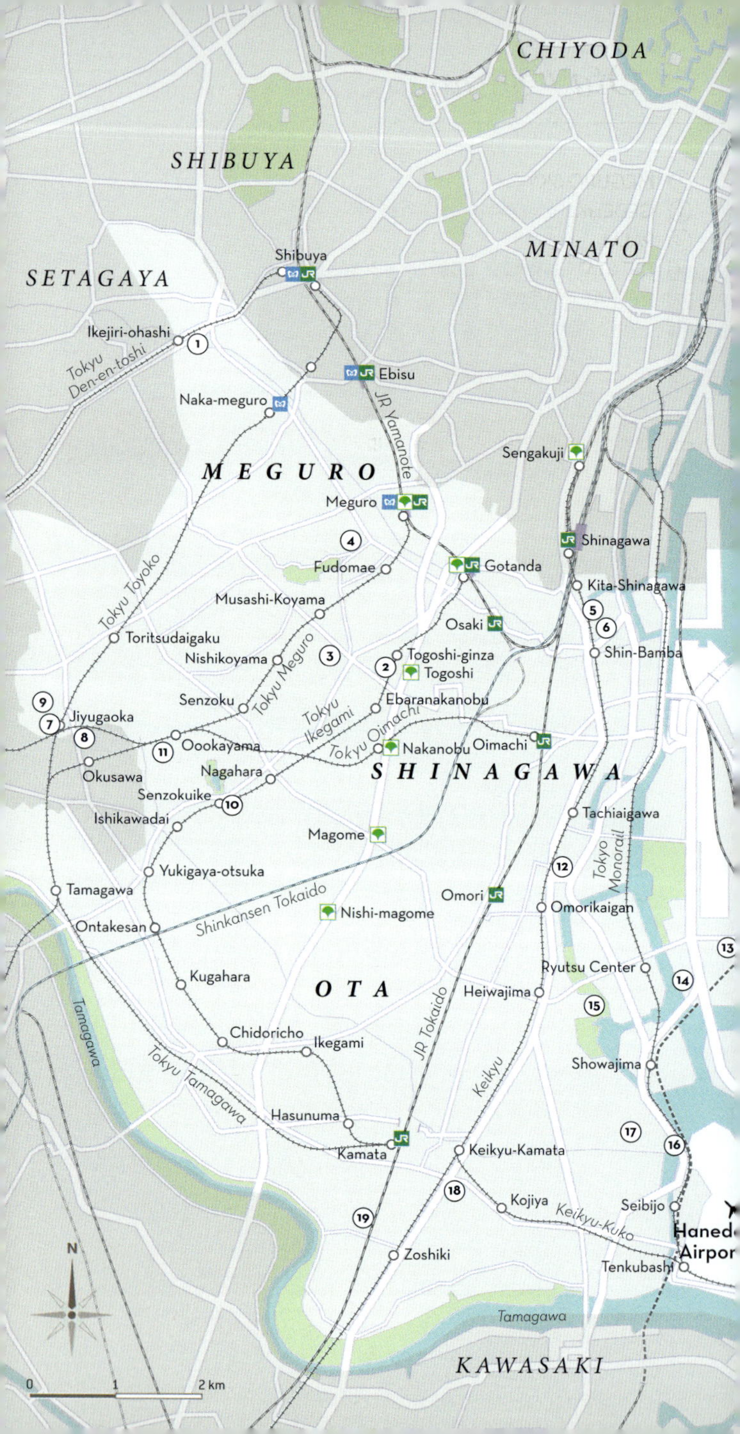

CHIYODA
SHIBUYA
MINATO
SETAGAYA
Shibuya
Ikejiri-ohashi
1
Tokyu Den-en-toshi
Ebisu
Naka-meguro
JR Yamanote
Sengakuji
MEGURO
Meguro
Shinagawa
4
Fudomae
Gotanda
Kita-Shinagawa
Musashi-Koyama
5
Osaki
6
Tokyu Toyoko
Toritsudaigaku
Nishikoyama
3
Togoshi-ginza
Shin-Bamba
2
Togoshi
Tokyu Meguro
9
Senzoku
Tokyu Ikegami
Ebaranakanobu
7
Jiyugaoka
Tokyu Oimachi
8
Oookayama
11
Nakanobu
Oimachi
Okusawa
SHINAGAWA
Nagahara
Senzokuike
10
Ishikawadai
Tachiaigawa
Magome
12
Tokyo Monorail
Yukigaya-otsuka
Tamagawa
Omori
Omorikaigan
Shinkansen Tokaido
Nishi-magome
Ontakesan
13
Ryutsu Center
14
Kugahara
OTA
Heiwajima
15
Tamagawa
JR Tokaido
Chidoricho
Ikegami
Showajima
Tokyu Tamagawa
Keikyu
Hasunuma
17
16
Kamata
Keikyu-Kamata
18
Kojiya
Seibijo
19
Keikyu-Kuko
Haneda Airport
Zoshiki
Tenkubashi
N
Tamagawa
KAWASAKI
0
1
2 km

Ota / Shinagawa / Meguro

① MEGURO SKY GARDEN 62
② GEDENKSTEIN MIT WEISSEN ZIEGELN IN TOGOSHI-GINZA 64
③ PALM 65
④ DIE STATUEN VON GOHYAKU RAKAN-JI 66
⑤ AM KAGATA-SCHREIN BEGRABENER WAL 68
⑥ SHINAGAWA-SHUKU 69
⑦ *TORII* DES TOYOKAWA-INARI IN JIYUGAOKA 70
⑧ MARINEDORF 71
⑨ EIN VENEZIANISCHER KANAL IN TOKIO 71
⑩ DIE SENZOKU-IKE-UNTERFÜHRUNG 72
⑪ TOKODAI-BLÜTE 73
⑫ ÜBERRESTE DER SUZUGAMORI-HINRICHTUNGSSTÄTTE 74
⑬ WILDVOGELPARK AM HAFEN VON TOKIO 76
⑭ DIE BLUMENHALLE AM OTA-MARKT 78
⑮ DAS OMORI-NORI-MUSME 80
⑯ BEWEGLICHE BRÜCKE VON HANDEDA 82
⑰ *JIZO* IM HOJOIN-TEMPEL 83
⑱ PIO 84
⑲ DER NISHIROKUGOKOEN-PARK 86

MEGURO SKY GARDEN

1

Hängende Gärten

1-9-2 Ohashi, Meguro-ku (東京都目黒区大橋 1-9-2)
Täglich 7–21 Uhr
3 Gehminuten entfernt vom Bahnhof Ikejiri Ohashi (池尻大橋),
Tokyu Den-en-Toshi-Linie

Im Norden von Sangenjaya, am beeindruckenden Autobahnkreuz Ohashi direkt neben dem Bahnhof Ikejiri Ohashi, mündet die Route 3 der Stadtautobahn hier unterirdisch in den mittleren Ring (C2).

Aufgrund des Platzmangels verschwindet die Autobahn im Bauch der Stadt, wo sie über eine Spirale auf vier Ebenen in den C2 mündet. Auf dem Dach dieser Spirale befindet sich der beeindruckende Meguro Sky Garden (目黒天空庭園), der im März 2013 eröffnet wurde. Der schöne Garten besteht aus einem 400 Meter langen, kreisförmigen Grünstreifen und folgt der Neigung der darunterliegenden Straße. Der niedrigste Punkt liegt 11 Meter über dem Boden, der höchste 35 Meter. Das macht ihn zu einem der wenigen Parks, die nur mit dem Lift zu erreichen sind. Der Fahrstuhl zum unteren Teil befindet sich in der Nähe des Postamts entlang der Route 246.

Oben in den hängenden Gärten hat man einen schönen, uneingeschränkten Blick auf Tokio aus einem ungewöhnlichen Blickwinkel. Der obere Garten ist mit dem Erdgeschoss über die Lobby des Cross Air Tower im neunten Stock verbunden – ein riesiger Wohnblock, der Teil der Baustruktur über dem Autobahnkreuz ist.

GEDENKSTEIN MIT WEISSEN ZIEGELN IN TOGOSHI-GINZA

②

Die erste Ginza außerhalb von Chuo

2-17-10 Hiratsuka, Shinagawa-ku (東京都品川区平塚 2-17-10)
5 Gehminuten entfernt vom Bahnhof Togoshi-Ginza (戸越銀座),
Tokyu Ikegami-Linie, oder von der Station Togoshi (戸越),
Toei-U-Bahn Asakusa-Linie

Im Inneren Shinagawas befindet sich die Einkaufsmeile von Togoshi-Ginza (戸越銀座), die aus drei zueinander führenden Straßen besteht, mit 1.300 Metern die längste Tokios. Es ist kein Zufall, dass die Straße nach der als „Ginza" bekannten Prachtmeile im Bezirk Chuo benannt ist.

Nach dem Erdbeben 1923 hatten Togoshi-Händler die weißen Steine der anderen Ginza, die dabei schwer beschädigt wurde, zum Pflastern ihrer eigenen Straße benutzt, die 1927 als Togoe (戸越) eröffnet wurde.

Nicht weit vom Bahnhof, Richtung 2-17-10 Hiratsuka, steht ein Gedenkstein mit der Inschrift *Togoshi zu Ginza yukari no Hi* (戸越と銀座ゆかりの碑 – „Stele für die Verbindung zwischen Ginza und Togoshi") auf einem Glaskasten mit zwei dieser alten Ziegel, um an die Ursprünge des Bezirks zu erinnern. Diese Steine mit ihrem „SHINAGAWA"-Stempel in lateinischer Schrift stammen aus einer 1875 gegründeten Fabrik, aus der die Shinagawa-Ziegelei entstand.

IN DER UMGEBUNG

PALM ③

Keinesfalls so exklusiv wie die Modeboutiquen und Juweliere in Chuo reihen sich in Togoshi-Ginza kleine lokale Geschäfte und Familienrestaurants in niedrigen Gebäuden aneinander. Togoshi ist auch einer der Hotspots von Tokio für *Korokke* (Kroketten). In der Nähe befindet sich die Einkaufspassage Musashi-Koyama (auch bekannt als PALM), die längste der Stadt.

DIE STATUEN VON GOHYAKU RAKAN-JI

④

300 Statuen im Tempel der 500 Rakan

3-20-11 Shimomeguro, Meguro-ku (東京都目黒区下目黒 3-20-11)
Täglich 9–17 Uhr
10 Gehminuten entfernt vom Bahnhof Fudomae (不動前), Tokyo Meguro-Linie

Der Mönch und Bildhauer Shouun Genkei[1] schnitzte im späten 17. Jahrhundert rund 500 Statuetten, genau 305 dieser Holzstatuen der Jünger Buddhas besitzt Gohyaku Rakan-ji (五百羅漢寺 – Tempel der 500 *Rakan*), darunter 287 sitzende. Der Tempel befand sich früher im alten Bezirk von Honjo in Ojima, dem heutigen Bezirk Koto, und erlebte während des Shogunats einige Hochphasen (er wurde z. B. im *Ukiyo-e* von Utagawa und Hokusai abgebildet), ging aber auch durch Tiefen und verlor in der Meiji-Ära allmählich an Bedeutung. Er wurde Ende 1908 hierhergebracht und stand bis zur Ankunft von Okoi – der Geisha, die Nonne wurde (siehe unten) – praktisch leer. Der heutige Bau stammt aus den 1980er-Jahren und die *Rakan*-Statuen sind im *Rakando* (羅漢堂) und im *Hondo* ausgestellt. Inspiriert von den Steinstatuen im Rakan-ji in Honyabakei in der heutigen Präfektur Oita, begann der Mönch Shouun, als er mit 44 Jahren nach Edo kam, seine eigenen *Rakan* herzustellen. Diese Statuen, alle weniger als einen Meter hoch, bilden mit ihren diversen Posen und Gesichtsausdrücken eine beeindruckende, zu selten besuchte Sammlung.

Okoi

Okoi (お鯉), richtiger Name Ando Teruko (安藤照子), wurde 1880 in Yotsuya geboren. Mit 14 Jahren trat sie in „die Welt der Blumen und Weiden" ein und wurde eine Geisha im Kagai Shinbashi. Nach einer kurzen gescheiterten Ehe mit einem *Kabuki*-Schauspieler kehrte sie nach Shinbashi zurück. Bekannt für ihre Schönheit und Intelligenz, baute Okoi Beziehungen zu führenden Politikern der Meiji-Ära auf. Yamagata Aritomo (s. S. 249) stellte sie Premierminister Katsura Taro[2] vor, den ihr starker Charakter beeindruckte. Sie wurde sogar seine Geliebte. Als sie Ärger mit dem Gesetz bekam, wurde sie 1938 Nonne und Priesterin von Rakan-ji. Sie starb 1948. Eine ihr gewidmete *Kannon*-Statue steht im Tempel neben dem *Hondo*.

[1] 松雲元慶, *1648–1710.*

[2] 桂太郎, *1848–1913, kaiserlicher Armeegeneral während der Meiji-Restauration, Generalgouverneur von Taiwan, dreimal Premierminister und Inhaber verschiedener Ministerposten Anfang des 20. Jahrhunderts.*

AM KAGATA-SCHREIN BEGRABENER WAL

5

In der Edo-Bucht gestrandet

1-7-17 Higashi-Shinagawa, Shinagawa-ku (東京都品川区東品川 1-7-17)
Rund um die Uhr zu besichtigen
5 Gehminuten entfernt vom Bahnhof Kita-Shinagawa (北品川), Keikyu-Honsen-Linie

Vor dem Kagata-Schrein (利田神社), der der buddhistischen Gottheit Benzaiten geweiht ist, überraschen eine kleine Statue eines Wals, der aus dem Gehweg zu springen scheint, sowie eine walförmige Schaukel für Kinder. Sie erinnern an die Überreste eines Wals, der unter einem kleinen Hügel am Schrein begraben liegt.

1798 tauchte der 18-Meter-Wal in der Edo-Bucht auf. Einheimische Fischer fingen ihn schließlich, indem sie ihn an Land trieben. Die Aufregung unter den Einheimischen war groß, da sie eine solche Kreatur noch nie gesehen hatten. Gerüchte über die Anwesenheit des Wals verbreiteten sich wie ein Lauffeuer in Edo und drangen sogar bis zum 11. Shogun, Tokugawa Ienari[1], vor, der ihn sehen wollte. Man schleppte den Kadaver einige Kilometer zur Hamagoten-Residenz (heute Hamarikyu), um Ienaris Bitte nachzukommen. Am Ende wurde der Wal geschlachtet, der Großteil seines Skeletts ist am Kagata-Schrein begraben.

Shinagawaura: Die alte Mündung des Megurogawa

Direkt neben dem Schrein befindet sich ein schmales Gewässer, das ins Landesinnere fließt. Das ist der alte Fischereihafen Shinagawaura (品川浦), der an der Mündung des Meguro-Flusses lag, bis er kurz vor dem Krieg umgeleitet wurde.

IN DER UMGEBUNG

Shinagawa-shuku ⑥

Shinagawaura und der Kagata-Schrein befanden sich in der Nähe des Ufers der Edo-Bucht, neben der *Shukuba* (s. S. 173). Damals war dies das eigentliche Wirtschaftszentrum von Shinagawa, und nicht das Gebiet um den gleichnamigen modernen Bahnhof.

Dass sich der Bahnhof Shinagawa, der erste des Landes (1872 eröffnet), eher in Minato als in Shinagawa befindet, ist eine dieser allseits bekannten kleinen geografischen Kuriositäten. Doch kaum jemand kennt den Grund dafür.

Die *Shukuba* Shinagawa-Shuku war der erste Halt auf der Tokaido-Route nach Kyoto, in der Edo-Zeit die wichtigste der fünf Routen in die und aus der Hauptstadt. Aufgrund von Interessenkonflikten zwischen den *Shukuba*-Kaufleuten in der Meiji-Ära wurde der Standort des neuen Bahnhofs etwas nach Norden verlegt. Durch Grenzänderungen über die Jahre lag der Bahnhof schließlich außerhalb des Shinagawa-Bezirks, und die *Shukuba* verlor bald an Bedeutung, da sie ironischerweise zu weit vom Bahnhof entfernt war.

Shinagawa-Shuku erstreckte sich ungefähr vom Osten des Bahnhofs Kita-Shinagawa bis zur Straße 421 in der Nähe des Bahnhofs Aomono-Yokocho. Vom südlichen Tor der Hauptstadt ist nur noch eine Einkaufsstraße übrig, die zwar noch immer belebt, aber bei Weitem kein geschäftiges Zentrum mehr ist. Geblieben sind ein paar Steine zum Gedenken an historische Stätten und die Aura einer glorreichen, aber weit zurückliegenden Vergangenheit. Der Gasthof im Herzen der *Shukuba*, das *Honjin*, lag im Seiseki-Park, 2-7-21 Kita-Shinagawa. Unweit des Bahnhofs Kita-Shinagawa, am Eingang zur *Shukuba*, steht die Yotsuyamai-Brücke (wo Godzilla im Film von 1954 an Land kam).

[1] 徳川家斉, *1773–1841, Shogun von 1787 bis 1837.*

TORII DES TOYOKAWA-INARI IN JIYUGAOKA ⑦

Ein Torii *ohne Schrein*

1-29 Jiyugaoka, Meguro-ku (東京都目黒区自由が丘 1-29)
5 Gehminuten entfernt vom Bahnhof Jiyugaoka (自由が丘), Linien Tokyu Toyoko oder Oimachi

Nördlich der Bahnhofshalle Jiyugaoka steht ein einsames rotes *Torii* mit der Inschrift *Toyokawa-Inari Daimyojin* (豊川稲荷大明神) ziemlich geheimnisvoll inmitten einer engen Fußgängergasse. Seine Anwesenheit ist umso überraschender, da in der Nähe kein Schrein zu sehen ist. Außerdem ist die Straße nicht sehr belebt und entspricht nicht annähernd einem *Sando*.

Der Toyokawa-Inari von Jiyugaoka ist eigentlich ein *Bunrei* des Toyokawa-Inari von Akasaka (s. S. 46) und bildet somit die Überreste einer religiösen Stätte an der Grenze zwischen Buddhismus und Shinto. Ein Shinto-*Hokora*-Schrein wurde 2008 beim Abbruch eines nahegelegenen Gebäudes entfernt. Nur die *Torii* blieben in der Gasse.

Mitte der 1930er-Jahre, als sich die Stadt um Jiyugaoka etablierte, wurde eine religiöse Stätte an diesen Ort „eingeladen", um den Geschäftserfolg der kleinen Firmen und Geschäfte zu sichern, die dort entstanden. Bis 1958 wurde das Viertel um den Bahnhof am 1., 11. und 21. des Monats von einem Markt mit rund 150 Ständen belebt, über den Toyokawa-Inari wachte.

IN DER UMGEBUNG

Marinedorf

⑧

Anfang der 1920er-Jahre schloss ein Grundbesitzer im heutigen Bezirk Okuzawa einen Vertrag mit dem Marineministerium ab. Er wollte aufgrund der idealen Lage zwischen dem Ministerium und dem Militärhafen Yokosuka hier Häuser für hochrangige Offiziere bauen.
So entstanden in den 1930er-Jahren gut 30 Offiziershäuser, diese gehobenen Unterkünfte besaßen Gärten voller Palmen. Drei schöne Häuser sind, etwa 500 Meter östlich des Bahnhofs Jiyugaoka in Setagaya, in 2-33 Okuzawa (Nummer 2, 15 und 16) erhalten geblieben. Sie sind privat, also nicht zu besichtigen, aber von der Straße aus zu sehen.

Ein venezianischer Kanal in Tokio

⑨

Der Kuhonbutsu-Fluss, ein Nebenfluss des Tamagawa, fließt seit Mitte der 1970er-Jahre südöstlich von Jiyugaoka unter dem Asphalt der Grünen Meile Kuhonbutsugawa Ryokudo. Stellen Sie sich für einen Moment vor, Sie sitzen in Paris, Rom oder New York auf einer mit Kopfstein gepflasterten Straße auf einer Bank und trinken einen Kaffee.
Auf der anderen Seite des Bahnhofs, Richtung 2-8-3 Jiyuogaoka, befindet sich eine kleine Nachbildung eines venezianischen Kanals direkt im Zentrum des Einkaufskomplexes La Vita.

DIE SENZOKU-IKE-UNTERFÜHRUNG

⑩

Geduckt unter den Schienen

2-30 Kami-Ikedai, Ota-ku (東京都大田区上池台 2-30)
2 Gehminuten entfernt vom Bahnhof Senzoku-Ike (洗足池), Tokyu Ikegami-Linie

Direkt neben dem Parkplatz an der Mo's-Burger-Filiale am Nordausgang des Bahnhofs Senzoku-Ike, gegenüber der Straße Nakahara Kaido, gibt es eine Fußgängerunterführung (nicht wirklich ein Tunnel), wo Sie unter die Schienen der Tokyu Ikegami-Linie abtauchen können. Der Durchgang ist sehr niedrig, sodass ein Erwachsener sich ducken muss. Mit dem Fahrrad hindurchzufahren, ist vermutlich unmöglich. Er liegt direkt unter dem Gleis – eine ziemlich erschreckende und direkte Aussicht, wenn die Züge oben vorbeirauschen. Die Bahnschwellen sind zum Greifen nahe … wobei das wahrscheinlich keine gute Idee wäre.

IN DER UMGEBUNG

Tokodai-Blüte ⑪

Nur wenige Gehminuten vom Teich Senzoku-Ike entfernt liegt der Hauptcampus des Tokyo Institute of Technology (東京工業大学), alias Tokodai, in Oookayama. (Korrekt wird Oookayama mit drei „O" geschrieben.) Das Institut befand sich ursprünglich im Bezirk Taito, zog aber 1924 hierher, nachdem der Campus beim Erdbeben 1923 schwer beschädigt wurde. Das 1934 fertiggestellte Hauptgebäude (本館 – *Honkan*) überlebte den Krieg.

Vor dem Bau blühen im Frühjahr ein paar herrliche Kirschbäume – ein Anblick, den Sie nicht verpassen sollten, wenn Sie die Kirschblüte sehen, aber den Menschenmassen im Zentrum Tokios entgehen möchten. Während des Hanami-Festivals (wörtlich „Blumenbesichtigung") öffnet der Campus seine Pforten für die Öffentlichkeit, damit jeder die Kirschblüte genießen kann. (Alkohol ist offiziell verboten.)

ÜBERRESTE DER SUZUGAMORI-HINRICHTUNGSSTÄTTE ⑫

Enthauptungen südlich der Stadt

2-5-6 Minami-Oi, Shinagawa-ku (東京都品川区南大井 2-5-6)
10 Gehminuten entfernt vom Bahnhof Omori-Kaigan (大森海岸), Keikyu-Linie

Neben Kozukappara (s. S. 298) hat auch Suzugamori (鈴ヶ森刑場), eine weitere große Edo-Richtstätte, viele Köpfe rollen sehen. Obwohl es keine detaillierten Aufzeichnungen gibt, sollen während seiner Hochphase zwischen 1651 und 1871 schätzungsweise 100.000 bis 200.000 Hinrichtungen stattgefunden haben. Die Stätte befand sich am südlichen Stadteingang, an der Tokaido-Route, kurz vor der *Shukuba* Shinagawa (s. S. 69). Sie diente als Warnung für alle, die vorhatten, ein Verbrechen in der Hauptstadt zu begehen. Hier ist einmal mehr ersichtlich, dass große Teile der Stadt auf neu gewonnenem Land gebaut wurden, da die Stätte früher direkt am Meer lag.

Das Feld ist heute ein malerischer Ort, friedlich und vergessen entlang der Daiichi-Keihin-Autobahn, die den Tokaido ersetzt hat. Unter den Bäumen finden sich einige interessante Überreste diverser Hinrichtungsmethoden, etwa der Standplatz für einen Scheiterhaufen sowie die Halterung für ein Kreuzigungskreuz. In einem Becken, das jetzt mit Draht bedeckt ist, wurden die Köpfe der Enthaupteten gewaschen. Es gibt außerdem Stelen und Opfergaben für natürlichere Todesfälle.

Mehrere berüchtigte Persönlichkeiten erlebten in Suzugamori ihre letzten Momente: Marubashi Chuy[1], *Ronin*-Anstifter des Keian-Aufstands[2], angeblich 1651 der erste in Suzugamori Hingerichtete; der Bandit Hirai Gonpachi[3], auf mehreren *Ukiyo-e* verewigt und 1679 hingerichtet; und Yaoya Oshichi[4], die ein Feuer legte, um ihren Liebhaber treffen zu können, doch das Feuer breitete sich aus und zerstörte einen großen Teil von Edos Innenstadt. Oshichi, eine Inspirationsquelle für viele Geschichten, wurde im Alter von 16 Jahren auf dem Scheiterhaufen verbrannt (obwohl ihre historische Existenz umstritten ist). Im kriminologischen Hauptbereich des Museums der Meiji-Universität (s. S. 14) erfahren Sie mehr über diverse Hinrichtungsmethoden, die alle weder schnell noch schmerzlos waren.

[1] 丸橋忠弥, ?–1651.
[2] 慶安の変, gescheiterter Putsch 1651 gegen das Shogunat durch eine Gruppe von Ronin (herrenlose Samurai), bezeichnend für das Problem, wie man mit Kriegern im friedlichen Edo umgehen sollte. Dies veranlasste das Shogunat, Reformen zu fördern und ihnen bei der Arbeitssuche zu helfen.
[3] 平井権八, 1655–1679.
[4] 八百屋お七, 1668–1683.

WILDVOGELPARK AM HAFEN VON TOKIO

⑬

Ein Naturschutzgebiet am Weg entlang

3-1 Tokai, Ota-ku (東京都大田区東海 3-1)
Februar bis Oktober 9–17 Uhr, November bis Januar 9–16:30 Uhr
Täglich außer Montag geöffnet – wenn ein gesetzlicher Feiertag auf einen Montag fällt, ist der Park geöffnet, aber am folgenden Tag geschlossen; zu den Feiertagen am Jahresende geschlossen
25 Gehminuten entfernt vom Bahnhof Ryutsu Center (物流センター), Monorail-Linie; oder 5 Gehminuten entfernt von der Bushaltestelle Tokyoko Yacho-koen (東京港野鳥公園), Keikyu-Linie 森43 von JR Omori

Nicht weit von der Landebahn des Flughafens Haneda entfernt liegt der Wildvogelpark im Hafen von Tokio (東京港野鳥公園) – ein ungewöhnliches, aber friedliches Vogelschutzgebiet entlang der Bucht. Da es vom Stadtzentrum aus mit öffentlichen Verkehrsmitteln schlecht

erreichbar ist, ist man beim Beobachten der vielen wilden Vogelarten, die unter dem Dröhnen der abfliegenden Jets in den Sümpfen Zuflucht suchen, selbst an den Wochenenden fast allein.

Der 25 Hektar große Park wurde auf aus dem Meer gewonnenem Land angelegt. Schon während des Baus ließen sich auf dem Gelände, angezogen von den dort zusammenlaufenden Gewässern, zahlreiche Vögel nieder, und es wurde bei Vogelbeobachtern bald beliebt.

Der Park, der 1978 von Tokios Stadtverwaltung eröffnet und 1989 erweitert wurde, ist heute eines von neun Wildvogelschutzgebieten des Landes, die direkt von der *Wild Bird Society of Japan* verwaltet werden.

Für Besucher gibt es Wege, an denen sich vier erhöhte Beobachtungsplätze befinden, die mit Fernrohren für alle ohne eigenes Fernglas ausgestattet sind. Am Fuße des kleinen Ausstellungszentrums auf der Ostseite wurde ein Outdoor-Pfad angelegt, auf dem man nach Krabben und anderen kleinen Tieren Ausschau halten kann, die in den Feuchtgebieten leben.

DIE BLUMENHALLE AM OTA-MARKT

(14)

Auktion mit süßem Duft

2-2 Tokai, Ota-ku (東京都大田区東海 2-2)
5–15 Uhr, sonntags geschlossen
Blumenauktion um 7 Uhr, gelegentlich geschlossen
15 Gehminuten entfernt vom Bahnhof Ryutsu Center (物流センター), Monorail-Linie

Der Ota-Markt umfasst auch einen Blumenmarkt (大田市場花き部) von über zwei Hektar in einer großen Halle, die von einer Blumenstatue gekrönt wird und von den anderen Hallen durch den Wangan-Abschnitt der Stadtautobahn getrennt ist. Dieser Blumenmarkt ist vielleicht nicht so groß wie der in Aalsmeer in den Niederlanden, aber die morgendliche Auktion, die größte des Landes, hat den Vorteil, dass sie im Vergleich zu jener in Toyosu zu einer halbwegs vernünftigen Uhrzeit stattfindet (dennoch ab 7 Uhr morgens). Definitiv ein lohnendes Spektakel!

Täglich werden etwa drei Millionen Blumen verkauft, ein gutes Drittel aller Verkäufe in Japan. Durch kleine Fenster können Besucher die Auktion beobachten, ohne jemanden zu stören (nur zugelassene Fachleute dürfen teilnehmen). Dutzende potenzielle Käufer sitzen in einem großen Amphitheater, das sich auch in einer Universität befinden könnte, und können über ein spezielles elektronisches Gerät mitbieten.

Im Gegensatz zu vielen Frischwarenauktionen werden die Preise für die Blumen auf dem Ota-Markt gleitend berechnet: Der Preis für die Ware im unteren Bereich des Amphitheaters wird auf großen zentralen Displays angezeigt und sinkt, bis ein Käufer ein Gebot abgibt.

OTA, ein riesiger, aber zugänglicher Markt

Sie können den Ota-Markt (nach Toyosu der zweitgrößte der Stadt) ganz unkompliziert besuchen. In den öffentlichen Hallen ist auf dem Boden ein Weg ausgewiesen, mit Informationsschildern an interessanten Punkten. Während Sie den Trubel genießen, führt die Route Sie über einen erhöhten Gehweg, um den Marktbetrieb nicht zu stören. Diese bietet zudem einen fantastischen Ausblick auf den Fuji sowie die kleinen Galionsfiguren, die die verkauften Produkte symbolisieren. Der Ausgangspunkt der Tour befindet sich fast versteckt im zweiten Stock des Verwaltungsgebäudes auf der Südseite.

Die Auktionen in den Haupthallen finden um 5:40 Uhr für Fisch und Meeresfrüchte sowie um 6:50 Uhr für Obst und Gemüse statt. Die von den Großhändlern gekauften Waren werden dann in den Hallen Distributoren und anderen Händlern zum Verkauf angeboten.

In den Auktionshallen dürfen von Besuchern keine Frischwaren gekauft werden, aber Sie können im Anbau (関連棟) zwischen der Obst-/Gemüse- und der Fischhalle einkaufen.

DAS OMORI-NORI-MUSEUM

15

Die besten Algen kamen aus der Bucht

2-2 Heiwanomori-koen, Ota-ku (東京都大田区平和の森公園 2-2)
Täglich 9–17 Uhr, Juni bis August 9–19 Uhr, am 3. Montag des Monats geschlossen – fällt ein gesetzlicher Feiertag auf einen Montag, ist das Museum geöffnet, aber am folgenden Tag geschlossen; vom 29. Dezember bis 3. Januar geschlossen (freier Eintritt)
10 Gehminuten entfernt vom Bahnhof Heiwajima (平和島), Keikyu-Honsen-Linie

Das Omori-Nori-Museum (大森海苔のふるさと館) im Heiwa-no-Mori-Park ist kostenlos und nicht viel besucht. Es widmet sich der Algenproduktion und dokumentiert, was früher der wichtigste lokale Industriezweig war.

Die Küsten von Ota waren seit der Edo-Zeit und sogar noch bis nach dem Zweiten Weltkrieg für die Qualität ihrer Algen bekannt, bevor der Straßenbau Anfang der 1960er-Jahre die Farmen zum Schließen zwang. Zu dieser Zeit wurde auch ein Großteil des Flughafens Haneda auf aufbereiteten Algenbecken errichtet.

Im Erdgeschoss des Museums sind zwei Ernteboote ausgestellt, im zweiten Stock gibt es eine Reihe von Spezialwerkzeugen sowie zahlreiche historische Fotografien und Informationstafeln zu sehen, auf denen die angewandten Methoden erläutert werden.

Probieren Sie auf jeden Fall die Getas der Fischer an – hohe Sandalen, die von Steinen beschwert und von den Algensammlern getragen wurden, wenn sie sich im Schlamm bewegten. Man kann auch auf das Dach steigen, von dort hat man einen hervorragenden Blick auf den schönen Strand des Omori-Furusato-no-Hamabe-Parks, der im Sommer voll mit Familien ist, die dort Spaß haben.

Für Gourmets, die nach dem Museumsbesuch hungrig sind: Die Algenindustrie ist nicht vollständig verschwunden, auch wenn nicht mehr lokal produziert wird. In der Region gibt es immer noch mehrere Einzel- und Großhändler, und in den Straßen rund um Sangyo-dori und östlich des Heiwajima Bahnhofs finden Sie einige Spezialitätengeschäfte.

BEWEGLICHE BRÜCKE VON HANDEDA

⑯

Eine Straße ins Leere

Blick vom Flussufer bei 5-2 Omori-Minami, Ota-ku (東京都大森南 5-2)
Rund um die Uhr zu besichtigen
25 Gehminuten entfernt vom Bahnhof Amamori-Inari (穴守稲荷),
Keihin-Kyuko-Kuko-Linie

Südlich des Morigasaki-Parks bietet ein schmaler Fußweg am Ufer des Nomigawa in der Nähe der Omori Junior High School einen perfekten Ausblick auf die bewegliche Brücke von Haneda (羽田可動橋). Diese

geniale Konstruktion von 1994 hat zwei schwenkbare Abschnitte, die nur vier Jahre in Betrieb waren. Die Brücke wurde gebaut, um die Staus im Paralleltunnel zu reduzieren. Dabei wurden sowohl Höhenbeschränkungen (Nähe zum Flughafen) als auch die Abfertigung des Flussverkehrs berücksichtigt. Doch die Umleitung erwies sich mit der schrittweisen Verlängerung der Wangan-Schnellstraße, die die National-Route 1 entlastete, als unnötig. Obwohl die Brücke seit 1998 nicht mehr geschlossen wurde, ist sie funktionstüchtig und könnte bei Bedarf wieder verwendet werden … Es ist auch geplant, sie wieder zu nutzen, da der Tunnel zum Flughafen langsam, aber sicher in die Jahre gekommen ist.

Morigasaki-Park: Auf dem Dach einer Abfallverwertung

Nördlich der Mündung des Nomigawa, in einem früheren Kurort, der vor dem Krieg mehrere *Ryokan* (traditionelle Gästehäuser) beherbergte, ist der Morigasaki-Park (森ヶ崎公園) selbst am Wochenende kaum besucht. Dieser „tote Bereich" Tokios ist mit der Bahn schlecht erreichbar. Die nächste Station, Anamori-Inari, ist mehr als 20 Gehminuten entfernt. Der Park befindet sich übrigens auf dem östlichen Dach des Morigasaki-Recyclingzentrums, der westliche Teil liegt auf der künstlichen Insel Showajima. Das Zentrum, das größte des Landes, wurde 1967 auf dem Gelände einer Fischfabrik eröffnet. Der Park mit seinen Tennisplätzen, Spielplätzen und Beobachtungstürmen sowie einem unschlagbaren Ausblick auf die Flugzeuge am Flughafen Haneda ist an den Wassertanks der Recyclinganlage zu erkennen. Der Gestank des Mülls scheint die zugegebenermaßen seltenen Besucher, die sich hierher wagen, nicht zu stören.

IN DER UMGEBUNG

Jizo *im Hojoin-Tempel* ⑰

Eine dezente *Jizo*-Statue (buddhistischer Schutzpatron der Kinder) im Garten des kleinen Hojoin-Tempels bei 5-1-18 Minami-Oomori erinnert an eine der schlimmsten Flugkatastrophen des Landes vor dem Krieg. Am Morgen des 24. August 1938 kollidierten ein Fokker-Frachtflugzeug und ein Hanriot-Kampfflieger über dem Viertel. Die Fokker stürzte in eine Fabrik (in der Nähe der Omori-Fourth-Grundschule), das andere Flugzeug traf ein Haus nahe der Küste. Nur fünf Crew-Mitglieder waren an Bord der beiden Flugzeuge, doch der Tank der Frachtmaschine explodierte beim Aufprall auf dem Boden, und weitere 85 Menschen starben in dem Feuer.

PIO

18

Industriestandort heißt Besucher willkommen

1-20-20 Minami-Kamata, Ota-ku (東京都大田区南蒲田 1-20-20)
Werktags 9–17 Uhr, samstags 10–17 Uhr; sonntags und an gesetzlichen Feiertagen sowie vom 29. Dezember bis 3. Januar geschlossen
2 Gehminuten entfernt vom Bahnhof Keikyu-Kamata (京急鎌田), Linien Keikyu Honsen oder Keikyu Kuko

Der beste Ort, um sich die starke industrielle Prägung im Bezirk Ota bewusst zu machen, ist der futuristische Ota City Industrial Promotion Organization Complex, kurz PiO (大田区産業プラザ・PiO).

100 Meter südlich des Bahnhofs Keikyu-Kamata beherbergt er Tagungs- und Ausstellungsflächen für die zahlreichen lokalen Werkstätten und kleinen Fabriken.

Die Besucherinformation befindet sich im Obergeschoss, Karten zeigen die öffentlich zugänglichen Werkstätten und Fabriken an, und man erfährt mehr über den ausgeprägten industriellen Charakter des Viertels. Das Zentrum verfügt auch über ein Café und ein Restaurant.

Der Shitamachi-Bob

Die Ota City Industrial Promotion Organization gibt ihr Bestes, um das industrielle und handwerkliche Erbe von Ota zu retten. So hat das 2011 initiierte Shitamachi-Bob-Projekt die Entwicklung eines Bobs „Made in Ota" zum Ziel. Ein recht ehrgeiziges Vorhaben, da der Sport in Japan kaum existiert. Einige kleine Fabriken um PiO halfen dabei, das erste Modell zu entwickeln. Der Bob nahm im März 2013 am America's Cup in Lake Placid in den USA teil, belegte den siebten von elf Plätzen und war der erste japanische Bob bei einem internationalen Rennen. Das jamaikanische Team, ein weiterer Neuling in diesem Sport, entschied sich 2018 bei den Olympischen Winterspielen in Pyeongchang für den Shitamachi-Bob. Ab 2020 wurde das Gerät gemeinsam mit dem deutschen Bobingenieur Peter Hinz perfektioniert, neu gestaltet und dann von der italienischen Mannschaft eingesetzt, vor allem bei der Europameisterschaft 2022. Bei der Weltmeisterschaft 2023 in Altenberg belegte der Bob mit seinem italienischen Piloten Platz 7.

Ota oder die städtische Deindustrialisierung

Der Bezirk Ota sieht sich selbst als Spitze der japanischen Präzisionsindustrie, gewissermaßen als Mekka der *Monozukuri* (Handwerksproduktion). Ohne Ota gäbe es keine Raketen, heißt es dort. Ohne Ota keine DVD-Player. Selbst die erste Microsoft-Maus der 1980er-Jahre wurde dort hergestellt.

Es gibt genügend kleine Fabriken und Industriebetriebe mit weniger als zehn Beschäftigten in der Gegend, um den Bezirk Adachi vor Neid erblassen zu lassen, auch wenn ihre Zahl kontinuierlich abnimmt. Mehr als die Hälfte von ihnen beschäftigt weniger als drei Mitarbeiter. Heute gibt es etwa 4.000 Werkstätten, in der Blütezeit während der 1980er-Jahre waren es mehr als doppelt so viele.

Der Begriff „Deindustrialisierung" erinnert oft an riesige Fabriken am Stadtrand, die abrupt zum Schrecken Tausender Arbeiter geschlossen wurden und Turbulenzen in der Region auslösten. In Ota lief dies subtiler und schleichender ab. Obwohl auch hier Tausende von Arbeitsplätzen durch die Schließung kleiner Werkstätten verloren gingen, plagen den Bezirk weder Arbeitslosigkeit noch Armut, wenngleich der exklusive Gartenvorort Den-en-Chofu die Statistik verfälscht.

Das Spezialgebiet hier ist die Metallurgie, 80 Prozent der Werkstätten und Fabriken produzieren und bauen Präzisionsteile (oft nur ein spezielles) für den Verkauf an industrielle Hersteller zusammen. Aufgrund der zunehmenden Konkurrenz aus dem Ausland müssen sich diese kleinen Werkstätten auf Qualität, Nähe und Flexibilität konzentrieren, wobei Lagerbestände innerhalb von 10 Radminuten an die Anforderungen angepasst werden können. Arbeitet man in einem städtischen Umfeld, ist es unmöglich, sich allein auf Preiskämpfe zu verlassen.

Das Herz des industriellen Ota liegt südlich und östlich von Kamata, in den Straßen der Stadtviertel Kojiya, Haneda, Omori und Rokugo, nördlich und südlich des letzten Abschnitts des Nomigawa. Die Werkstätten fügen sich harmonisch zwischen älteren Häusern und kleinen Apartments ein. Entlang der Hauptstraßen tauchen nach und nach große Villen auf. So funktioniert die Deindustrialisierung in Ota: Kleine lokale Industriebetriebe verschwinden zum Nutzen der restlichen Stadt.

Schilder an der Fassade der lautesten Werkstätten bitten die Bewohner um Verständnis, um ein friedliches Zusammenleben zu gewährleisten. Die zahlreichen, während der Woche belebten Werkstätten sind an den Wochenenden verlassen, aber auch wenn sie geschlossen sind, erkennt man sie an den außen angebrachten Lizenzen.

DER NISHIROKUGOKOEN-PARK

⑲

Reifenpark

1-6-1 Nishirokugo Ota-ku (東京都大田区西六郷1-6-1)
Rund um die Uhr zu besichtigen
10 Gehminuten entfernt von Zoshiki (雑色), Keikyu-Honsen-Linie

Nur wenige Meter von den Zügen der geschäftigen Keikyu-Linie entfernt, hat der äußerste Süden von Ota eine etwas aufgeblasene Überraschung auf Lager: Der Kinderpark Nishirokugokoen (西六郷公園) erstreckt sich über einen halben Hektar und bietet mehr als 3.000 echte Reifen verschiedener Größen, die von zwei Godzilla-Statuen und einem Roboter (natürlich ebenfalls aus Reifen) bewacht werden. Am Wochenende belebt vergnügtes Kindergeschrei diese sonst sehr ruhige Gegend.

Die meisten Schaukeln bestehen aus Reifen, ebenso die verschiedenen Spielplätze und Kletterhindernisse. Man kann auch lose Reifen umherrollen oder seiner Fantasie freien Lauf lassen und Häuser aus Reifen bauen. Im Grunde genommen besteht alles hier aus Reifen …

Dieser originelle Park stammt aus dem Jahr 1969. Seitdem stapeln sich hier alle Arten von Reifen, von ganz klein bis ganz groß. Einige der Gummimonster haben einen Durchmesser von fast zwei Metern.

Natürlich ist es verboten, Reifen mitzunehmen oder den Park als Deponie für alte Reifen zu benutzen!

Der Zugang zum Park, der seinen Spitznamen „Reifenpark" (タイヤ公園) zu Recht trägt, ist kostenlos.

NERIMA
NAKANO
SUGINAMI
MITAKA
CHOFU
SETAGAYA
KOMAE
KAWASAKI
Kamishakujii
Kamiigusa
Iogi
Seibu Shinjuku
Nogata
Numabukuro
Araiyakushi
Kichijoji
Nishi-Ogikubo
JR Chuo
Ogikubo
Asagaya
Koenji
Nakano
Minami-asagaya
Higashi-koenji
Shin-koenji
Nakanofujimicho
Honancho
Keio Inokashira
Nishi-Eifuku
Eifukucho
Hatagaya
Roka-koen
Chitose-karasuyama
Hachimanyama
Keio
Meidai-Mae
Daitabashi
Sengawa
Odakyu
Gotokuji
Kyodo
Chitose-Funabashi
Odakyu Soshigaya-Okura
Seijogakuen-Mae
Sangen-jaya
Komazawa-daigaku
Sakurashinmachi
Tokyu
Yoga
Futakotamagawa
Kaminoge
Tokyu Oimachi
Todoroki
Oyamadai
Kuhonbutsu
Tamagawa
N
0
1
2 km

Nakano / Suginami / Setagaya

① BRONZEDENKMAL FÜR GUNDAM 90
② DER TETSUGAKUDO-PARK 92
③ DER EINGANG ZUM NAKANO-GEFÄNGNIS 94
④ NAKANO-BROADWAY-WOHNANLAGE 95
⑤ DER KISHO-JINJA-WETTERSCHREIN 96
⑥ STATUETTEN IM PEARL CENTER 97
⑦ DER ŌTAGURO-PARK 98
⑧ *IRORI* IM SUGINAMI HISTORICAL MUSEUM 100
⑨ DIE HEILIGEN HALLEN DES RISSHO KOSEI-KAI 102
⑩ DIE WOHNHÄUSER LA PORTA IZUMI NO MON UND MIND WAA 104
⑪ DAS EHEMALIGE WOHNHAUS VON TOKUTOMI ROKA 110
⑫ ZWEI BERÜCHTIGTE HÄUSER IM SOSHIGAYA-PARK 112
⑬ MANEKI-NEKO IM GOTOKU-JI-TEMPEL 113
⑭ DER ULTRAMAN VON SOSHIGAYA-OKURA 114
⑮ WEITERE SPUREN VON ULTRAMAN 115
⑯ DER ROTIERENDE BUDDHA VON OKURA 116
⑰ DIE GODZILLA-STATUE AM EINGANG DER TOHO STUDIOS 117
⑱ LEBENSMITTEL- UND LANDWIRTSCHAFTSMUSEUM 118
⑲ BIORIUM 119
⑳ WEGWEISER IN DER OYAMA-DORI 120
㉑ SETAGAYA MUSEUM OF HISTORY 121
㉒ DIE TÜRME DER KOMAZAWAWASSERENTNAHMESTELLE 122
㉓ DIE STATUEN VON SAZAE UND IHRER FAMILIE IN SAKURASHINMACHI 124
㉔ HASEGAWA-MACHIKO-KUNSTMUSEUM 125
㉕ DER SANDO AM HISATOMI-INARI-SCHREIN 126
㉖ GALERIE DER GEDENKSTÄTTE IM KOMAZAWA-OLYMPIAPARK 128
㉗ DIE EDAN MALL FUKASAWA 129
㉘ DER BAHNHOF KUHONBUTSU 130
㉙ DIE TODOROKI-SCHLUCHT 132
㉚ TUMULI AUF DEN HÜGELN MUSASHINOS 134
㉛ KIMURA BUDOEN („TRAUBENGARTEN“) UND HÜHNERSTALL 135
㉜ DER KISHIN-EN-GARTEN 136
㉝ UNTER DEM TAMAGAWA-DAISHI-TEMPEL 138

BRONZEDENKMAL FÜR GUNDAM

①

Zu Ehren von RX-78

3-32-1 Kami-Igusa, Suginami-ku (東京都杉並区上井草 3-32-1)
Bahnhof Kami-Igusa (上井草), Seibu-Shinjuku-Linie

Die riesige Statue von Gundam RX-78[1] in Odaiba ist natürlich eine große Touristenattraktion, aber für Puristen und Fans steht bei Kami-Igusa eine weitere. Das im März 2008 errichtete, Gundam gewidmete Bronzedenkmal (3 Meter hoch) beherrscht den südlichen Ausgang des Bahnhofs und verfügt über einen kleinen Behälter, in den Fans Münzen als Opfergabe einwerfen können.

Die Statue mit dem Namen *Daichi Kara* (大地から), eine Anspielung auf *Gundam, erhebe dich* (*Gundam daichi ni Tatsu* – ガンダム大地に立つ – die erste Folge der Serie *Mobile Suit Gundam*), streckt einfach ihren Arm in den Himmel.

Sogar die Bahnhofsglocke spielt die Titelmelodie von Gundam

Die Seibu-Shinjuku-Linie erreicht den Bezirk Suginami von Westen und führt in Richtung des spärlich genutzten Bahnhofs Kami-Igusa durch die weniger exklusiven Vororte Chuos mit ihren bescheidenen Wohnvierteln. Kami-Igusa erfreut sich einer gewissen Bekanntheit unter Fans von Riesenrobotern. Das Animationsstudio Sunrise, der Schöpfer von *Gundam*, hatte seine historischen Büros in 2-44-10 Kami-Igusa (bevor es 2021 nach Ogikubo zog) in einem ruhigen Gebäude direkt im Zentrum der Einkaufsstraße südlich des Bahnhofs. Neben Sunrise siedelten sich seit den 1970er-Jahren weitere Studios in der Umgebung des Bahnhofs an, der nun versucht, Kapital aus dieser Geschichte als Heimat der Animation zu schlagen. Man hat sogar die Abfahrtsglocke für den Zug durch die Titelmelodie von *Gundam* ersetzt! Die Umrisse des Roboters sind allgegenwärtig – sie zieren die Fahnen auf der Straße bis hin zu den Rollläden der Geschäfte.

[1] *Riesenroboter aus der Kult-Science-Fiction-Serie* Gundam.

DER TETSUGAKUDO-PARK

2

Voll und ganz der Philosophie gewidmet

1-34-28 Matsugaoka, Nakano-ku (東京都中野区松が丘 1-34-28)
März bis Juni und September 8–18 Uhr, Juli und August 7–18 Uhr, Oktober und November 8–17 Uhr; 29. bis 31. Dezember geschlossen
15 Gehminuten entfernt vom Bahnhof Araiyakushi-mae (新井薬師前), Seibu-Shinjuku-Linie

Aus einer genial absurden Idee von Inoue Enryo[1], Meiji-Philosoph und Gründer der Toyo-Universität, entstand 1904 am Ufer des Myoshojigawa, 15 Minuten von Numabukuro entfernt, der Tetsugakudo-Koen (哲学堂公園 – Tempelgarten der Philosophie). Ganz der philosophischen Theorie in physischer Form gewidmet, ist der Park ein skurriler Ort, der zum Nachdenken anregt. Auf einer Fläche von etwas mehr als fünf Hektar verfolgt man das bescheidene Ziel, „die Philosophie in ihrer Gesamtheit zu verkörpern“, mit in einem hübschen Stadtpark verteilten Gebäuden, Statuen und Objekten, zum Teil aus dem frühen 20. Jahrhundert. Die Hauptgebäude gruppieren sich rund um den Jikugo-Hügel (時空岡), der die „philosophische Raumzeit“ symbolisiert, um die offizielle Terminologie zu benutzen. Der kleine Shiseido-Schrein (四聖堂 – Halle der vier Wei-

en) im Herzen des Parks ist Konfuzius, Sokrates, Kant und Buddha gewidmet und nicht öffentlich zugänglich. Nebenan befindet sich der schöne Rokukendai-Turm (六賢台 – Ort der sechs Gelehrten), der sechs östlichen Philosophen gewidmet ist: den Japanern Prinz Shotoku und Sugawara no Michizane, den Chinesen Zhuangzi und Zhu Xi sowie den Indern Nagarjuna und Kapila Maharshi. Die kleine Mujinzo-Galerie (無尽蔵) beherbergt Objekte, die Inoue von seinen Reisen mitgebracht hat. Der Philosoph baute auch eine Bibliothek, das Zettaijo (絶対城). Des Weiteren befindet sich eine Statue des Prinzen Shotoku im Uchukan (宇宙館 – Palast des Universums), einem hölzernen Bau, der daran erinnern soll, dass die Philosophie die Wahrheit des Universums untersucht. Im Park finden sich weitere Skulpturen und Objekte, die selbst mithilfe der Informationstafeln nicht immer leicht zu interpretieren sind. Am südlichen Rand des Parks liegt der kleine Garten der Philosophie, die Krönung dieser geheimnisvollen Gesamtheit, mit Statuen von Nandor Wagner[2], die diverse Philosophen und religiöse Figuren darstellen und 2009 um drei Ringe herum angeordnet wurden. Den ersten Ring zieren Statuen von Jesus, Buddha, Lao Tzu, Abraham und Pharao Echnaton. Sie befinden sich direkt über einem riesigen Überlaufreservoir des sehr launischen Myoshojigawa.

[1] 井上円了, *1858–1919.*
[2] *1922–1997, ungarischer Künstler und Bildhauer.*

DER EINGANG ZUM NAKANO-GEFÄNGNIS

3

Seltenes Exemplar eines Backsteingebäudes aus dem frühen 20. Jahrhundert

3-37-3 Arai, Nakano-ku (東京都中野区新井 3-37-3)
In der Regel für die Öffentlichkeit nicht zugänglich, aber das Innere des Geländes ist leicht einsehbar
10 Gehminuten entfernt vom Bahnhof Numabukuro (沼袋), Seibu-Shinjuku-Linie

Das Tokioter Schulungszentrum für das Personal von Strafvollzugsanstalten befindet sich südlich des Heiwa-no-Mori-Parks. Auf dem Gelände fällt ein sehr anmutiges freistehendes Gebäude aus rotem Backstein auf, das sich von den anderen abhebt. Dies ist der ehemalige Haupteingang des Nakano-Gefängnisses (旧中野刑務所正門), des Nachfolgers von Toyotama aus dem frühen 20. Jahrhundert, in dem politische und andere Gefangene inhaftiert wurden.

Dieser Eingang, das einzige Relikt des Gefängnisses, stammt aus dem Jahr 1915 und ist einer der wenigen Ziegelbauten, die das Erdbeben von 1923 überlebt haben. Von der Straße aus kann man die Rückseite des Eingangs gut sehen. Zahlreiche Schriftsteller und Aktivisten haben ihn passiert, wie der Anarchist Osugi Sakae[1] im Jahr 1919 und Toda Josei[2] während des Zweiten Weltkriegs. Nach Kriegsende wandelten die Alli-

erten die Anlage in ein Militärgefängnis um, und man stationierte dort die US-Soldaten, bevor sie in die Vereinigten Staaten zurückkehrten.

1957 ging die Anlage an die Japaner zurück und wurde zum Nakano-Gefängnis; ein Schwerpunkt lag auf Rehabilitationsprogrammen. Zwei Gefangene entkamen jedoch im Januar 1961, nachdem sie einen Wärter getötet hatten, doch man fing sie schon am nächsten Tag wieder ein. Als das Gefängnis gebaut wurde, war dies ein wenig besiedeltes Gebiet, aber die Erweiterung Tokios holte nach dem Krieg auch dieses Gebiet ein. Unter dem Druck der steigenden Bewohnerzahl wurde das Gefängnis 1983 endgültig geschlossen.

1985 wurde auf dem Gelände des ehemaligen Gefängnisses der Heiwa-no-Mori-Park eröffnet. Dieser ist wunderschön angelegt, mit einer Reihe von kleinen Teichen auf der Nordseite. Es gibt dort eine Nachbildung einer Yayoi-Behausung aus Beton, da archäologische Ausgrabungen nach dem Abriss des Gefängnisses mehrere Artefakte aus dieser Zeit enthüllten. Eine bescheidene, aber kostenlose Ausstellungshalle, die zu einem kurzen Besuch einlädt, widmet sich der Geschichte des Viertels während des Krieges und der Bombenanschläge. Im Sommer steht ein kostenloser Mini-Pool für kleine Kinder zur Verfügung.

IN DER UMGEBUNG

Nakano-Broadway-Wohnanlage ④

Der für seine Spezialgeschäfte bekannte Nakano Broadway war einer der ersten multifunktionalen Gebäudekomplexe Tokios, ein Roppongi Hills der 1960er-Jahre und ein geheimes Mekka für Manga-Fans: Ein Teil des Gebäudes ist eine Wohnanlage, in der mehrere Berühmtheiten des Genres wohnten. Auf dem Dach gibt es sogar einen Swimmingpool und einen privaten Garten. Nach fast einem halben Jahrhundert ist der Komplex noch immer gut gepflegt und schön gelegen, was die recht hohen Mieten für ein Gebäude dieses Alters rechtfertigt. Doch der architektonische Geschmack hat sich mittlerweile verändert, daher ist der Nakano Broadway heute eher eine historische Kuriosität, eine luxuriöse Version des Nachkriegs-*Danchi*. Die Innenräume können nicht ohne Einladung eines Bewohners oder Genehmigung eines Immobilienmaklers besichtigt werden. Besucher müssen sich also mit dem Anblick der Fassade zufriedengeben. Ein Eingang für die Bewohner befindet sich in der Mall neben einer Informationsstelle.

[1] 大杉栄, *1885–1923, Essayist, Anarchist, Übersetzer und Aktivist.*

[2] 戸田城聖, *1900–1958, Pädagoge und Verleger, einer der Gründer der buddhistischen Bewegung Soka Gakkai.*

DER KISHO-JINJA-WETTERSCHREIN

Der einzige Ort in Japan, der dem Gebet für gutes Wetter geweiht ist

4-44-19 Koenji-Minami Suginami-ku (東京都杉並区高円寺南4-44-19), auf dem Gelände des Hikawa-Schreins
5 Gehminuten entfernt von Koenji (高円寺), Linien JR Chuo und JR Sobu

Beim kleinen Kisho-Jinja-Schrein (気象神社), der sich auf dem Gelände des Hikawa-Schreins links vom Hauptgebäude befindet, handelt es sich um den einzigen Wetterschrein des Landes. Ursprünglich im April 1944 von der Wetterabteilung der Kaiserlichen Armee an einem Ort nördlich des Bahnhofs Koenji in Richtung 4-35 Koenji-Kita erbaut, war Kisho-Jinja der Ort, an dem Meteorologen der Armee beteten und um die Genauigkeit ihrer Prognosen baten.

Der Bau brannte bei einem Bombenangriff im April 1945 ab und wurde kurz vor Ende des Kriegs wiederaufgebaut. Kisho-Jinja hätte nach der von den Besatzungsmächten im Dezember 1945 erlassenen „Shinto-Richtlinie" (zur „Abschaffung der staatlichen Förderung, Unterstützung, Beibehaltung, Kontrolle und Verbreitung des Staats-Shinto"), die dem Staat Shinto ein Ende setzen sollte, abgebaut werden müssen. Nach direkten Verhandlungen mit der japanischen Besatzungsregierung gelang es dem damaligen Priester des Hikawa-Jinja-Schreins, den Schrein 1948 an seinen heutigen Standort zu verlegen. Das aktuelle Gebäude wurde 2003 renoviert.

Obwohl Kisho-Jinja ursprünglich Yagokoro-Omoikane no Mikoto (besser bekannt als „Omoikane"), dem Gott der Weisheit und des Wissens, geweiht war, wie die geta-förmigen *Emas* bezeugen, besteht der Hauptzweck des Schreins darin, göttliche Gnade für alles, was mit dem Wetter zu tun hat, zu gewinnen: gutes Wetter für eine Runde Golf, genug Schnee für ein Snowboard-Wochenende usw. Gerüchten zufolge soll der Schrein gar nicht Yagokoro-Omoikane no Mikoto geweiht sein.

Es heißt, dass es am Tag des jährlichen Schreinfests, am 1. Juni, der laut der Japan Meteorological Agency (JMA) auch der Tag des Wetters ist, noch nie geregnet hat.

STATUETTEN IM PEARL CENTER ⑥

Ehrwürdige Beschützer der Einkaufspassage

In der Nähe von 1-34 Minami-Asagaya, Suginami-ku (東京都杉並区阿佐ヶ谷南 1-34)
10 Gehminuten entfernt vom Bahnhof Asagaya (阿佐ヶ谷), JR-Chuo-Linie

In der Mitte der Einkaufspassage Pearl Center (阿佐谷パール センター) stehen in der Nähe von 1-34 Minami-Asagaya zwei sehr alte und wenig bekannte Statuetten, eine von Jizo und eine von Shomen-Kongo, friedlich neben einem Blumenladen, gegenüber von einem Café.

Wie die floralen Opfergaben zeigen, werden diese beiden Statuetten mit großem Respekt behandelt. Sie wurden Ende des 17. Jahrhunderts aufgestellt, um über einen Pilgerweg zu wachen, der heute dem Verlauf der Einkaufspassage folgt. Das Pearl Center befindet sich tatsächlich an der alten Gongen-michi-Route aus der Kamakura-Ära – sie führte zu den Tempeln von Enkoin (bei Nukui, Bezirk Nerima) im Norden und Myoho-ji (bei 3-Horinouchi) im Süden.

Das Tanabata-Asagaya-Festival (阿佐ヶ谷七夕祭り), das um den 7. Juli im Pearl Center stattfindet, ist eine relativ neue Tradition aus dem Jahr 1954. Die Passage gilt als älteste nur für Fußgänger zugängliche Einkaufsstraße in der Metropole Tokio, sie ist seit 1952 für Fahrzeuge gesperrt.

DER ŌTAGURO-PARK

7

Ein japanischer Garten mit westlichen Einflüssen

3-33-12 Ogikubo Suginami-ku (東京都杉並区荻窪3-33-12)
Täglich 9–17 Uhr (letzter Einlass um 16:30 Uhr), bis 20 Uhr für einige Abendveranstaltungen Ende November/Anfang Dezember, zu den Neujahrsfeierlichkeiten geschlossen
Freier Eintritt
5 Gehminuten entfernt von Ogikubo (荻窪), Linien JR Chuo, Tokyo Metro Marunouchi-Linie

1981 wurde auf dem Gelände des ehemaligen Wohnhauses des Musikkritikers Motoo Ōtaguro eine städtische Parkanlage eröffnet. Der Park beherbergt einen japanischen Garten, der sorgfältig mit dezenten westlichen Details gespickt ist. Vom Haupttor aus offenbart sich der Garten erst, nachdem man eine Allee von rund 30 hundert Jahre alten Ginkgobäumen passiert hat.

Das rosafarbene gemauerte Haus aus den 1930er-Jahren, das mitten im Garten steht, gehört zu den Kulturgütern des Viertels: Das Erdgeschoss ist für Besucher zugänglich, Im Inneren gibt es ein originales Steinway-Klavier und ein Grammophon.

Der zu jeder Jahreszeit attraktive Park leuchtet im Herbst in herrlichen Rot- und Goldtönen. An bestimmten Abenden Ende November/ Anfang Dezember ist er bis 20 Uhr geöffnet und beleuchtet, sodass die karminroten Blätter besonders zur Geltung kommen.

Das Teehaus kann für private Veranstaltungen gebucht werden.

Motoo Ōtaguro

Motoo Ōtaguro (大田黒元雄, 1893–1979) gilt als Japans erster Musikkritiker und ist bekannt dafür, einige der großen Namen der westlichen Musik wie Debussy und Schönberg in Japan eingeführt zu haben.

IRORI IM SUGINAMI HISTORICAL MUSEUM ⑧

Ein Ort zum Aufwärmen für kalte Wintertage

1-20-8 Omiya, Suginami-ku (東京都杉並区大宮 1-20-8)
9:30–17 Uhr, montags und am 3. Mittwoch des Monats geschlossen (handelt es sich dabei um einen gesetzlichen Feiertag, ist das Museum geöffnet, aber am folgenden Tag geschlossen); vom 28. Dezember bis 4. Januar geschlossen
Das Irori*-Feuer wird samstags, sonntags und feiertags angezündet*
15 Gehminuten entfernt vom Bahnhof Nagafukucho (永福町), Keio-Inokashira-Linie

Das Suginami Historical Museum (杉並区立郷土博物館) in der Nähe des Flusses Zenpukuji zeigt die Geschichte des Viertels anhand einiger bescheidener Exponate. Obwohl das Museum nicht sehr groß ist, kann man dort in Ruhe ein wenig Zeit verbringen und die Vergangenheit eines der schönsten Wohnviertel der Hauptstadt entdecken. Die Attraktion des Museums ist ein ganzes Haus aus dem späten 18. Jahrhundert. Ursprünglich etwa fünf Kilometer nordwestlich gelegen, wurde es 1973 abgebaut und hierher transportiert.

Samstags, sonntags und feiertags wird die Feuerstelle des Hauses (*Irori*) angezündet, um am frühen Nachmittag die wenigen Besucher willkommen zu heißen. Also ein perfektes Ausflugsziel für kalte Wintertage!

DIE HEILIGEN HALLEN DES RISSHO KOSEI-KAI

⑨

Beeindruckender architektonischer Wandel im modernen Buddhismus

2-11-1 Wada, Suginami-ku (東京都杉並区和田 2)
Nakano Fujimicho (中野富士見町) oder Honancho (方南町),
Tokyo Metro Marunouchi-Linie

Aus dem Wohngebiet Suginami, südlich von Koenji bei 2-11-1 Wada, ragt ein riesiges kreisförmiges Gebäude, das von acht Türmchen umgeben ist und auf dessen Dach eine 15 Meter hohe Spitze sitzt.

Die Große Heilige Halle des Rissho Kosei-Kai (立正佼成 会大聖堂), erbaut 1964 und renoviert 2006, wird von einer Pagode gekrönt, die bei Nacht beleuchtet ist und von vier Wächterlöwen beschützt wird. Der riesige Innenraum der Heiligen Halle ist in der Regel für die Öffentlichkeit zugänglich, Fotos sind jedoch nicht erlaubt.

Direkt hinter der Halle befinden sich die Horin-Kaku (法輪閣) und

ihr exquisiter moderner japanischer Garten mit einer weiteren runden Pagode (一乗宝塔). Die Fumon-Halle (普門館) bei 2-6-1 Wada, ein weiteres Rissho-Kosei-Kai-Zentrum, ist eine Mehrzweckhalle, die fast so beeindruckend wie die Heilige Halle, aber weniger aufwändig gestaltet ist. Bis 2013 fand dort die All Japan Band Competition statt, ein nationaler Wettbewerb für Schulbands, bevor eine Inspektion ernste Vorbehalte bezüglich der Erdbebenresistenz der Decke ergab.

Rissho Kosei-Kai

Die Bewegung Rissho Kosei-Kai, die in den 1930er-Jahren nach der Abspaltung von der Reiyukai-Bewegung (霊友会) entstand, ist eine der wichtigsten buddhistischen „neureligiösen Erscheinungen" Japans. Sie umfasst über 3 Millionen Gläubige, wobei es in den 1990er-Jahren noch 6,5 Millionen waren. Die Bewegung hat in einigen Häuserblocks im Herzen von Suginami großen Einfluss (oder verwaltet sie komplett). Das Kosei College und die Kosei High School gegenüber der Fumon-Halle sind ebenfalls ein Ableger von Rissho Kose-Kai.

DIE WOHNHÄUSER LA PORTA IZUMI NO MON UND MIND WAA

⑩

Zwei traumhafte Werke von Von Jour Caux

1-4-8 und 2-27-27 Izumi, Suginami-ku (東京都杉並区和泉 1-4-8 / 2-27-27)
5 und 10 Gehminuten entfernt vom Bahnhof Daitabashi (代田橋), Keio-Linie
Rund um die Uhr zu besichtigen, Wohnungen nur für Bewohner zugänglich

Ende des 20. Jahrhunderts von Von Jour Caux entworfen, sind die beiden benachbarten Apartmenthäuser La Porta Izumi no Mon (1-4-8 Izumi) und Mind Waa (2-27-27 Izumi) Beispiele für den exzentrischen Stil dieses japanischen Architekten. Wie bei seinen anderen Bauwerken gibt es auch hier keinerlei Zurückhaltung. Fliesenmosaike aus verschiedenen Mustern und Farben sind neben unzähligen dekorativen Auswüchsen zu finden.

Einige originelle Skulpturen zieren die Fassade von La Porta, insbesondere ein großer Körper mit femininen Kurven, der am Haupteingang von Buntglas umgeben ist, während ein geflügelter Pegasus vom Dach abzuheben scheint. Eine Statuette eines bedrohlich aussehenden Tieres wacht über den Eingang des Hauses, und die Fenster werfen ein buntes Farbenspiel in die Eingangshalle. Zugang zum restlichen Gebäude haben nur Bewohner, aber die Außenseite ist beeindruckend genug.

Mind Waa, ein paar Blocks entfernt, ist eckiger und etwas weniger geschwungen. Die Fassade ist mit Reliefs aus bunten Quadraten verziert. Die wenigen Teile, die für Nichtbewohner sichtbar sind, sind optisch überladen. Im Erdgeschoss befindet sich ein Supermarkt, der für alle zugänglich, aber innen ganz gewöhnlich ist – gut für eine kurze Pause, bevor Sie sich wieder den Extravaganzen der Fassade stellen.

Weitere Informationen zu Von Jour Caux und seinen verschiedenen Werken in Tokio finden Sie auf S. 108.

LA PORTA
IZUMI

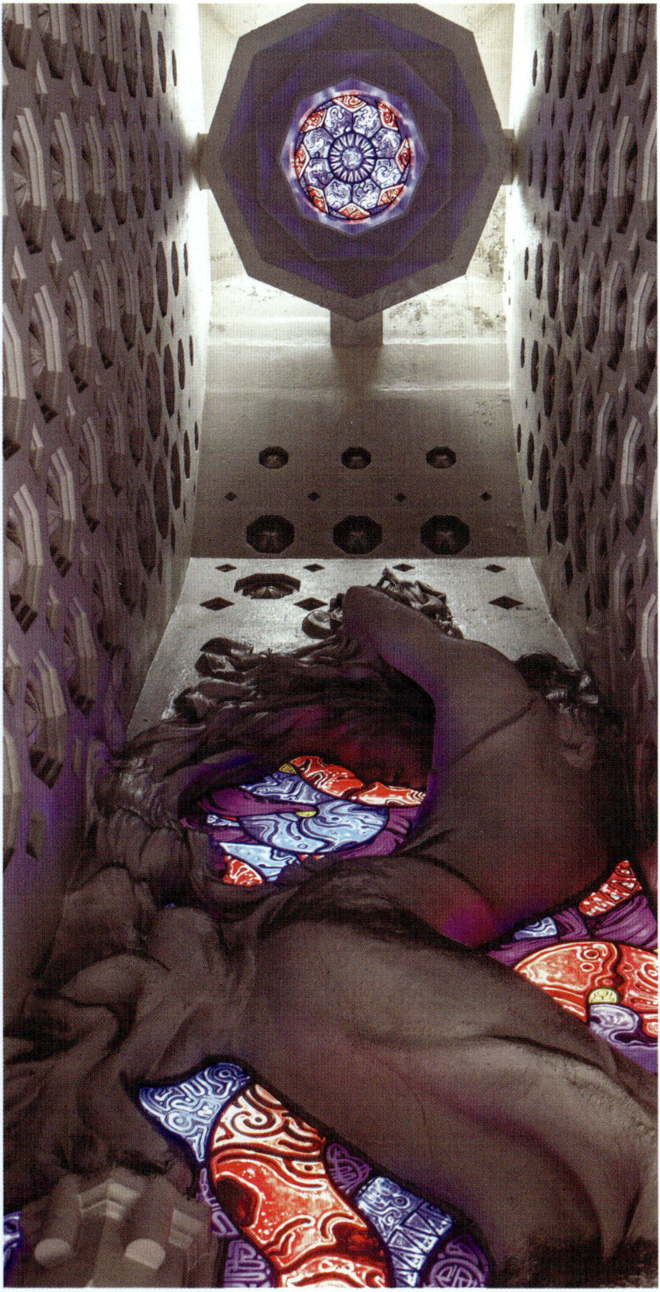

Von Jour Caux, der japanische Gaudí

Seine teils sehr ausschweifenden Entwürfe brachten Von Jour Caux (梵寿綱) den Beinamen „häretischer Architekt" oder „japanischer Gaudí" ein. Er wurde 1934 in Asakusa, Tokio, geboren und sein richtiger Name war Tanaka Toshiro (田中俊郎). Nach seinem Studium an der Waseda-Universität und der School of the Art Institute of

Gebäude und Jahr der Fertigstellung	**Adresse**
エステエスペランザ Est!!! Esperanza 1976	東京都港区西麻布2-17-14 2-7-14 Nishi-Azabu Minato-[illegible]
秘羅禧：ルボア平喜 Hiraki : Le Bois Hiraki 1977	京都板橋区高島平1-76-14 1-76-14 Takashimadaira Itabashi-ku
斐醴祈：ルボア平喜南池袋 Hiraki : Le Bois Hiraki Minami Ikebukuro, 1979	東京都豊島区南池袋2-29-[illegible] 2-29-16 Minami-Ikebukuro Toshima-ku
Waseda El Dorado 1984	東京都新宿区早稲田鶴巻[illegible] 517 517 Waseda Tsurumakicho Shinjuku-ku
Petit Etang 1987	東京都豊島区池袋3-51-5 3-51-5 Ikebukuro Toshima-ku
La Porta : 和泉の門 La Porta Izumi no Mon 1989	東京都杉並区和泉1-4-8 1-4-8 Izumi Suginami-ku
Royal Vessel : 輝く器 Royal Vessel Kagayaku utsuwa, 1990	東京都豊島区南池袋2-31-3 2-31-3 Minami-Ikebukuro Toshima-ku
舞都和亜 Mind Waa, 1992	東京都杉並区和泉2-27-27 2-27-27 Izumi Suginami-ku

Chicago begann er seine Karriere als eigenwilliger Architekt, bevor er 1974 unter dem Pseudonym Von Jour Caux seine Art-Complex-Bewegung (梵寿綱と仲) gründete, die mit der Norm brach.
Waseda El Dorado ist wahrscheinlich sein vollständigstes Werk in Tokio, aber auch einige andere Gebäude sind aufgrund der fantasievollen Note, die sie der Stadt verleihen, einen Besuch wert.

Beschreibung und Besonderheiten
Geschäftsräume und Büros, imposante Glasfenster an der Fassade
Wohnblock, dekorativer Eingang aus Buntglas, Fassade mit Skulpturen
Büros des Alkoholgroßhändlers Hiraki: Abgesehen von den Schutzgittern und der schön verzierten Fassade scheinen zwei schwarze Kugeln Passanten von der Ecke des Gebäudes aus zu beobachten
Wohnblock
Wohnblock (Studios), beeindruckend gemeißelter Eingang
Wohnblock, verziert mit der riesigen Figur einer Frau
Kleines Geschäfts- und Bürogebäude
Kleines Geschäfts- und Bürogebäude mit einem Supermarkt

DAS EHEMALIGE WOHNHAUS VON TOKUTOMI ROKA

11

Das schlichte und einfache Haus eines großen Schriftstellers

1-20 Kasuya, Setagaya-ku (東京都世田谷区粕谷 1-20)
Täglich 9–16 Uhr, vom 29. Dezember bis 3. Januar geschlossen
Freier Eintritt
15 Gehminuten entfernt vom Bahnhof Roka-koen (芦花公園), Keio-Linie

Der letzte Wohnsitz des Schriftstellers und Philosophen Tokutomi Roka in Roka-Koshunen (蘆花恒春園) wurde in den 1930er-Jahren von dessen Witwe der Stadt überlassen und der Park und die Gärten erhielten ihm zu Ehren seinen Namen. Das kleine Haus zwischen den Bäumen wurde Anfang des 20. Jahrhunderts erbaut und in den 1980er-Jahren originalgetreu restauriert. Sein nüchterner und bemerkenswert einfacher Stil spiegelt die rasante Transformation und Verwestlichung des Landes um die Jahrhundertwende wider.

Es sind drei nicht weit voneinander entfernte, zusammenhängende Gebäude: Das Haupthaus (母屋 – *moya*) mit einem Reetdach hat westliche Toiletten – damals eine Seltenheit. Darüber hinaus gibt es dort ein altmodisches *Goemon-Buro* (gusseiserne Badewanne, die von unten mit Brennholz beheizt wird). Der erste Anbau, *Baikashooku* (梅花書屋 – Studierzimmer mit Pflaumenblüten), stammt aus dem Jahr 1909 und ist nach einer horizontalen *Kalligrafie* (noch heute ausgestellt) von Samejima Hakkaku[1] benannt.

Der zweite Anbau, *Shusuishoin* (秋水書院 – Studierzimmer von Shusui), stammt aus dem Jahr 1911. Kotoku Shusui[2] wurde am selben Tag hingerichtet, an dem das Gebäude eröffnet wurde. Tokutomi, der sich in diesem seiner Ansicht nach eindeutigen Justizirrtum um Begnadigung bemühte, widmete das Gebäude (zunächst heimlich) Kotoku. Das Grab des Schriftstellers und seiner Frau liegt nicht weit entfernt, östlich des Hauses.

Im Park finden Sie zudem ein kostenloses Ausstellungszentrum und eine Gedenkstätte für Tokutomi, die in den 1950er-Jahren eingeweiht wurde. Einige seiner persönlichen Gegenstände sind dort zu sehen, darunter ein Brief von Leo Tolstoi, den er 1906 besucht hatte.

Tokutomi Roka

Tokutomi Roka (ursprünglich Tokutomi Kenjiro) wurde 1868 in Kumamoto zu Beginn der Meiji-Ära geboren. Zwischen 1898 und 1899 veröffentlichte er *Hototogisu* (不如帰 – „Gackelkuckuck“, eine melodramatische Erzählung über die Einmischung der Eltern in eine junge Ehe, die über Nacht zum Erfolg wurde. Im folgenden Jahr zog er nach Kasuya, damals noch sehr ländlich, was sein letztes Zuhause werden sollte. 1912 veröffentlichte er *Mimizu no tawagoto* (みみず のたはこと – „Dummes Regenwurmgerede“), das das „bäuerliche Leben“ auf seinem neuen Landgut widerspiegelt. Er starb 1927, kurz nach der Versöhnung mit seinem Bruder, dem bekannten Journalisten Tokutomi Soho[3], der seiner Ansicht nach politisch zu weit nach rechts driftete.

[1] 鮫島白鶴, *1774–1859, Kalligraf des Satsuma-Clans.*
[2] 幸徳秋水, *1871–1911, Journalist, Anarchist, Philosoph der Meiji-Ära, wegen Hochverrats (wahrscheinlich zu Unrecht) verurteilt, weil er an einem Versuch, den Kaiser im Jahr 1910 zu ermorden, beteiligt gewesen sein soll.*
[3] 徳富蘇峰, *1863–1957.*

ZWEI BERÜCHTIGTE HÄUSER IM SOSHIGAYA-PARK

12

Im Zentrum des Rätsels rund um den Setagaya-Mord

3-22-19 Kami-Soshigaya, Setagaya-ku (東京都世田谷区上祖師谷 3-22-19)
Rund um die Uhr zu besichtigen
20 Gehminuten entfernt vom Bahnhof Senkawa (仙川), Keio-Linie,
oder 5 Gehminuten entfernt von der Bushaltestelle Komadai-Grand Mae (駒大グランド前), Linien 歳20, 歳21, 成02, 成 06 vom Bahnhof Seijo-Gakuenmae (成城学園前), Keio-Linie

Nach einem längeren Spaziergang durch das Wohngebiet oder nach einer kurzen Busfahrt erreichen Sie knapp einen Kilometer südlich der Bahnlinie Keio den Punkt, an dem der Senkawa durch den kleinen Soshigaya-Park (祖師谷公園) fließt. In dessen Mitte, entlang des Flusses, scheinen zwei Einfamilienhäuser einsam in der Landschaft zu stehen. Seltsamerweise werden sie oft von der Polizei bewacht, und eine Plane bedeckt den hinteren Bereich, um ihn vor Kindern, die im Park spielen, zu verbergen. Das dem Fluss am nächsten gelegene Haus war der Schauplatz einer der brisantesten Nachrichtenmeldungen Japans und birgt eines der letzten großen Kriminalrätsel des 20. Jahrhunderts: Vom 30. auf den 31. Dezember 2000 wurde eine vierköpfige Familie von einem Angreifer getötet, der Hinweisen zufolge (Reste im Kühlschrank, Internetprotokoll usw.) fast einen halben Tag am Tatort verbrachte und wahrscheinlich keinerlei verdächtiges Verhalten zeigte. Die Mutter des Ehemanns, die im Haus nebenan wohnte (dem anderen bewachten Haus), entdeckte die Leichen am nächsten Morgen. Zehntausende Polizisten beteiligten sich an den Ermittlungen, um den Täter zu finden. Nach dem Umfang der eingesetzten Ressourcen zu urteilen, dem seltsamen Verhalten des Mörders und den Emotionen, die dieses letzte Neujahr des Jahrhunderts auslöste, hat der Mord an der Familie in Setagaya tiefen Eindruck hinterlassen. Die beiden Häuser waren damals nicht die einzigen im Park, aber die Nachbarn zogen nach diesem schrecklichen Ereignis lieber um. Ihre Häuser wurden abgerissen, und nur diese beiden blieben erhalten. Die leicht erhöhten Bauten erzeugen abends eine ausgesprochen düstere Atmosphäre.

MANEKI-NEKO IM GOTOKU-JI-TEMPEL

13

Ein weiterer möglicher Ursprung der Maneki-neko in einem charmanten Tempel im Westen

2-24-7 Gotoku-ji, Setagaya-ku (東京都世田谷区豪徳寺 2-24-7)
Täglich 9:00–16:30 Uhr
Bahnhof Miyanosaka (宮の坂), Setagaya-Linie

Nicht weit vom Bahnhof Miyanosaka entfernt, scheint Gotoku-ji (豪徳) der Ursprung der Maneki-neko zu sein, in direkter Konkurrenz zum Imado-Schrein in Asakusa (s. S. 292), der nach einer weiteren Legende ebenfalls Anspruch auf den Ursprung der Glückskatze erhebt. Hier soll Ii Naotaka[1], der Feudalherr (*Daimyo*) von Hikone, als er mit seinen Falken unterwegs war, im Tempel Zuflucht vor einem Sturm gesucht und sich, während es regnete, mit dem Tempelpriester angefreundet haben. Dort war auch eine Katze. Nach ihrer Begegnung wurde der Tempel zum *Bodaiji* (buddhistischer Bodhi-Tempel) der Ii-Fürsten von Hikone. Katze hin oder her, der Tempel ist ein wunderschöner abgeschiedener Ort in Setagaya. Auf dem Gelände befindet sich (neben unzähligen Katzenstatuen) eine prächtige Pagode, auch wenn sie kein Original ist. Historisch Interessierte können die Gräber der Ii-Fürsten hinter diesem charmanten Tempel besuchen. Hier befindet sich auch das Grab des 13. Fürsten von Hikone, Ii Naosuke[2], der im März 1860 vor der Burg Edo ermordet wurde.

[1] 井伊直孝, *1590–1659, 2. Fürst von Hikone, 25. Fürst von Ii und Sohn von Ii Naomasa, einem der führenden Generäle von Tokugawa Ieyasu.*
[2] 井伊直弼, *1815–1860.*

DER ULTRAMAN VON SOSHIGAYA-OKURA

14

Ursprung des Tokusatsu

1-8 Soshigaya-Okura, Setagaya-ku (東京都世田谷区祖師谷大蔵1-8)
Vor dem Bahnhof Soshigaya-Okura (代田橋), Odakyu-Linie

Der echte Ultraman wiegt 35.000 Tonnen und ist 40 Meter hoch – diese Ausmaße sind nötig, um die Erde seit seinem ersten Fernsehauftritt im Jahr 1966 wirksam gegen Angriffe von Außerirdischen zu verteidigen. Demnach ist es eine sehr kleine, in seiner Größe fast menschliche Ultraman-Statue, die über den Nordausgang des Bahnhofs Soshigaya-Okura wacht.

Wie bei vielen Händlern in wenig frequentierten Randbezirken üblich, die sich Charaktere aus der Populärkultur leihen, um Kunden anzulocken, legten die Menschen in Soshigaya-Okura 2005 zusammen und errichteten im folgenden Jahr diese Statue in der Bahnhofshalle. Tsuburaya Productions, die Studios, die damals für den Original-Ultraman verantwortlich waren, befanden sich in dieser Gegend (sie haben sich aktuell in der Nähe von Shibuya angesiedelt).

IN DER UMGEBUNG

Weitere Spuren von Ultraman (15)

Die Statue am Bahnhof ist nicht die einzige Spur von Ultraman im Bezirk. Wenn Sie der Einkaufsstraße etwas mehr als einen Kilometer nach Norden folgen, finden Sie einen fliegenden Ultraman bei 6-19 Soshigaya. Es gibt auch eine Statue von Ultraman Zoffy, die westlich in Richtung 3-21 Soshigaya steht, und eine von Ultraman Jack im Süden, in der Nähe von 7-12 Kinuta. Soshigaya-Okura ist also gut geschützt …

DER ROTIERENDE BUDDHA

16

Der High-Tech-Buddha

5-12-3 Okura, Setagaya-ku (東京都世田谷区大蔵 5-12-3)
Täglich 9–18 Uhr; die Statue dreht sich etwa um 9 Uhr und um 17 Uhr
15 Gehminuten entfernt vom Bahnhof Seijogakuen-Mae (成城学園前), Odakyu-Linie

Entlang des Sekawa, bei 5-12-3 Okura, liegt das Gelände von Myohou-ji, einem Tempel der buddhistischen Nichiren-Schule. Am Ende der Gräberreihen in Richtung Fluss finden Sie einen Haustierfriedhof, neben dem der Große Buddha von Okura (おおくら大仏) steht. Diese Bronzestatue, 8 Meter hoch und 8 Tonnen schwer, ist ein erstaunlicher, aber wenig bekannter High-Tech-Buddha, erbaut 1994 während der buddhistischen Feierlichkeiten zur Herbstsonnenwende (秋のお彼岸 – *O-Higan*).

Der gütige Buddha ändert mit seiner rotierenden Basis jeden Tag die Richtung. Ab 9 Uhr blickt er gen Süden, zum Friedhof, zu den Gläubigen und zum Tempel. Am späten Nachmittag, gegen 17 Uhr, dreht sich die Statue und blickt Richtung Setagaya-dori, um den Verkehr und die Kinder, die von der Schule nach Hause kommen, zu beschützen. Der ziemlich langsame Schwenkmechanismus der Statue ist überraschend leise.

Wenn der Tempel geschlossen ist, müssen Sie das Gelände nicht betreten, um die Statue zu sehen – sie ist vom Fluss und vom Okura *Danchi* aus sichtbar.

IN DER UMGEBUNG

Die Godzilla-Statue am Eingang der Toho Studios ⑰

Südlich der Odakyu-Linie belegen die gigantischen Anlagen der Toho Studios (東宝スタジオ) bei 1-4-1 Seijo beide Ufer des Senkawa. Sie gehören zu den größten des Landes und schenkten den Kinofans Godzilla und die Kurosawa-Meisterwerke. Die Studios, die in den 2000er-Jahren fast komplett renoviert wurden, sind leider nicht für die Öffentlichkeit zugänglich. Besucher müssen sich daher mit einer sehr werbewirksamen Godzilla-Statue am Haupteingang vor einem Wandbild der Sieben Samurai trösten. Der Schwanz des Monsters scheint sich brutal in eine Betonwand eingegraben zu haben. Direkt vor der Statue wurde im Mai 2014 ein weiterer Teil der Fassade am Studioeingang mit einem großen Godzilla-Porträt geschmückt. Man kann zwar nicht in die Studios, aber die von Kirschbäumen gesäumte Promenade am Ufer, die manchmal während der Kirschblüte auch nachts beleuchtet ist, ist ganzjährig zugänglich.

LEBENSMITTEL- UND LANDWIRTSCHAFTSMUSEUM

(18)

Hunderte ausgestopfte Hühner

2-4-28 Kami-Yoga, Setagaya-ku (東京都世田谷区上用賀 2-4-28)
April bis November 10–17 Uhr, Dezember bis März 10–16:30 Uhr
Täglich außer Montag geöffnet – wenn ein gesetzlicher Feiertag auf einen Montag fällt, ist das Museum geöffnet, aber am folgenden Tag geschlossen; am 4. Dienstag des Monats geschlossen; länger geschlossen im August und zum Jahresende (freier Eintritt)
20 Gehminuten entfernt vom Bahnhof Yoga (用賀), Tokyu Den-en-Toshi-Linie; Bushaltestelle Nodaimae (農大前), Linien Tokyu 園02 oder Tokyu 用01 vom Bahnhof Yoga

Wie der Name vermuten lässt, widmet sich das Lebensmittel- und Landwirtschaftsmuseum (食と農博　物館), das zum Setagaya-Campus der Landwirtschaftsuniversität Tokio gehört, den Agrartechnologien und der Geschichte der Lebensmittel. Besonders hervorzuheben sind die unzähligen ausgestopften Hühner verschiedener Rassen, die im Obergeschoss ausgestellt sind. Neben domestizierten Arten aus Japan und der ganzen Welt gibt es hier auch die wilden Vorfahren des Haushuhns zu sehen. Außerdem besitzt das Museum eine Sammlung von Sake-Flaschen, die es mit den bestsortierten Bars aufnehmen kann. Am Eingang gackern manchmal ein paar lebende Hühner in ihren Käfigen vor sich hin.

Diese einzigartige Ausstellung erinnert die gestressten Stadtbewohner – die selten die Gelegenheit haben, lebende Hühner zu sehen – daran, wie wichtig dieser Vogel für ihre Ernährung ist. Der Eingang zu diesem modernen Kubus scheint von einer neugierigen und imposanten Hahnenstatue bewacht zu werden. Im Gebäude befindet sich zudem eine Sammlung alter landwirtschaftlicher Werkzeuge aus dem ganzen Land – das Museum gibt an, rund 3.600 davon zu besitzen.

IN DER UMGEBUNG

Biorium (19)

Direkt neben dem Museum organisiert ein tropisches Gewächshaus, das als „Biorium" (バイオリウム) bekannt und ein Ableger des Instituts für Agrarforschung der Universität ist, Touren. Es ist direkt über das Museum zugänglich.

WEGWEISER IN DER OYAMA-DORI ⑳

Alte Pilgerroute

2-13 Sangenjaya, Setagaya-ku (東京都世田谷区三軒茶屋 2-13)
Bahnhof Sangenjaya (三軒茶屋), Tokyu Toyoko-Linie; Straßenbahn Tokyu Setagaya

Neben dem Ausgang Setagaya-Dori am Bahnhof Sangenjaya fällt ein alter Wegweiser einer Pilgerroute auf, der in dieser modernen urbanen Umgebung, die von Schnellstraßen dominiert wird, etwas verloren wirkt. Der Pilgermarsch, bei dem sich Buddhismus und gängige mystische Glauben rund um den Mount Oyama (wo er hinführte) in der Präfektur Kanagawa vermischten, war im frühen 19. Jahrhundert sehr beliebt. Der erstmals 1749 aufgestellte und Anfang des 19. Jahrhunderts restaurierte Wegweiser wurde während der Bauarbeiten für die Olympischen Spiele 1964 verlegt und 1983 in der Nähe seines ursprünglichen Standorts wieder aufgestellt.

Der Name des Viertels (三軒茶屋 – Drei Teestuben) basiert auf den drei von Pilgern frequentierten Teestuben, die sich neben dem Wegweiser befanden: *Kadoya* (角屋), *Tanakaya* (田中屋) und *Ishibashiro* (石橋楼). Keine davon existiert mehr: *Kadoya* schloss in der Meiji-Ära, *Tanakaya* brannte ab und *Ishibashiro* wurde 1945 geräumt.

Das Sangenjaya-Dreieck

Das winzige Gebiet südlich des Bahnhofs Sangenjaya – und vor allem die Spitze des Dreiecks mit der Adresse 2-13 Sangenjaya, gebildet durch die Kreuzung der Straßen Setagaya-Dori und Tamagawa-Dori – liegt rund um ein paar düstere Gassen übersät mit kleinen Bars und *Izakaya* (Gastropubs). Diese Lokale werden von einer sehr modebewussten Gruppe von Jugendlichen in Tokio besucht, in einem Setting, das dem ausgeprägten Retro-Charme im Nordosten der Stadt in nichts nachsteht. Dieses Dreieck mit seiner Nachkriegsatmosphäre steht in extremem Kontrast zu seiner Umgebung, in der die Stadterneuerung gewütet hat. Es ist einer dieser abgelegenen, aber schicken Orte, wo man einmal auf einen Drink gewesen sein und die besten Plätze kennen muss, um als echter Tokioter zu gelten – in gewisser Hinsicht einer der Hotspots für die hippe Jugend Tokios.

SETAGAYA MUSEUM OF HISTORY ㉑

Das erste lokale Geschichtsmuseum in der Metropole Tokio

1-29-18 Setagaya, Setagaya-ku (東京都世田谷区世田谷 1-29-18)
Täglich 9–17 Uhr, außer Montag – wenn ein gesetzlicher Feiertag auf einen Montag fällt, ist das Museum geöffnet, aber am folgenden Tag geschlossen; geöffnet am Kulturtag (3. November) und während des Boro-Ichi-Flohmarkts
3 Gehminuten entfernt vom Bahnhof Kamimachi (上町), Straßenbahn Tokyu Setagaya

Alle lokalen Museen in Tokios Bezirken sind auf ihre Weise interessant, aber das Setagaya Museum of History (世田谷区立郷土資料館) hat definitiv die Nase vorn. Das Nachbarschaftsmuseum, das etwa 30.000 Jahre Geschichte des bevölkerungsreichsten (aber bei Weitem nicht touristischsten) Bezirks abdeckt, wurde 1964 eröffnet und 2003 renoviert. Es ist das älteste Museum seiner Art in Tokio. Obwohl es einige schöne antike Töpfe, Gemälde, Kalligrafien und gut gemachte Dioramen gibt, ist es kein Landesmuseum, und die wenigen Besucher sehen keine großen Besonderheiten. Doch die kurze Tour ist kostenlos und unterhaltsam. Das elegante Gebäude, in dem sich die Sammlung befindet, ist das Werk von Maekawa Kunio[1], was es zu einem Denkmal für sich macht und zu seinem Charme beiträgt. Das Beste ist, dass sich das Museum am selben Ort befindet wie das gut erhaltene Wohnhaus des Gouverneurs von Setagaya aus der Edo-Zeit (代官 – Daikan) im 18. Jahrhundert. Die Residenz gilt als wichtiges Kulturgut und ist die einzige ihrer Art, die in der Metropole Tokio erhalten geblieben ist.

Der Boro-Ichi-Flohmarkt (ボロ市) findet am 15. und 16. der Monate Dezember und Januar auf der Straße vor dem Haus des Gouverneurs statt. Dieses Ereignis, das 400 Jahre zurückreicht, hat sich zu einem der Höhepunkte des Straßenlebens in Setagaya entwickelt und zieht Menschen von nah und fern an.

[1] 前川国男, *1905–1986, eine Leitfigur der japanischen Architektur im 20. Jahrhundert.*

DIE TÜRME DER KOMAZAWA-WASSERENTNAHMESTELLE

㉒

Ein eindrucksvolles und wenig bekanntes Relikt aus der Taisho-Ära

2-41-5 Tsurumaki, Setagaya-ku (東京都世田谷区弦巻 2-41-5)
Von der Straße aus sichtbar
Führungen durch das Innere werden einmal im Jahr angeboten, in der Regel am 1. Oktober zu Tomin no Hi (都民の日), dem Tag der Bürger von Tokio
Informationen finden Sie auf der Koma-Q-Website (setagaya.kir.jp/koma-q/)
10 Gehminuten entfernt vom Bahnhof Sakurashinmachi (桜新町), Tokyu den-en-Toshi-Linie

Zwischen den Häusern um Sakurashinmachi sind die Zwillingstürme der Komazawa-Wasserentnahmestelle (駒沢給水　所) ein eindrucksvolles, aber kaum bekanntes Relikt aus der Taisho-Ära (1912–1926). Die Türme wurden 1924 fertiggestellt, als das moderne Trinkwassernetz der Stadt in Betrieb ging. Das Wasser kam aus dem Tama-Fluss und sollte in den wachsenden Wohngebieten in Richtung der Stadt Shibuya, die Tokio 1932 als Teil des Bezirks Shibuya einverleibt wurde, gespeichert und verteilt werden. Die Wassertürme überstanden während der Bauarbeiten (einer der Türme war bereits fertig) das große Kanto-Erdbeben von 1923 sowie den Zweiten Weltkrieg ohne größere Schäden. Ein geplanter dritter Turm wurde nie gebaut. Die Türme wurden seit Ende des 20. Jahrhunderts nicht mehr als Verteilungszentrum genutzt und sind heute nur noch ein Denkmal für die Wasserversorgung Tokios. Sie wurden vom Bezirk Setagaya zum örtlichen landschaftlichen Erbe und von der japanischen Gesellschaft der Bauingenieure zum Kulturerbe ernannt.

Leider sind sie nur einmal pro Jahr für die Öffentlichkeit zugänglich. Im Rahmen von Führungen, die von der Komazawa Water Tower Preservation Society, Koma-Q, organisiert werden (Link auf der gegenüberliegenden Seite). Doch die zwei prächtigen 30 Meter hohen Wassertürme, die an einer erhöhten Stelle errichtet wurden, um die Schwerkraft zu nutzen, sind auch von der Straße aus gut zu sehen. Wie eine mittelalterliche europäische Festung thronen sie über den niedrigen Häusern in dieser wenig besuchten Gegend von Setagaya.

DIE STATUEN VON SAZAE UND IHRER FAMILIE

(23)

Das Zuhause von Sazae

1-30-6 Sakurashinmachi, Setagaya-ku (東京都世田谷区桜新町 1-30-6)
An den Ausgängen des Bahnhofs Sakurashinmachi (桜新町), Tokyu Den-en-Toshi-Linie

Sehen Sie sich vor dem Besuch des Hasegawa-Machiko[1]-Kunstmuseums, benannt nach dem Schöpfer des Comics *Sazae-san*, die Statuen der Manga-Charaktere an allen Ausgängen des Bahnhofs Sakurashinmachi an: Tara und Sazae am Südausgang, Katsuo und Wakame am Nordausgang, die ganze Familie (Sazae, Masuo, Tara, Namihei, Fune, Katsuo und Wakame) am Westausgang. Eine Einzelstatue von Sazae bewacht auch den Sazae-san *Koban* bei 1-30-14 Sakurashinmachi. Die ganze Familie versammelt sich ein letztes Mal im Park hinter dem Museum.

IN DER UMGEBUNG

Hasegawa-Machiko-Kunstmuseum (24)

Das 1985 eröffnete Hasegawa Machiko Art Museum befindet sich am Ende der treffend benannten Sazae-san-dori-Straße in 1-30-6 Sakurashinmachi. Es handelt sich eher um ein allgemeines Kunstmuseum, das nicht viel mit Sazae zu tun hat, obwohl es im ersten Stock ein Diorama der Häuser der Familien Fuguta[2] und Isono gibt.
Das Museum in einem kleinen zweistöckigen Gebäude aus rotem Backstein ist jeden Tag außer Montag geöffnet und vereint einen Teil der persönlichen Sammlungen von Machiko und ihrer Schwester Mariko. Die Ausstellungsstücke – von Töpferwaren bis zu Gemälden – wechseln regelmäßig.

Sazae-san und Sakurashinmachi

Mit über 8.000 Kurzgeschichten, die in fast 2.500 Episoden übertragen wurden, liegt Sazae im *Guinness-Buch der Rekorde* weit vor den *Simpsons*. Sakurashinmachi, wo Sazae und ihre Familie leben, verströmte in der Nachkriegszeit vielleicht etwas vorstädtisches Flair, als Hasegawa Machiko ihre Manga-Cartoons als Vier-Bilder-Comics zeichnete. Doch diese abgelegene, ruhige Vorstadtatmosphäre existiert nicht mehr. Heute wird Sakurashinmachi von gutbürgerlichen Häusern überragt, die kleinen Geschäfte wurden von riesigen Einkaufszentren verdrängt und der Zug fährt unterirdisch. Sazae und ihre Familie bewahren die zerbrechliche Atmosphäre rund um den Bahnhof Sakurashinmachi und man fragt sich, ob auch die Mieten im Viertel sinken werden, sollte die Fernsehsendung, die seit 1969 jeden Sonntagabend ausgestrahlt wird, je abgesetzt werden.

[1] 長谷川町子, *1920–1992.*
[2] フグ田, *Familienname von Sazae. Als Isono Sazae geboren, lebt sie in einem Mehrgenerationenhaushalt mit ihrem Mann Masuo, ihrem Sohn Tarao (Tara-chan), ihren Eltern Namihei und Fune Isono, ihrem jüngeren Bruder Katsuo und ihrer kleinen Schwester Wakame.*

DER SANDO AM HISATOMI-INARI-SCHREIN

25

Originaler Pilgerpfad im Herzen der Stadt

2-17-1 Shinmachi, Setagaya-ku (東京都世田谷区新町 2-17-1)
10 Gehminuten entfernt vom Bahnhof Sakurashinmachi (桜 新 町), Tokyu Den-en-Toshi-Linie

Der bemerkenswerte 250 Meter lange *Sando* (Pfad vom *Torii* bis zum Schrein), der zum Hisatomi-Inari-Schrein (久富稲荷神社) führt, wird von mehreren *Torii* überragt. Auf diesem kurzen Spaziergang, bei dem man einen Einblick in die Wohngegend Setagayas erhält, fügt sich der Shinto in die urbane Struktur ein – eine Seltenheit in Tokio.

Der Eingang zu dem, was vormals ein Pilgerpfad war, liegt etwa 500 Meter östlich von Sakurashinmachi entlang der National Route 427. Die meiste Zeit ist die Straße mit Ausnahme der Anwohner fast leer, aber zwei Mal im Jahr (normalerweise im Mai und November) erwacht sie während eines kleinen Secondhand-Markts zum Leben.

Wer auf dem Weg zum Fushiimi Inari-Taisha in Kyoto die 10.000 *Toriis*[1] passiert hat, findet hier eine abgespeckte Tokio-Version.

Im Hauptschrein ist ein kleiner Anbau der Eule geweiht. In der Showa-Ära rief hier angeblich nachts manchmal eine sehr scheue Eule. Es heißt, dass jedem, dem es gelang, sie zu sehen oder zu hören (je nach Version) ein Wunsch erfüllt wurde. Nächtliche Besucher, aufgepasst! In Gedenken an diese Geschichte sind die Emas des Schreins mit der Zeichnung einer Eule verziert und die lokalen Märkte sind als Fukuro Matsuri (フクロ ウ祭り – Eulenfest) bekannt.

Die Geschichte des Hisatomi-Inari-Schreins, der als Schutztempel eines nahegelegenen Dorfes in der Edo-Ära erwähnt wird, ist trotzdem sehr vage. Er wurde im 20. Jahrhundert von örtlichen Gläubigen wiederaufgebaut.

[1] *Wohl kaum mehr als 3.000 …*

GALERIE DER GEDENKSTÄTTE IM KOMAZAWA-OLYMPIAPARK

26

Im Untergeschoss des Zweitaustragungsortes der Spiele von 1964

1 Komazawa-Koen Setagaya-ku (東京都世田谷区駒沢公園)
Täglich 9–17 Uhr, außer am 1. und 3. Montag des Monats – handelt es sich dabei um einen gesetzlichen Feiertag, ist die Galerie geöffnet, aber am folgenden Tag geschlossen; vom 31. Dezember bis 2. Januar geschlossen
Wegen Renovierungsarbeiten bis 2025 geschlossen (freier Eintritt)
15 Gehminuten entfernt von Komazawa-Daigaku (駒澤大学), Tokyu Den-en-Toshi-Linie

Im Keller der Sporthalle des Komazawa-Olympiaparks erinnert eine wenig besuchte Galerie an die Olympischen Sommerspiele 1964. Neben einer Reihe zeitgenössischer Fotografien und Poster gibt es eine Sammlung von Uniformen und Trainingsanzügen, die zeigen, wie schnell sich die Mode ändert. Die olympische Fackel und einige Medaillen sind ebenfalls ausgestellt, und Highlights der Spiele werden über die Bildschirme abgespielt. Die Ausstellung ist ziemlich einfach gehalten, aber kostenlos, und lässt die Euphorie des japanischen Wirtschaftswunders aufleben.

Der Komazawa-Olympiapark und die Spiele von 1940

Die meisten Wettbewerbe der Olympischen Spiele von 1964 fanden in der Nähe von Shinanomachi und Sendagaya statt. Im Komazawa-Olympiapark (駒沢 オリンピック公園), etwas weiter vom Zentrum entfernt, wurden Nebenwettbewerbe wie Volleyball oder Football auf einem ehemaligen Golfplatz ausgetragen. Der Park war bei dem Versuch gescheitert, Hauptaustragungsort für die Olympischen Spiele 1940 zu werden. Tokio, das im Jahr 1932 für die Sommerspiele 1940 ausgewählt worden war, musste wegen des Zweiten Japanisch-Chinesischen Kriegs absagen. Nach dem Krieg baute man das Hauptstadion für das Baseballteam der Toei Flyers (jetzt die Hokkaido Nippon-Ham Fighters), bevor die Anlage ab 1962 mit dem Bau einiger Arenen und Turnhallen umgestaltet wurde, um diesen (kleinen) Teil der Olympischen Spiele von 1964 im Park auszutragen. Heute kann man dort in das herrliche architektonische Ambiente der 1960er-Jahre eintauchen. Den zentralen Platz dominiert ein 50 Meter hoher Gedenkturm, der einem großen, aber eleganten Betonspieß ähnelt. Die olympische Flamme brannte in einem Kelch in der Mitte eines Wasserbeckens östlich des Turms.

IN DER UMGEBUNG

Die Edan Mall Fukasawa (27)

In einer mehr als wohlhabenden Wohngegend (die umliegenden Bezirke zählen zu den reichsten außerhalb von Yamanote) in Richtung 3 Fukasawa trägt die geheimnisvolle Edan Mall Fukasawa (エーダンモール深沢) offiziell den Namen Higashi Fukasawa (東深沢商店街). Diese bemerkenswerte Ansammlung kleiner Geschäfte, Bars und leicht heruntergekommener *Izakayas* würde in den entlegenen Winkeln im Nordosten der Stadt nicht funktionieren.

Der Ursprung von „Edan"

Dieses winzige Stück Shitamachi hat seinen Ursprung in einer sozialen Wohnanlage (都 営団地 – *Toei-Danchi*), die gebaut wurde, um neuen Wohnraum für die Opfer des großen Bombenangriffs auf Tokio zu schaffen. Nach und nach wurden in der Anlage lokale Geschäfte eröffnet. „ToEi Danchi" wurde zu „Eidan" verkürzt, woraus „Edan" und dieses so enge, schachbrettartige Viertel wurde, das so wenig zu den umliegenden Straßen passt.

DER BAHNHOF KUHONBUTSU

28

Ein Bahnhof, der zu kurz für die Züge ist

7 Okuzawa Setagaya (東京都世田谷区奥沢世田谷 7)
Bahnhof Kuhonbutsu (九品仏), Tokyu Oimachi-Linie

Der kleine Bahnhof Kuhonbutsu (九品仏駅) in der Nähe von Jiyu gaoka ist ein sehenswertes Kuriosum, denn der Bahnsteig ist fü die Züge mit fünf Waggons, die hier halten, zu kurz. Kommt ein Zu hier an, öffnen sich die Türen des Waggons hinter dem Bahnsteig nicht

Die Passagiere müssen also im Zug nach vorne gehen und dann aussteigen. Seit der Erweiterung des Bahnsteigs am Bahnhof Togoshi-Koen auf der Tokyu Oimachi-Linie im Februar 2013 ist Kuhonbutsu das einzig verbleibende Beispiel für einen zu kurzen Bahnsteig. Übrigens öffnen sich auch einige Türen der Isezaki-Linie in Asakusa nicht, doch nicht wegen der Länge des Bahnsteigs, sondern weil es an den Enden als gefährlich gilt. Das westliche Ende dieses Bahnsteigs wird von einem Bahnübergang gekreuzt, er kann daher nicht ohne größere Bauarbeiten verlängert werden.

DIE TODOROKI-SCHLUCHT

29

Eine Schlucht in der Stadt

1-22 Todoroki, Setagaya-ku (東京都世田谷区等々力 1-22)
Rund um die Uhr zu besichtigen
2 Gehminuten entfernt vom Bahnhof Todoroki (等々力), Tokyu Oimachi-Linie

Diese natürliche Schlucht, die über Tausende von Jahren vom Yazawa aus den Hängen des Musashino-Plateaus gewaschen wurde, bevor er in den Tamagawa mündet, ist einer der bemerkenswertesten Parks Tokios. Die 10 Meter tiefe Schlucht des Todoroki-Valley-Parks (等々力渓谷公園) teilt die Stadt buchstäblich in zwei Hälften. Obwohl es sich hierbei nicht um den Grand Canyon von Setagaya handelt, hat es etwas fast Mystisches, in Straßenschuhen durch eine über einen Kilometer lange Schlucht zu wandern, die tief genug ist, um das Rauschen des Verkehrs auszublenden und den Beton sowie das Glas der umliegenden Gebäude zu verbergen. Die Schlucht besitzt einige interessante Sehenswürdigkeiten, von buddhistischen und shintoistischen Stätten bis zu einem (kleinen) Wasserfall und sogar einem Kofun-Grab, dessen Eingang durch eine Glaswand geschützt ist. Das alles umgeben von üppigem Grün und Vogelgezwitscher – ein garantierter Szenenwechsel.

TUMULI AUF DEN HÜGELN MUSASHINOS

30

Ahnengräber im Stadtzentrum

2-12 Kaminoge Setagaya-ku (東京都世田谷区上野毛2-12) für Kaminoge-Inarizuka, 1-25 Noge Setagaya-ku (東京都世田谷区野毛 1-25) für Noge-Otsuka
Kaminoge-Inarizuka ist hinter einer Absperrung zu sehen, Noge-Otsuka ist zugänglich
8–10 Gehminuten entfernt vom Bahnhof Kaminoge (上野毛), Tokyu Oimachi-Linie

An der Adresse 2-12 Kaminoge weckt ein seltsamer kleiner grüner Hügel hinter einer Absperrung die Neugier so mancher Besucher. Dies ist kein natürlicher Hügel, sondern ein über 15 Jahrhunderte altes Hügelgrab in Form eines Schlüssellochs (前方後　円墳) – der Tumulus Kaminoge-Inarizuka (上野　毛稲荷塚古墳). Nach Ausgrabungen in den Jahren 1995 und 2009 wurden mehrere Artefakte wie Halsketten gefunden, die eine Datierung des Hügels auf das späte 4. Jahrhundert zuließen – einer der ältesten in der Gegend. Etwa 500 Meter entfernt, im Tamagawanogemachi-Park zwischen dem Baseballfeld und den Tennisplätzen, dieses Mal in Form einer runden Pyramide, befindet sich der viel imposantere Tumulus Noge-Otsuka (野毛大塚古墳), der vermutlich das Grab eines hochrangigen Kriegsherrn Mitte des 5. Jahrhunderts war. Ausgrabungen im späten 19. Jahrhundert enthüllten Tausende Objekte. Die Spitze des 10 Meter hohen Hügels ist zugänglich und man kann sich Pläne der Ausgrabungen ansehen.

Andere Grabhügel in der Gegend

Diese beiden Tumuli sind nicht die einzigen in diesem Stadtbereich: Es gibt rund 50 Ahnengräber unterschiedlicher Größe am Ufer des Tamagawa zwischen den Bahnhöfen Tamagawa-en und Futako-Tamagawa. Ein Beispiel ist das Grab in der Todoroki-Schlucht (s. S.132). Detaillierte Karten, die all diese kleinen Hügel anzeigen – einige deutlicher als andere –, sind vor Ort erhältlich, versuchen Sie es z. B. im örtlichen Geschichtsmuseum von Ota, 5-11-13 Minami-Magome.

IN DER UMGEBUNG

Kimura Budoen („Traubengarten") und Hühnerstall (31)

Kimura Budoen (木村ぶどう園, 2-20-16 Noge) mit seinen alten Gräbern ist eine subtile Mischung zwischen einem Freilandgehege für Hühner (das Gackern stört die Ruhe kaum), einem Weingarten und einem Erdbeerfeld. Man kann einfach hierherkommen und Trauben oder Erdbeeren pflücken, je nach Jahreszeit. Waschbärenraubzüge wirken sich manchmal negativ auf den Eierverkauf aus.

Die steilen Hänge von Den-en-Chofu

Etwas weiter östlich erinnert die Westseite des fächerförmigen Den-en-Chofu-Viertels daran, warum es ursprünglich „Tamagawa Heights" hieß. Die engen Gassen umrunden den Rand des Musashino-Plateaus und stürzen über eine Reihe schwindelerregender Abhänge, die oft eine Steigung von über 20 Grad aufweisen, von oben bis zum Fluss Tama. In der Nähe von 5-5-18 Den-en-Chofu beginnt beispielsweise der Umazaka (馬 坂 – wörtlich „Hang der Pferde"), wo Pferde in der Taisho-Ära mühsam einen 22-Grad-Hang erklimmen mussten. Zwischen 5-26 und 5-27 Den-en-Chofu liegt Kyuzaka (急坂 – wörtlich „steiler Hügel"), ein Name, der perfekt passt. In der südwestlichen Ecke der Wasseraufbereitungsanlage Tamagawa, zwischen 5-13 Den-en-Chofu und 5-18 Den-en-Chofu, weist ein namenloser Hang sogar eine Steigung von 26 Grad auf. 1 Oyamadai, westlich von 5 Den-en-Chofu, hat ebenfalls anspruchsvolles Gelände zu bieten.

DER KISHIN-EN-GARTEN

㉜

Ein bezaubernder Wandelgarten

1-16-1 Tamagawa Setagayaku (東京都世田谷区玉川1丁目16–1)
März bis Oktober 9–17 Uhr, November bis Februar 9–16:30 Uhr; dienstags (außer an gesetzlichen Feiertagen) und am Neujahrstag geschlossen (freier Eintritt)
10 Gehminuten entfernt von der Tokyo-Metro-Station Futakotamagawa (二子玉川), Linien Tokyu Oimachi und Tokyu Den-en-Toshi

Der charmante, 2013 eröffnete Kishin-En-Garten (帰真園) ist ein klarer Beweis dafür, dass sich die Kunst des traditionellen Wandelgartens (回遊式庭 園) dem Lauf der Jahrhunderte anpassen konnte.

Nach den einfachsten Regeln traditioneller Wandelgärten, insbesondere der *Miegakure*-Technik (見え隠れ) (siehe gegenüberliegende Seite), um einen Teich herum angelegt, folgt dieser Garten auch den viel neueren Regeln des Universal Design, um möglichst vielen Menschen Zugang zu ermöglichen. Das üppige Blattwerk der Bäume hilft, die dichtstehenden Wohnbauten (zumindest teilweise) zu verbergen und den Lärm der Stadt zu dämpfen.

Das Kyu-Shimizukei Shoin (旧清 水家書院, „ehemaliges Stu-

dierzimmer der Shimizu-Residenz") ist ein kleines Gebäude, das Anfang des 20. Jahrhunderts im Bezirk Taito für Yonosuke Shimizu (ehemaliger Vizepräsident der heutigen Shimizu Corporation, eines der größten Bauunternehmen des Landes) errichtet wurde, bevor es einige Jahre später nach Setagaya verlegt und 1979 wieder abgebaut wurde. Man brachte seine Bestandteile in einem Lager unter, bis sie für die Eröffnung des Gartens wieder zusammengebaut und (natürlich von der Shimizu Corporation) restauriert wurden, um den modernen Erdbebenstandards zu entsprechen.

Der Kishin-En-Garten ist heute ein wichtiges Kulturgut im Bezirk. Von dem kleinen Hügel auf der Westseite aus und bei trockenem Wetter können Besucher, wenn sie Glück haben, ein Stück des Fuji sowie die vielen Hochhäuser rund um den Bahnhof und Kawasaki sehen.

Nach dem *Miegakure*-Prinzip werden Elemente der Landschaft bewusst verborgen, um sie dann allmählich, während der Besucher durch den Garten spaziert, zu enthüllen.

UNTER DEM TAMAGAWA-DAISHI-TEMPEL

(33)

Pilgerreise im Dunkeln

4-13-3 Seta, Setagaya-ku (東京都世田谷区瀬田 4-13-3)
Täglich 9–17 Uhr
10 Gehminuten entfernt vom Bahnhof Futako-Tamagawa (二子玉川), Linien Tokyu Den-en-Toshi oder Oimachi

Nur wenige Minuten von der familiären Atmosphäre Futako-Tamagawas entfernt, ist der Tamagawa-Daishi (玉川大師) ein äußerst rigineller und wenig bekannter Tempel aus dem Jahr 1925 im Südwesten er Stadt. Obwohl er von außen eher unscheinbar wirkt, liegt sein überaschendes Geheimnis unter der Erde: Eine unterirdische Galerie wurde 934 in einer Tiefe von fünf Metern eröffnet, um den Bürgern Tokios, ie die Originalstätten nicht besuchen konnten, die Pilgerreise zu den 8 Shikoku-Tempeln und 33 Saigoku-Kannon-Tempeln zu ermöglichen.

Die Galerie, die etwa 300 Statuen umfasst, wurde während des Kriegs ls Unterschlupf genutzt. Zu den Exponaten zählt auch ein liegender uddha, der größte in der Metropole. Nach dem Abstieg über die Stufen, ie über den Hondo erreicht werden (eine kleine Spende wird dringend mpfohlen), beginnt die Reise in völliger Dunkelheit – Tastsinn und Gehör ind die einzigen Führer entlang der glatten Wände. Vermutlich eine erausfordernde Erfahrung für alle, die klaustrophobisch veranlagt sind. ach einer kurzen Strecke, die aber endlos erscheint, sieht man mehrere uddha-Statuen in einem sehr schwach beleuchteten Raum. Hier sollte an zu dem Buddha beten, der dem eigenen Alter entspricht[1], bevor man en Raum wieder verlässt – spiritueller (und buchstäblich) erleuchteter.

Das Fotografieren ist in der Galerie strengstens verboten; Kameras üssen vor dem Abstieg abgegeben werden.

Auf traditionelle Weise (数え年) berechnet ist das Alter bei der Geburt 1, dann kommt für jedes ebensjahr ein weiteres Jahr dazu.

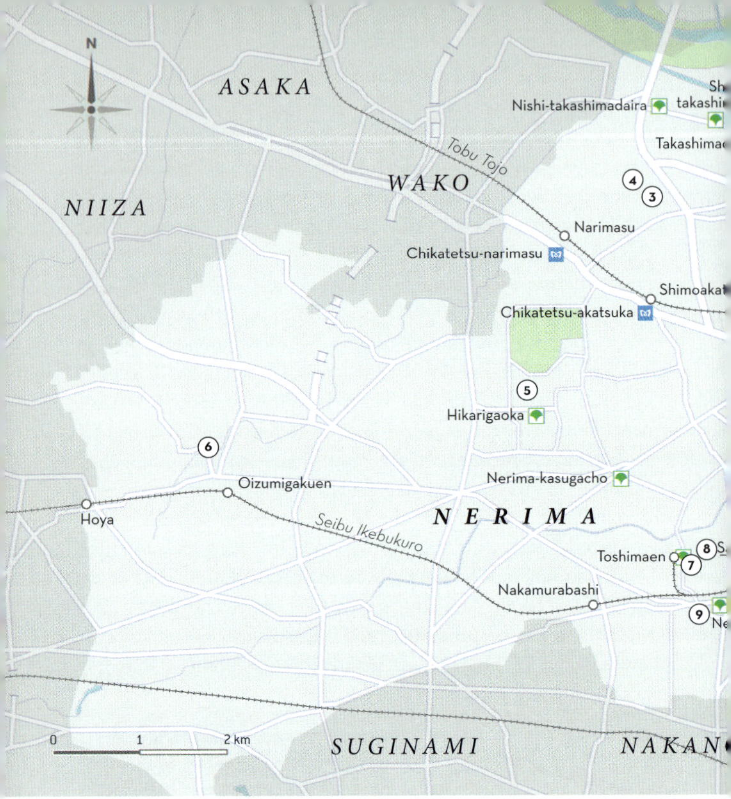

Nerima / Itabashi / Kita

① DIE ANTISUIZID-GITTER VON TAKASHIMADAIRA 142
② DER YAKUSHI-NO-IZUMI-GARTEN 144
③ DER GROSSE BUDDHA VON TOKIO 146
④ ZUM GEDENKEN AN DIE BURG VON AKATSUKA 147
⑤ HIKARIGAOKA *DANCHI* 148
⑥ KOIZUMI-RINDER 150
⑦ DER SOBA-KUI JIZO VON KUHON'IN 152
⑧ SHINGYOJI 153
⑨ AUSSICHTSPLATTFORM AM RATHAUS VON NERIMA 154
⑩ EKODAS FUJIZUKA 156
⑪ TOKIWADAI UND SEINE SACKGASSEN 158
⑫ DAS DAGASHI-YA-SPIELEMUSEUM 159
⑬ DER FUSSWEG DES KIRIGAOKA *DANCHI* 160

⑭ AKABANE HACHIMAN 161
⑮ DAS ARAKAWA MUSEUM OF AQUA 162
⑯ DIE IWABUCHI-SCHLEUSEN 164
⑰ DIE STELE TSUKI WO IRU 165
⑱ DIE KYU-FURUKAWA-TEIEN-GÄRTEN 166
⑲ TAFEL AM MOUNT ASUKA 167
⑳ DIE ÜBERRESTE DER MUNITIONSFABRIK JUJO 168
㉑ DIE PULVERMÜHLE DES ZWEITEN ARSENALS 170
㉒ NOGUCHI-INSTITUT 171
㉓ DIE ÜBERRESTE VON ITABASHISHUKU 172
㉔ ENKIRI ENOKI 174

DIE ANTISUIZID-GITTER VON TAKASHIMADAIRA

Die dunkle Vergangenheit einer riesigen Wohnanlag

2- und 3-Takashimadaira, Nerima-ku (東京都練馬区高島平 2-3)
Bahnhof Takashimadaira (高島平) oder Shin-Takashimadaira (新高島平),
Toei-U-Bahn Mita-Linie

Vor den über dem zweiten Stock liegenden öffentlichen Bereichen des gigantischen Takashimadaira-Danchi (高島平団地) sind künstlerisch geschwungene Metallbarrieren angebracht. Diese 1981 installierten Gitter sind keine Dekoration, sie sollen die Zahl der Suizide senken, denn die Höhe des Gebäudes animierte bereits eine Reihe von Menschen dazu, sich in die Tiefe zu stürzen. Die Geschichte von Takashimadaira (高島平 – das Flachland von Takashima, benannt nach Takashima Shuhan[1], der hier 1841 als Erster eine japanische Kanone abfeuerte) verschmilzt mit der Geschichte des *Danchi*, der Mutter aller veralteten Mega-*Danchi* der Stadt, die während des Wirtschaftswunders gebaut wurden.

In der Wohnanlage, die 1972 kurz nach der Mita-U-Bahn-Linie eröffnet wurde, wohnen etwa noch 17.000 Menschen. Den Höhepunkt mit 30.000 Bewohnern erreichte sie in den späten 1980er-Jahren. Takashimadaira hatte einen schlechten Start: Allein im Jahr 1972 nutzten fünf neue Bewohner die 14-stöckigen Gebäude, um Selbstmord zu begehen.

Am 13. April 1977 sprang ein über das Verschwinden seiner Frau und seiner zwei Kinder verzweifelter Vater in den Tod und brachte dem *Danchi* den Beinamen „Selbstmord-Mekka" ein, auf den es gut hätte verzichten können. Damals beendete etwa eine Person pro Monat hier ihr Leben, und die Zahl stieg; das hohe Gebäude lockte potenzielle Selbstmörder aus ganz Japan an – über 80 Prozent waren nicht ortsansässig.

1978 wurde der Zugang zum Dach gesperrt, und 1981 installierte man schließlich die Gitter, was die Zahl der Todesopfer drastisch reduzierte.

© Kamemaru2000

1 高島秋帆, *1798–1866, Militäringenieur und Kanonier in der späten Edo-Zeit.*

DER YAKUSHI-NO-IZUMI-GARTEN ②

Standort einer alten Quelle entlang des Nakasendo

3-7-20 Azusawa, Itabashi-ku (東京都板橋区小豆沢 3-7-20)
9–16:30 Uhr (freier Eintritt)
5 Gehminuten entfernt von der Station Shimura-Sakaue (志村坂上), Toei-U-Bahn Mita-Linie

Der schöne Yakushi-no-Izumi-Garten (薬師の泉庭園) an der National Route 18, den man durch ein sehr niedriges Tor betritt (man muss sich bücken), ist in Wahrheit eine sehr gelungene Kopie aus dem Jahr 1989. Da er sehr klein ist, kann man den Garten in maximal 10 Minuten besichtigen (oder besser durchqueren), doch diese kostenlose Tour bietet eine willkommene Pause vom hektischen Verkehr auf der National Route 18, die der alten Nakasendo-Reiseroute von Edo nach Kyoto über das Landesinnere folgt. Der heutige Garten hat eine lange Geschichte, obwohl er sehr jung ist. Hier stand ursprünglich der Daizen-ji, ein Tempel aus dem späten 15. Jahrhundert, der inzwischen vom benachbarten Sosen-ji „eingemeindet" wurde. Der Daizen-ji wurde rund um eine Quelle gebaut, die schon viele Nakasendo-Reisende erfrischt hat. Der 8. Shogun, Tokugawa Yoshimune[1], pries dieses Wasser, als er sich während eines Jagdausflugs abkühlte. Das Hauptbildnis (本尊 – *Honzon*) im Daizen-ji war eine buddhistische Statuette von Bhaishajyaguru, ein Medizin-Buddha (如来薬師 – *Nyorai Yakushi*), der von Prinz Shotoku[2] persönlich angefertigt worden sein soll. Dieser Buddha wurde laut Yoshimune „Buddha der Quelle" genannt – daher der Name: „Garten der Quelle des Medizin-Buddha" (薬師の泉庭園, *Yakushi no Izumi Teien*). Die Quelle war bereits auf einem Stich im *Edo Meisho Zue* (江戸名 所図 – *Reiseführer zu berühmten Orten in Edo*) abgebildet worden, der im Garten reproduziert ist. Doch die Zeiten haben sich geändert: Pilger wandern nicht mehr auf dem Nakasendo, der Garten ist praktisch leer, die Quelle gibt es nicht mehr – und um sich zu erfrischen, greift man auf Getränkeautomaten zurück.

[1] *徳川吉宗, 1684–1751.*
[2] *聖徳太子, 572–622, Politiker und Regent, als der Buddhismus in Japan Fuß fasste, hat vermutlich die erste Verfassung des Landes initiiert.*

DER GROSSE BUDDHA VON TOKIO

Monumentale, aber wenig bekannte Tempelstatue

5-28-3 Akatsuka, Itabashi-ku (東京都板橋区赤塚 5-28-3)
Täglich 10–16 Uhr
20 Gehminuten entfernt von der Station Takashimadaira (高島平), Tokyo Metro Mita-Linie, oder 20 Gehminuten entfernt vom Bahnhof Shimoakatsuka (下赤塚) oder Narimasu (成増), Tobu-Tojo-Linie

Nordöstlich von Narimasu, im Herzen des Viertels Akatsuka, beherbergt der Joren-ji den Großen Buddha von Tokio (東京大仏), den drittgrößten Bronze-Buddha Japans nach jenen von Nara und Kamakura. Die Statue, die seltsamerweise nur selten in traditionellen Reiseführern erwähnt wird, wurde als Opfergabe hinzugefügt, nachdem der Tempel verlegt und wieder aufgebaut worden war – zum Dank für den Baufortschritt. Die etwas über 12 Meter hohe Statue wurde 1977 errichtet. Sie ist nicht so gigantisch wie die der anderen genannten Buddhas, aber dennoch elegant und beeindruckend genug, sodass ihr geringer Bekanntheitsgrad überrascht.

Die Ruhe hier lässt sich zum Teil durch die Entfernung zur nächsten U-Bahn-Station erklären. Auch die Abwesenheit von Studentengruppen und Touristenmassen, die das Rotwild am Todai-ji (Großer Tempel des Ostens) in Nara bestaunen, verstärkt den Charme des Ortes nur noch.

Joren-ji wurde zwischen 1394 und 1427 gegründet und war ein wichtiger Edo-Tempel. Bis 1973 stand er in 62 Nakajuku, fast sieben Kilometer Luftlinie südöstlich von seinem heutigen Standort, neben der Stadtverwaltung Itabashis und vor allem in der Nähe der Nakasendo-Route und der Itabashi *Shukuba* (Poststation oder Raststätte, s. S. 172). Er musste nach dem Bau der städtischen Schnellstraße und der Erweiterung der National Route 17, die massiv in sein Gelände eingriffen, verlegt werden.

IN DER UMGEBUNG

Zum Gedenken an die Burg von Akatsuka ④

Joren-ji wurde auf einem Teil der äußeren Befestigungsanlagen der Burg von Akatsuka, die dem Chiba-Clan, Verbündeten der Go-Hojo, gehörte, wiederaufgebaut. Von dieser Burg, die im 16. Jahrhundert nach der Niederlage der Go-Hojo durch Hideyoshi[1] zerstört wurde, ist fast nichts mehr übrig – außer einem Gedenkstein und einer Gedenktafel im Akatsuka-Tameike-Park, die darüber informieren, wo sich einst der Burgfried befand. Die Burg bedeckte einen Großteil des heutigen 5-Akatsuka. Weit entfernt von seiner großen Vergangenheit, hat sich Akatsuka zu einem ruhigen Wohnviertel entwickelt, das hauptsächlich aus Einfamilienhäusern und kleinen Wohnungen besteht.

[1] 豊臣秀吉. *Toyotomi Hideyoshi, 1537–1598, einer der drei Feudalherrn, die das Land im 16. Jahrhundert vereinten.*

HIKARIGAOKA *DANCHI*

⑤

Tokios beeindruckendste Hochhausanlage

Hikarigaoka, Nerima-ku (東京都練馬区光が丘)
Station Hikarigaoka (光が丘), Toei-U-Bahn Oedo-Linie

Die riesige Wohnsiedlung Hikarigaoka Parktown (光 が丘パークタウン), oft als Hikarigaoka Danchi bezeichnet, ist mit 12.000 Haushalten und einer Bewohnerzahl von über 35.000 auf 186 Hektar die größte der Stadt. Dies entspricht einer durchschnittlichen Stadt mit 15 Schulen, einem Krankenhaus, einer Polizeistation, Supermärkten und Einzelhändlern, die alle auf einen der größten Parks der Stadt blicken – eine Idealversion geplanten städtischen Zusammenlebens.

Selbst mehr als 30 Jahre nach seiner Eröffnung hat Hikarigaoka seinen beeindruckenden, fast sowjetisch anmutenden Reiz bewahrt und ist einen Besuch wert. Es besteht aus einer Reihe von Hochhäusern, die – geometrisch und recht bedrohlich wirkend – am Rand entlang errichtet wurden. Zu jedem Wohnhaus gehören ein gigantischer Fahrradparkplatz und ein Müllentsorgungsbereich, die von hohen Türmen beherrscht werden. Obwohl die Gebäude schon älter sind, ist alles sehr gepflegt.

Der anfänglich bedrückende Eindruck wird bald durch die Freundlichkeit der Bewohner gemildert, die jünger als der nationale Durchschnitt in einem solchen Mega-*Danchi* sind, eine bemerkenswerte Ausnahme. Kinder radeln unbekümmert zwischen Fußgängern umher, und die Kleinsten überschwemmen die *Fureai no Michi*, so der Beiname der zentralen Promenade. Entlang dieses freundlichen Wegs sind Ginkgos gepflanzt, die vom Park, zu dem er führt, gepflegt werden. Das IMA-Einkaufszentrum in der Nähe des

Bahnhofs am Ende der *Fureai* ist das größte in Nerima. Die U-Bahn-Station, das Herz der Gemeinde und Tor zum Rest der Stadt, wurde 1991 eröffnet. Damals führte die Oedo-Linie nur bis Nerima und bis Ende 1997 gab es keine Direktverbindung nach Shinjuku. Hikarigaoka musste einige Jahre mit einem erschwerten Zugang zum Stadtzentrum leben, was zur Bildung einer starken Gemeinschaft beitrug.

Reisfelder in der Stadt

Das *Danchi* hat drei große, den Jahreszeiten gewidmete Parks (*Haru no Kaze*, 春の風公 園 – Frühlingswindpark, *Natsu no Kumo*, 夏の雲公園 – Sommerwolkenpark, und *Aki no Hi*, 秋の陽公園 – Herbstsonnenpark), die versuchen, die ursprüngliche Flora des Musashino-Plateaus zu reproduzieren und die Gleichförmigkeit der Häuserblocks zu unterbrechen.

Im Herbstsonnenpark wird sogar von Schulen etwas Reis angebaut, den die Kinder dann ernten (etwa 100 Kilogramm pro Jahr).

Grant Heights oder Grand Heights?

Hikarigaoka Parktown liegt auf dem Gelände des Luftwaffenstützpunkts Narimasu (成増陸軍飛行所), der 1943 zum Schutz der Stadt gebaut wurde, deren Verwundbarkeit im Doolittle Raid von 1942 sichtbar wurde. Dort waren die Nakajima Ki-44-Kampfflugzeuge, die 1945 durch 50 gewaltige Ki-84 Hayates ersetzt wurden, stationiert, um die Stadt gegen die immer häufigeren B-29-Bomberangriffen zu verteidigen. Nach Kriegsende wurde die Basis von den Alliierten eingenommen, dem Erdboden gleichgemacht und durch eine Wohnsiedlung mit 1.200 Einheiten für Familien von US-Soldaten während der Besatzung ersetzt. Die 34. Air Base Housing Area, alias Grant Heights, wurde 1948 eröffnet. Viele der Bewohner kannten den General und US-Präsidenten, der dem Stützpunkt seinen Namen gab, nicht und nannten dieses kleine Stück Amerika deshalb „Grand Heights". Aufgrund der Größe passt „grand" perfekt! Im September 1973 wurde Grant Heights an die japanischen Behörden zurückgegeben. 1977 folgten Pläne für den Bau des riesigen Wohnkomplexes, und im selben Jahr begann man im Norden mit den Arbeiten am Park. Mit dem Bau der Wohnungen wurde 1981 begonnen, und die ersten Bewohner zogen im März 1983 ein, nur ein paar Tage vor der Eröffnung des Disneyland Tokio.

KOIZUMI-RINDER

⑥

Milchfarm im Stadtzentrum

2-1-24 Oizumigakuencho, Nerima-ku (東京都練馬区大泉学園町 2-1-24)
Eisstand: an den meisten Tagen 10–17 Uhr geöffnet
Rinderstallungen: rund um die Uhr zu besichtigen
15 Gehminuten entfernt vom Bahnhof Oizumigakuen(大泉学園),
Seibu-Ikebukuro-Linie

Nerima, einer der 23 „Sonderbezirke" (*ku*) Tokios, ist von Ackerflächen durchsetzt, die direkt an den Hauptstraßen im Westen deutlich sichtbar sind. Obwohl die Zahl der Betriebe mit der Urbanisierung rapide zurückging, gab es im Jahr 2009 noch rund 500 davon.

15 Minuten zu Fuß vom Bahnhof Oizumigakuen in Richtung Norden gibt es die letzte Milchviehherde in der Gegend – die Koizumi-Farm (小泉牧場) mit ihren 30 größtenteils Holstein-Rindern.

Ein kleiner Straßenstand gegenüber den Ställen verkauft hausgemachtes Eis aus eigener Milch, sodass Sie vor Ort die Freuden der städtischen Landwirtschaft genießen können. Die Farm ist von Weitem am allgegenwärtigen Güllegeruch in einer ansonsten sehr urbanen Landschaft zu erschnuppern. Von Zeit zu Zeit organisieren örtliche Kindergärten und Grundschulen Farmbesuche, damit Kinder beim Füttern der Tiere die Freuden der Natur erleben können. Um den Betrieb am Leben zu erhalten, reduzierte der Besitzer die Anzahl der Kühe und verkaufte Teile des Grundstücks für den Bau eines Altersheims. Vor ein paar Jahren gab es hier noch fast 60 Kühe. Man kann sich draußen neben den Ställen an einen kleinen Tisch setzen und in der Nähe der Kühe, im Schatten des Bauernhauses, in Ruhe ein Eis mit Schoko-, Grüntee- oder Salzgeschmack genießen. Das ist natürlich der Hauptgrund für einen Besuch!

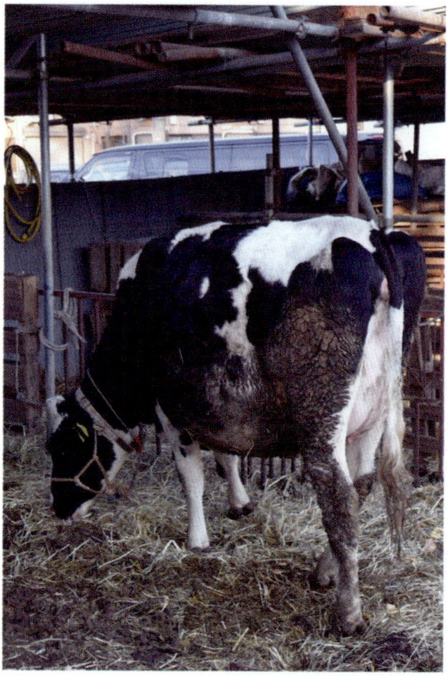

Die lokale Spezialität ist jedoch Kohl: Der Bezirk Nerima ist für 40 Prozent der gesamten Kohlproduktion Tokios verantwortlich, einschließlich der kleinen Städte und Dörfer, die von der Stadtregierung verwaltet werden.

Nishi-Oizumicho: Tokios einzige Verwaltungsexklave

20 Gehminuten von der Koizumi-Farm entfernt, etwa 100 Meter nordwestlich der Grenze zwischen Nerima und Saitama, ist Nishi-Oizumicho (西大泉町) eine kleine Ansammlung von sieben Häusern, die einzige Verwaltungsexklave in Tokios 23 Bezirken.

Eines der Häuser in der Straße befindet sich offiziell in der Stadt Niiza in der Präfektur Saitama, während das Nachbarhaus in Tokios Bezirk Nerima liegt. Sie müssen nicht die einzelnen Adressen der Personen überprüfen, um Beweise für diese administrative Kuriosität zu finden. Werfen Sie einfach einen Blick auf die Kanaldeckel – einige haben das gleiche Design wie in Tokio. Es gibt aber auch einen Feuerlöscher in den Farben Nerimas. Für die Strom-, Telefon- und Wasserversorgung sind sowohl Niiza als auch Saitama zuständig.

Zurück in Tokio, macht der Plan im Park 2-23-1 Nishi-Oizumi die Grenzen deutlich.

Weder Niiza noch Nerima haben Informationen darüber, wie diese Exklave entstanden ist, da dort bis in die 1970er-Jahre niemand lebte. Offiziell möchte Nerima zu Niiza gehören, doch die (wenigen) Bewohner von Nishi-Oizumicho sind sich nicht alle einig. Im Moment gibt es sie also noch: die „Insel" Tokios in der Präfektur Saitama.

Der Bahnhof Oizumigakuen (大泉学園 – Oizumi-Hochschulzentrum) ist der zu Nishi-Oizumicho nächstgelegene in einem Tokioter Bezirk[1]. Trotz des Namens dient er weder einem Universitätscampus noch einer Forschungseinrichtung, sondern dem abgelegenen Vorort Ikebukuro, der in den 1920er-Jahren nach dem Großen Kanto-Erdbeben entstand, aber nicht die höheren Bildungseinrichtungen anlockte, die seinen Namen rechtfertigen würden. Es gibt natürlich einige Oberschulen, Colleges und Grundschulen, aber niemand würde diese Wohngegend als Studentenparadies bezeichnen.

[1] Eine weitere administrative Kuriosität: Der Bahnhof Hoya (保谷) liegt näher an Nishi-Oizumicho, doch nur ein kleiner Abschnitt des Bahnsteigs befindet sich im Bezirk Nerima.

DER SOBA-KUI JIZO VON KUHON'IN

7

Nudelessender Jizo

4-25-1 Nerima, Nerima-ku (東京都練馬区練馬 4-25-1)
5 Gehminuten entfernt von der Station Toshimaen (豊 島 園), Toei-U-Bahn-Linie Oedo oder Seibu Toshima-Linie

In Kuhon'in (九品院), einem der elf Tempel von Tajima-san, fällt einem der seltsame *Soba-kui Jizo* (蕎麦喰地蔵 – Soba-essender Jizo) auf, dem als Opfergaben Soba-Nudeln dargebracht werden. Die Statue ist auffallend abgenutzt, die Oberfläche über die Zeit blank poliert. Rechts neben Jizo scheinen zwei hockende *Rakan* ihre Steinnudeln zu essen.

Es heißt, dass in der Edo-Zeit ein Soba-Händler aus Asakusa dem Priester eines nahegelegenen Tempels, der sich als Inkarnation Jizos entpuppte, jeden Tag einen Teller Nudeln anbot. Die Familie des Händlers blieb fortan von den Leiden und Epidemien des frühen 19. Jahrhunderts verschont, was zu diesem Brauch führte, der, auch nachdem man den Tempel verlegt hatte, fortgesetzt wurde (siehe gegenüberliegende Seite).

Elf Tajima-san Tempel

Die kurze Sackgasse, die zu den elf Tempeln des Tajima-san-Komplexes führt, bietet eine kurze Erholung vom geschäftigen Treiben von Toshimaen, dem größten Vergnügungspark im Osten der Stadt. Die Tempel verfügen über eine gewisse architektonische und fotogene Kohärenz, sind aber klar modern und erfüllen mehr eine spirituelle als touristische Rolle. Diese elf Tempel der Jodo-shu-Schule, Ableger des Seiganji-Tempels, befanden sich ursprünglich in Asakusa-Tajimamachi (heute Nishi-Asakusa in der Nähe von Asakusa), mussten aber 1928 nach der Zerstörung durch das Erdbeben hierher verlegt werden. Sie wurden entlang der Sackgasse neu angeordnet. Seiganji selbst wurde nach Fuchu verlegt. Der buddhistische Komplex, der außer von Gläubigen sehr wenig genutzt wird, überblickt einen ziemlich großen Friedhof, der nach dem Erdbeben ebenfalls verlegt wurde. Eine imposante Buddha-Statue beherrscht den Eingang. Viele Edo-Persönlichkeiten sind hier begraben, wie Ikenaga Doun[1] im Juyoin-Tempel und der Kräuterforscher Ono Ranzan[2] im Kojoin-Tempel.

IN DER UMGEBUNG

Shingyoji

8

Gleich östlich des Tajimasan-Komplexes wurde in den 1920er-Jahren 2-12-11 Nerima Shingyo-ji errichtet. Das Hauptgebäude, das mit seinen floralen Halbbögen die Formen südasiatischer Tempel nachahmt, stammt aus den 1950er-Jahren. Es wurde vom einzigartigen Stil des Hongan-ji in Tsukuji inspiriert.

Toshimaen und seine Burg

Nicht viele wissen, dass der Vergnügungspark „The Making of Harry Potter“ (ehemals Toshimaen) an der Stelle der mittelalterlichen Burg Nerima (練馬城) steht, die Mitte des 14. Jahrhunderts erbaut wurde und von der keinerlei sichtbare Spuren erhalten sind. Die Burg gehörte dem Toshima-Clan, so wie die Burg Shakujii (石神井城), die zu einer Reihe archäologischer Ausgrabungen im Herzen des schönen Shakujii-Parks führte.

[1] 池永道雲, *1674–1737, großartiger Kalligraf und Siegelgraveur.*

[2] 小野蘭山, *1729–1810, Kräuter- und Naturforscher, der 1803 ein großes Handbuch verfasste, das ihm den Spitznamen „Linnaeus des Ostens“ einbrachte.*

AUSSICHTSPLATTFORM AM RATHAUS VON NERIMA

9

Kaffee mit schöner Aussicht

6-12-1 Toyotamakita, Nerima-ku (東京都練馬区豊玉北 6-12-1)
Täglich 9–21:30 Uhr, vom 29. Dezember bis 4. Januar sowie an jedem 4. Sonntag des Monats geschlossen
10 Gehminuten entfernt vom Bahnhof Nerima (練馬), Linien Seibu-Ikebukuro, Seibu-Yurakucho oder Toei Oedo

Das Rathaus von Nerima (練 馬区役所) auf der Südseite des Nerima-Bahnhofs ist eines der wenigen hohen Gebäude in diesem Bezirk. Im 20. Stock gibt es eine Aussichtsplattform und ein wenig besuchtes Café. Das herrliche Panorama von den Aussichtsplattformen des Tokyo Metropolitan Government Building Nr. 1 in Shinjuku ist ziemlich bekannt, doch der Ausblick vom Nerima-Building ist genauso interessant, auch wenn das Gebäude nicht so hoch ist wie Shinjuku. Der Besuch ist außerdem kostenlos.

Das Radieschen-Maskottchen von Nerima, Nerimaru, weist entlang der Aussichtskorridore den Weg. Hier bekommen Sie eine andere und bemerkenswerte Perspektive auf das Herz der Stadt, einschließlich der Wolkenkratzer von Shinjuku (die man nur von Shinjuku aus sehen kann) im Gegenlicht. Wenn Sie Glück haben und es nicht zu diesig ist, haben Sie auch einen atemberaubenden Blick auf die andere Seite des Fuji.

Obwohl ein oder zwei hohe Gebäude die Aussicht behindern, befinden sich diese in weniger interessanten Richtungen – es sei denn, Sie möchten gerne die Vororte von Saitama sehen.

EKODAS FUJIZUKA

10

Die Tokioter Version des Mount Fuji

1-59-2 Kotakemachi, Nerima-ku (東京都練馬区小竹町 1-59-2)
Kann jederzeit besichtigt werden, Aufstieg jedoch nur dreimal im Jahr: 1.–3. Januar, 1. Juli und 2. Samstag im September
2 Gehminuten entfernt vom Bahnhof Ekoda (江古田), Seibu Ikebukuro-Linie

Am Nordausgang des Bahnhofs Ekoda, nahe dem Asama-Schrein, führt ein *Torii* zu einem bewaldeten, nur acht Meter hohen Hügel. Bekannt als „Fujizuka von Ekoda" (江古田の富士塚) ist dieser künstliche Hügel aus der ersten Hälfte des 19. Jahrhunderts einer der wenigen verbliebenen Fujizuka in Tokio. Dies sind kleine Nachbildungen des Fuji, die jenen, die den Aufstieg nicht bewältigen, eine alternative Pilgerfahrt ermöglichen sollen.

Der Hügel ist zwar jederzeit zu besichtigen, aber nur dreimal im Jahr ist ein Aufstieg erlaubt: vom 1. bis 3. Januar für den *Hatsumode* (erster Besuch des Shinto-Schreins zum japanischen Neujahr), am 1. Juli (zur Eröffnung der Klettersaison des echten Fuji) und am zweiten Samstag im September (jährliches Schreinfest). An den wenigen Tagen, an denen ein Aufstieg erlaubt ist, tauchen einige ehrgeizige Kletterer auf, aber glücklicherweise ist der Andrang nicht so groß wie auf dem Gipfel des Fuji. Die relative Leichtigkeit, mit der dieser Berg mittlerweile bestiegen werden kann, erklärt die relativ geringe Nachfrage nach einer Alternative.

Andere Fujizukas in Tokio

Mehrere Fujizukas unterschiedlicher Größe sind in der ganzen Stadt verstreut. Ekoda ist einer der am besten erhaltenen, zusammen mit jenen am Onoterusaki-Schrein in Shitaya, in der Nähe von Ueno und am Fuji-Asama-Schrein in Takamatsu (Bezirk Toshima). Ekoda ist sicherlich nicht der höchste, da einige der Fujizukas rund 12 Meter hoch sind – einer in Fuchu erreicht sogar 30 Meter.

Fujizukas sind ein Phänomen des späten 18. Jahrhunderts, das im 19. Jahrhundert seinen Höhepunkt erreichte und sich auf die Region Kanto und Tokio beschränkte. Die meisten wurden in der Edo-Zeit erbaut, als die Anbetung des Berges an Popularität gewann.

Da das Besteigen des echten Fuji mittlerweile viel einfacher ist, haben die Fujizukas an Bedeutung verloren, insbesondere weil man den Fuji von der Spitze eines Fujizukas aus sehen können muss, damit die Pilgerfahrt erfolgreich ist, und die hohen modernen Gebäude in Tokio heutzutage den Blick auf den Berg verdecken.

In Europa entwickelten sich während der Renaissance nach demselben Prinzip alternative Wallfahrtsorte für jene, die nicht nach Jerusalem pilgern konnten oder aufgrund von Sicherheitsbedenken nicht dorthin wollten. Mehr dazu finden Sie in der Ausgabe *Verborgene Toskana* in dieser Reiseführerserie.

TOKIWADAI UND SEINE SACKGASSEN

⑪

Beschaulichkeit im Nordwesten der Stadt

1 und 2 Tokiwadai, Itabashi-ku (東京都板橋区常盤台 1 and 2)
Bahnhof Tokiwadai (ときわ台), Tobu Tojo-Linie

Nur wenige Haltestellen von Ikebukuro entfernt, an der Tobu Tojo-Linie, im Herzen des Bezirks Itabashi, ist Tokiwadai (常盤台) eine wenig bekannte Oase mit schicken Einfamilienhäusern. Sie wurden 1935 von Komiya Kenichi[1] für die Tobu Railways, den Immobilienentwickler und Eisenbahnbetreiber in der Gegend, entworfen. Die Häuser sind rund um eine Kreuzung an der Nordseite des Bahnhofs gruppiert, mit bewaldeten, gewundenen Straßen mit jeder Menge Privatsphäre, Fußwegen und fünf Sackgassen. Man wird es Ihnen verzeihen, wenn Sie glauben, Sie seien im Gartenviertel Den-en-Chofu. Hier gibt es in der Tat die einzigen „echten Sackgassen" in Tokio, die auch als solche geplant wurden. Sie haben eines gemeinsam: Sie sind nur für Fußgänger, nicht für Fahrzeuge. Im Bebauungsplan wurden die Flächen für Wohnzwecke, Einkaufsmöglichkeiten und Schulen genau festgelegt. Das Bauprojekt zielte ursprünglich auf die Mittelschicht ab, lockte später aber Käufer mit höherem Einkommen an. Viele der damals gebauten Häuser (eine Mischung aus traditionellem japanischem und „westlichem" Stil) sind in den sukzessiven Wellen der Stadterneuerung allmählich verschwunden, doch einige der ursprünglichen Gebäude sind erhalten geblieben, wie der Teito-Kindergarten in 1-6-2 Tokiwadai und ein Privathaus auf 2-9-5. Und falls es Sie interessiert: Ein Gebäude, das früher ein Fotostudio war, wurde in das Edo-Tokyo Open Air Architectural Museum in Koganei verlegt.

Auch ohne seine historischen Gebäude verströmt die kleine Siedlung in Tokiwadai eine einzigartige Ruhe im Nordwesten der Stadt, und die von Komiya Kenichi angestrebte Gemeinde scheint heute fest im städtischen Gefüge verwurzelt zu sein. Im Gegensatz zum Südwesten Tokios ist der Kontrast zwischen diesem Viertel und seiner Umgebung besonders auffällig. Rund um Tokiwadai finden Sie in alle Richtungen das typische Stadtbild der nördlichen Bezirke mit ihren großen unpersönlichen Villen, kleinen Häusern, die das Beste aus einem winzigen Grundstück machen, *Pachinko*-Hallen und *Combini*-Läden.

Aktuell besteht die Gefahr, dass diese Oase eingekesselt wird, wie Plakate an den Wänden mehrerer Häuser zeigen, die den Bau großer Wohnkomplexe anprangern.

[1] 小宮賢一*, 1911–1990, Architekt und Stadtplaner.*

DAS DAGASHI-YA-SPIELEMUSEUM ⑫

Meisterwerke aus alten Zeiten

17-8 Miyamotocho, Itabashi-ku (東京都板橋区宮本町 17-8)
Samstag und Sonntag 10–19 Uhr, werktags 14–19 Uhr; Dienstag und Mittwoch geschlossen (geöffnet, wenn diese Tage gesetzliche Feiertage sind)
10 Gehminuten entfernt vom Bahnhof Itabashi-Honcho (板橋本町), Toei-U-Bahn Mita-Linie

Während ihrer Blütezeit, selbst noch in den 1980er-Jahren, gab es Dagashi-Händler überall im Land, an jeder Straßenecke, im Zentrum des gesellschaftlichen Lebens japanischer Kinder. Sie verleiteten die Kinder dazu, ihr hart erspartes Taschengeld für Kuchen, Bonbons und Spiele auszugeben. Das Dagashi-Ya-Spielemuseum (駄菓子屋ゲーム博物館), eine Spielhalle im Retro-Stil, befindet sich im Gemeindezentrum von Kontamura in Itabashi und lädt Besucher ein, in die einstige Atmosphäre einzutauchen. Es verfügt über rund 50 Spiel- und Medal-Games-Automaten (funktionstüchtig) aus den 1970er- und 1980er-Jahren, die bildschirmlosen Vorfahren der Video- und Pinball-Spiele. Man bemüht sich sehr, den Besuchern den besonderen Charme dieser Zeit zu vermitteln: Die originalen Automaten tauschen Münzen gegen Jetons, und natürlich kann man auch *Dagashi* kaufen. Es gibt auch einige alte *Gachagacha*-Mangas am Eingang, mit denen man Spielzeug aus den Krallenmaschinen holen kann. Auch wenn dieses Museum nicht wirklich eine Spielhalle und auch kein richtiges Museum ist, lässt sich hier ganz leicht und unbeschwert die Zeit ein paar Jahrzehnte zurückdrehen.

DER FUSSWEG DES KIRIGAOKA *DANCHI*

(13)

Auf den alten Bahngleisen zum Munitionslager von Kirigaoka

In der Nähe von 3-17 Kirigaoka, Kita-ku (東京都北区桐ヶ丘 3-17)
20 Gehminuten entfernt vom Bahnhof Akabane (赤羽), JR Saikyo, Linien Keihin-Tohoku, Takasaki, Utsunomiya oder Shonan-Shinjuku, Bushaltestelle Akabane-Toeijutaku (赤羽都 営住宅); Kokusai-Kogyo-Linien 赤50, 赤51, 赤53, 赤56, 赤57 vom Bahnhof Akabane

Im riesigen *Danchi* von Kirigaoka, direkt hinter der sechseckigen Sporthalle und gegenüber den Tennisplätzen, führt ein Fußweg einen hügeligen Grünzug hinauf. Er ist seltsam gemustert, als wäre er mit Bahnschwellen bedeckt. Tatsächlich folgt er der Trasse einer ehemaligen militärischen Güterstrecke, die vor dem Krieg diverse Anlagen miteinander verband (s. S. 168). Dieser gewundene Pfad führt bis zum Nature Observation Park Akabane, ebenfalls auf ehemaligem Militärgelände, das in den 1950er-Jahren von den Japanischen Selbstverteidigungsstreitkräften (自衛隊) übernommen wurde. 1999 als Naturpark saniert, versucht man hier, den Naturraum vor dem Eingreifen der Menschen wiederherzustellen.

AKABANE HACHIMAN (14)

Boyband und Shinto

4-1-6 Akabanedai, Kita-ku (東京都北区赤羽台 4-1-6)
10 Gehminuten entfernt vom Bahnhof Akabane (赤羽), Linien JR Saikyo, Keihin-Tohoku, Takasaki, Utsunomiya oder Shonan-Shinjuku

Nördlich von Akabane, über dem Hochgeschwindigkeitsbahnnetz von Shinkansen, das hier in einen Tunnel mündet, steht – eingeschlossen zwischen den Keihin-Tohoku-Gleisen – der Akabane-Hachiman-Schrein (赤羽八幡神社), auch bekannt als „Beschützer des Nordens“, weil er über den Gleisen und Fahrgästen liegt. Der zwischen den *Torii* hindurchfahrende Shinkansen-Zug ist ein schönes Fotomotiv. Kurioserweise sieht man hier oft Gläubige, die nicht gekommen sind, um Züge zu beobachten. Vor allem sind es junge Frauen, was an einem Shinto-Standort in einem Viertel, das bei Tokios Fashionistas nicht sehr beliebt ist, stutzig macht. Doch es gibt einen Grund für die in den letzten Jahren steigende Popularität des Schreins bei dieser speziellen Gruppe, und Fengshui spielt dabei eine wichtige Rolle. Der Schrein verkauft für die 20-jährige Periode des Fengshui Kagen-8-un (下元8運) zwischen 2004 und 2024 *Omamori*-Glücksbringer mit einem besonderen Design. Sie zeigen die Zahl 8, die Glückszahl dieser Periode, liegend als Zeichen für die Unendlichkeit. Da es auch das Symbol der Boyband Kanjani-8 ist, entstand hier schnell eine Verbindung. Der Schrein steht demnach ganz oben auf der Liste der Kanjani-Fans („Achter“), die hinter den *Omamori* her sind. Der Schrein ist über dieses Phänomen nicht unglücklich. Zudem wurde die Band 2004 ins Leben gerufen, das kann kein Zufall sein. Ab 2024, mit dem Beginn der Kagen-9-un-Periode (下元9運), wird es der Schrein wohl schwer haben, weiterhin von diesem Trend zu profitieren.

DAS ARAKAWA MUSEUM OF AQUA ⑮

Alles über den Arakawa

5-41-1 Shimo, Kita-ku (東京都北区志茂 5-41-1)
Täglich 9–17 Uhr (schließt von Juli bis September um 17:30 Uhr), außer Montag – wenn ein gesetzlicher Feiertag auf einen Montag fällt, ist das Museum geöffnet, aber am folgenden Tag geschlossen; zu den Feiertagen am Jahresende geschlossen
10 Gehminuten entfernt von der Station Akabane-Iwabuchi (赤羽岩淵), Tokyo Metro Nanboku-Linie

Im Arakawa Museum of Aqua (荒川知水資料館), einem der interessantesten kostenlosen kleinen Museen Tokios, das direkt gegenüber der alten Schleuse dem Arakawa gewidmet ist (s. S. 163), lernt man alles über den Fluss, der östlich der Hauptstadt fließt. Das Museum ist sehr informativ, und im ersten Stock gibt es sogar ein paar Aquarien mit Fischen aus dem Flussökosystem. Die verschiedenen Ausstellungen sind gut gemacht: Die Geschichte des Flusses, sein Platz in der Stadt und die Herausforderung beim Bau des Kanals und dessen historischer Schleuse werden mit Leidenschaft und Präzision präsentiert. Am Wochenende finden sich freiwillige Guides dort ein und ergänzen die Ausstellungen mit ihren Anekdoten und Erklärungen.

Es überrascht aber nicht, dass das Museum aufgrund seiner Lage und des spezifischen Themas nur selten frequentiert wird – von Schülergruppen abgesehen. Ein Besuch lohnt sich jedoch, um besser zu verstehen, wie die Flüsse Tokio geprägt haben (und dies auch weiterhin tun), vor allem in Richtung Osten.

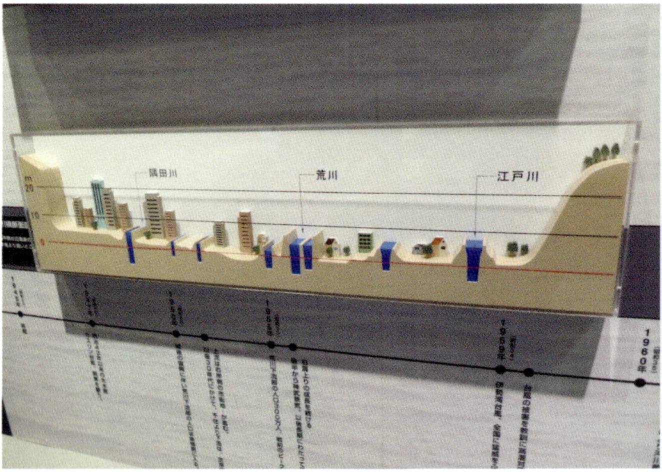

Der Arakawa: Ein Fluss mit einem anderen Namen

Seltsamerweise fließt der Arakawa nicht durch das gleichnamige Viertel. Als der Bezirk Arakawa 1945 gegründet wurde, war der Fluss Sumida als Arakawa bekannt und gab der neuen Verwaltungseinheit, die er abgrenzte, seinen Namen. Der stromabwärtige Flussabschnitt, der heute Arakawa (荒川 – reißender Fluss) genannt wird und in die Bucht von Tokio mündet, ist eigentlich ein zwischen 1913 und 1930 erbauter Hochwasserschutzkanal. Davor war der Arakawa – wie der Name schon sagt – unberechenbar. Das große Hochwasser von 1910, welches das Projekt ins Rollen brachte, hatte das Stadtviertel Shitamachi („Niederstadt") unter Wasser gesetzt und mehr als 1.300 Tote gefordert.

Die gewaltige Aufgabe, den Kanal zu graben, verzögerte sich durch das große Kanto-Erdbeben von 1923 und forderte weitere 30 Opfer. Die Metropole war damals noch nicht so groß, und der Kanal erstreckte sich über Felder, wodurch nur einige tausend Häuser betroffen waren. Der 22 Kilometer lange und oft über 500 Meter breite künstliche Wasserlauf verläuft direkt durch den Nordosten Tokios. Obwohl die Menschen ihn ursprünglich Arakawa Hosuiro (荒川放水路 – Arakawa-Hochwasserkanal) nannten, akzeptierten sie ihn allmählich und 1965 wurde er offiziell zum Hauptbett des Arakawa. Der alte Fluss erhielt den Namen Sumida. Heute bestehen die Ufer des Arakawa meist aus angelegten Parks, um das Hochwasserrisiko zu reduzieren; sie versorgen den Osten der Stadt mit Frischluft. Kaum jemand ahnt, dass Tokios breitester Fluss kein natürlicher Wasserlauf ist.

DIE IWABUCHI-SCHLEUSEN

16

An der Quelle des Flusses Sumida

5-41 Shimo, Kita-ku (東京都北区志茂 5-41)
10 Gehminuten entfernt vom Bahnhof Akabane-Iwabuchi (赤羽岩淵), Tokyo Metro Nanboku-Linie

Zwei prächtige Schleusen, eine rote und eine blaue, überblicken di Stelle, an der der Sumida in den Arakawa fließt.

Die neue Iwabuchi-Schleuse (新岩淵水門) wird klarerweise oft nu als „blaue Schleuse“ (青水門) bezeichnet. Dieser imposante, elegant Bau ist seit 1982 geöffnet und wird in den Schulferien manchmal nacht beleuchtet. Einige Meter flussaufwärts ist die alte Schleuse von Iwabu chi (旧岩淵水門), die rote Schleuse, dauerhaft geöffnet.

Gleich daneben lässt eine Uferpromenade erahnen, welch hohe Wasserstand der Fluss bei verschiedenen historischen Ereignissen er reicht hat, was das gewaltige Ausmaß der umliegenden Böschungen recht fertigt. Die alte Schleuse wurde zwischen 1916 und 1924 gebaut. Si neigt sich allmählich Richtung Wasser und ist weder in Gebrauch noch funktionstüchtig, aber immer noch ein schönes Stück Technik aus de Taisho-Ära.

ƆIE STELE TSUKI WO IRU

⑰

'tele zum Gedenken an einen Rasenmäh-Wettbewerb

ɪsel Nakanoshima – 5-41 Shimo, Kita-ku (東京都北区志茂 5-41)
0 Gehminuten entfernt vom Bahnhof Akabane-Iwabuchi (赤羽岩淵), Tokyo-Aetro Nanboku-Linie
ƨund um die Uhr zu besichtigen

Jm auf die schmale Insel Nakanoshima zu gelangen, muss man den kurzen Flussabschnitt überqueren, der von der alten Schleuse ıberspannt wird. Dort findet man eine Stele, die an die Höhepunkte ines jährlichen Rasenmäh-Wettbewerbs erinnert, der von 1938 bis 943 an den Ufern des Arakawa abgehalten wurde, sowie eine erstaunlihe moderne Statue, die poetisch *Tsuki wo iru* (月を射る – Richtung Aond) heißt.

Die alte Schleuse und die kleine Insel sollen übrigens von den Geistern derer heimgesucht werden, die im Arakawa ertrunken und jetzt für immer in der Schleuse gefangen sind. Ein Fischer wurde im August 2013 auf Nakanoshima vom Blitz getroffen – für jene, die daran zweifeln, dass dieser Ort verflucht ist. Sowohl die Insel als auch die Schleuse sind nachts zugänglich.

DIE KYU-FURUKAWA-TEIEN-GÄRTEN

Wunderschönes Herrenhaus im westlichen Stil am Rande eines Plateaus

1-27-39 Nishigahara, Kita-ku (東京都北区西ヶ原 1-27-39)
Täglich 9–17 Uhr, vom 29. Dezember bis 1. Januar geschlossen
5 Gehminuten entfernt von der Station Nishigahara (西ヶ原), Tokyo Metro Nanboku-Linie

Die Kyu-Furukawa-Teien-Gärten (旧古河庭園) in der Nähe de Bahnhofs Nishigahara sind nicht die ehemalige Residenz eine Edo-Adeligen, sondern ein Pfingstrosengarten, den der Staatsmann Mu su Munemitsu[1] zur Zeit der Meiji-Restauration umgestaltet hat. Er star hier 1897. Das Anwesen ging danach an Baron Furukawa Toranosuke über, der Mann hinter der Diversifizierung des mächtigen Furukawa Za batsu[3], der hier 1917 nach den Plänen des Londoner Architekten Josia Conder[4] ein großes Haus im westlichen Stil errichtete. 1956 öffnete ma die Gärten für die Allgemeinheit, und das auf dem Musashino-Platea stehende Haus wurde in den 1980er-Jahren restauriert. Es blickt nun au einen europäischen und einen darunter liegenden japanischen Garter Die schöne Anlage ist herrlich gepflegt. Setzen Sie sich mit einer Tass Kaffee auf eine Bank, lassen Sie Ihren Blick über das Anwesen schweife und entfliehen Sie für eine Weile der Hektik der Stadt.

© Nesnad

[1] 陸奥宗光, *1844–1897, Politiker, Diplomat und Minister während der Meiji-Restauration, hat den Vertrag von Shimonoseki, der den Ersten Chinesisch-Japanischen Krieg (1894–1895) beendete, mitverhandelt.*
[2] 古河虎之助, *1887–1940.*
[3] 古河財閥, *eines der führenden Industrie- und Finanzkonglomerate (Zaibatsu) vor dem Krieg, das während der Besatzung durch die Alliierten zerschlagen wurde, unter anderem Vorgänger von Fujitsu IT international.*
[4] *1852–1920.*

TAFEL AM MOUNT ASUKA

(19)

)er niedrigste Berg Tokios

-1-3 Oji, Kita-ku (東京都北区王子 1-1-3)
'ark: rund um die Uhr zu besichtigen – Ascargo: täglich 10–16 Uhr;
om 29. Dezember bis 3. Januar und wegen Wartungsarbeiten
m 1. Donnerstag des Monats zwischen 10 und 12 Uhr geschlossen
Minuten entfernt vom Bahnhof Oji (王子), JR Keihin-Tohoku-Linie; Tokyo
Aetro Nanboku-Linie; Straßenbahnlinie Toei Arakawa

Der Bezirk Kita beansprucht (ernsthaft und offiziell) den Titel „niedrigster Berg Tokios" für den Mount Asuka, der mit 25,4 Metern ıur wenige Zentimeter kleiner ist als der Mount Atago mit 25,7 Metern s. S. 50). Obwohl der Mount Asuka von der Geospatial Information ıuthority of Japan aus Platzmangel auf den Karten nicht in die Gipfelliste Tokios aufgenommen wurde, hat der Bezirk dennoch eine Tafel ıngebracht, die seine Höhe über dem Meeresspiegel angibt.

Zwischen dem niedrigsten und dem höchsten Punkt liegen nur 17,5 Meter, die von der Schwebebahn des Asukayama-Parks (Ascargo) bevältigt werden. Seit 2009 befördert diese automatisierte Kabine mit 16 'lätzen (sechs Sitzplätze) Passagiere in etwa zwei Minuten kostenlos die urze Strecke (48 Meter) zwischen der Straße und dem Gipfel des Mount ısuka. Sie ist klimatisiert und eräumig – mit allem modernen Comfort.

Der Hügel liegt in Asukayana, einem der ersten Parks der stadt. Zur gleichen Zeit wie ler Ueno-Park errichtet, ist er iel weniger bekannt, obwohl r sehr schön und ebenfalls ein Kirschblüten-Hotspot ist, und rstreckt sich entlang der Gleise üdlich des Bahnhofs Oji. Im 'ark steht ein Denkmal für den ndustriellen Shibusawa Eiichi[1], usammen mit seinem Haus ınd einer Bibliothek, beides eitgenössische Gebäude und vichtige Kulturgüter.

渋沢栄, 1840–1931, Geschäftsmann und Gründer einer Reihe von Unternehmen, Instituten ınd Universitäten, von denen viele noch heute existieren. Shibusawa gilt als einer der Väter des nodernen japanischen Kapitalismus.

DIE ÜBERRESTE DER MUNITIONSFABRIK JUJO

20

Munition für die Zero-Fighter

Zentralbibliothek Kita-ku
1-2-5 Jujodai, Kita-ku (東京都北区十条台 1-2-5)
Montag bis Samstag 9–20 Uhr, Sonn- und Feiertage 9–17 Uhr; am 1., 3. und 5. Montag des Monats geschlossen
15 Gehminuten entfernt vom Bahnhof Oji (王子), JR Keihin-Tohoku-Linie, Tokyo Metro Nanboku-Linie; Straßenbahnlinie Toei Arakawa; oder 10 Gehminuten entfernt vom Bahnhof Jujo (十条), JR Saikyo-Linie

Die 2008 im Nordosten des Chuo-Parks eröffnete Kita-ku-Zentralbibliothek (北区立中央図書館) verfügt über ein Café mit einem sehr charmanten Terrasse, die von einer Backsteinfassade flankiert ist. Diese roten Ziegel sind die Überreste des Gebäudes Nr. 275 der Jujo-Fabrik im Ersten Arsenal der japanischen Armee (東京第一陸軍造兵廠・十条工場) in Tokio, das Munition speziell für die berühmten Zero-Fighter herstellte. Das Gebäude befand sich innerhalb der Mauern der Basis der nahegelegenen Japanischen Selbstverteidigungsstreitkräfte (JSDF), die den Bezirk Kita kontrollierten. Die anderen Gebäude aus der Zeit des Arsenals wurden bei der Sanierung der Basis zerstört.

Erstes Arsenal

Der ehemalige Standort der Jujo-Fabrik im Arsenal prägt noch heute das Stadtbild rund um den Chuo-Park. Eine Patronenfabrik, die 1905 während des Russisch-Japanischen Kriegs errichtet wurde, entwickelte sich im Laufe der Jahre zu einem der wichtigsten militärischen Produktionszentren Tokios. Das Gebiet von rund 100 Hektar umfasste vor allem, aber nicht nur, den heutigen Chuo-Park und das Jujo-Gelände der JSDF[1].

Zu seiner Blütezeit beschäftigte die Fabrik rund 40.000 Mitarbeiter und produzierte Munition, Funkgeräte und Sprengstoff. Trotz wiederholter Angriffe auf Takinogawa (ein Dutzend Mal bombardiert) und der strategischen Bedeutung dieses Ziels kam die Fabrik relativ glimpflich davon.

Nach Kriegsende wurde die Anlage vom US-Militär besetzt und der nördliche Abschnitt 1958 an Japan zurückgegeben, das dort die bereits erwähnte JSDF-Basis eröffnete.

Kulturzentrum Kita: Ehemaliges Hauptquartier der ersten Munitionsfabrik

Das elegante weiße Gebäude im westlichen Stil mitten im Chuo-Park ist das Central Park Cultural Center (中 央公園文化センター). Das 1930 erbaute Gebäude war vor und während des Kriegs Sitz der Munitionsfabrik des Ersten Arsenals. Nach Kriegsende war es der pazifische Stützpunkt der United States Army Security Agency (ASA).

1968 eröffnete dort ein US-Militärkrankenhaus und das Gebäude wurde eines der Symbole des japanischen zivilen Widerstandes gegen den Vietnamkrieg mit fast täglichen Demonstrationen. 1971 wurde die Verwaltung des Geländes an Japan übergeben. An der Ostseite des Gebäudes ist ein alter Heizkessel aus dem Werk ausgestellt.

Direkt neben dem Arsenalgelände befindet sich der Campus des Lycée Francais International de Tokyo, der 2012 nach mehrjährigen Verhandlungen auf dem ehemaligen Gelände der Gewerbe- und Berufsschule Ikebukuro eröffnet wurde. Dieser Standort wurde nach dem Krieg offenbar von einem Strickwarenhersteller genutzt.

[1] *Japanische Selbstverteidigungsstreitkräfte, Japanische Streitkräfte (自衛隊).*

DIE PULVERMÜHLE DES ZWEITEN ARSENALS

21

Überreste der kaiserlichen Armee

1-10 Kaga, Itabashi-ku (東京都板橋区加賀 1-10)
10 Gehminuten entfernt von der Station Shin-Itabashi (新板橋), Toei-U-Bahn Mita-Linie

Eine imposante, Ende des 19. Jahrhunderts aus Belgien importierte Pulvermühle (圧磨機圧), ein Relikt der Militärvergangenheit rund um Itabashi, wurde in eine Stele umgewandelt, die hinter dem Higashi-Itabashi-Gymnasium in 1-10 Kaga steht. Diese Mühle mischte Salpeter, Holzkohle und Schwefel mittels eines Mechanismus, der durch das Wasser des Flusses Shakujii angetrieben wurde. Die Funktionsweise der alten Mühle wird auf einer kleinen Informationstafel erläutert.

Das seltsame Denkmal ist heute Sawa Tarozaemon[1] gewidmet, dem Gründer des Arsenals. Sawa, ein Militär, der vom Shogunat nach Europa entsandt wurde, um die Herstellung von Schießpulver zu erlernen, beteiligte sich an der Gründung der kurzlebigen Republik Ezo an der Seite der Shogunat-Truppen, die sich der Meiji-Restauration widersetzten.

Tokios Zweites Arsenal

Das Landgut, das der Zweitwohnsitz des mächtigen Maeda-Clans von Kaga war, umfasste in der Edo-Zeit rund 72 Hektar (mehr als der heutige Yoyogi-Park) und wurde während der Meiji-Restauration für militärische Zwecke umgebaut. Ab 1876 wurde dort ein Artillerielager eingerichtet, ab 1940 mit der riesigen Itabashi-Fabrik des Zweiten Arsenals der kaiserlichen Armee eine große Munitionsproduktion.
Die Lage nahe am Shakujii bot direkten Zugang zu den Wasserstraßen der Stadt. Das Bett des Shakujii, Nebenfluss des Sumida, wird nun bewirtschaftet, um das Hochwasserrisiko einzudämmen. Da er so schmal ist, musste eine mehrere Meter tiefe Rinne ausgegraben werden.
An die Residenz des Maeda-Clans erinnert eine eher unscheinbare Säule im kleinen Kaga-Park. Sie ist ein Andenken an die großen Tage des Shogunats, als das Anwesen einen Großteil der Viertel 1 und 2 von Kaga und 3 und 4 von Itabashi umfasste. Der Hügel im Park ist künstlich – ein Überbleibsel des Landschaftsgartens der Residenz, der seine ganze Pracht verloren hat. Das Gebiet und damit das Zweite Arsenal erstreckte sich bis zur Saikyo-Eisenbahnlinie.

IN DER UMGEBUNG

Noguchi-Institut (22)

Das Noguchi-Institut (野口研究所), eine 1941 gegründete Biologieforschungseinrichtung, wurde 1946 an der Stelle des Zweiten Arsenals entlang des Shakujiigawa errichtet. Das Institut in 1-8-1 Kaga kann nur gegen Voranmeldung besucht werden. Dort sind weitere militärische Überreste aus der Zeit des Arsenals zu besichtigen, z. B. ein Betonrohr zum Testen von Munition, das von außerhalb des Instituts zu sehen ist. Im Kaga-Park neben dem Institut waren die Ziegelmauer und der Mörser Teile eines Testziels.

[1] 澤太郎左衛門, *1834–1898.*

DIE ÜBERRESTE VON ITABASHISHUKU

23

Der erste Halt auf der Nakasendo-Route

In der Nähe von 47-12 Nakajuku, Itabashi-ku (東京都板橋区仲宿 47-12)
10 Gehminuten entfernt von der Station Itabashi-Kuyakushomae (板橋区役所前), Toei-U-Bahn Mita-Linie

Der seltsame schwarze Stein neben einem Supermarkt in 47-12 Nakajuku markiert den Standort des *Honjin* von Itabashishuku, dem Zentrum der ersten *Shukuba* auf der historischen Nakasendo-Handelsroute, wo die Feudalherren auf ihrem Weg nach und von Edo Rast machten. Der Bahnhof Itabashihoncho befindet sich am nördlichen Ende der *Shukuba*. Östlich des neuen und breiten Nakasendo führte hier der alte Nakasendo vorbei, entlang einer belebten Straße, gesäumt von kleinen traditionellen Geschäften, die einen Besuch wert sind. Itabashishuku umfasste von Norden nach Süden mehr als zwei Kilometer. Das Zentrum, Nakajuku, wurde viel weiter südlich mit der Eröffnung des Bahnhofs Itabashi umgestaltet, um Reisende anzulocken. Am Ende der Meiji-Ära entwickelte sich Nakajuku, das 1884 bei einem schweren Brand teilweise zerstört wurde, zu einem der großen Vergnügungszentren der Hauptstadt.

Sieht man sich um, kann man noch einige alte Ziegelwände (Ziegelsteine sind feuerfester) zwischen den Geschäften sehen – Relikte des alten Itabashishuku. In 40-1 Nakajuku befindet sich sogar ein fast intakter Taisho-Reisladen. Der Tempel in der Seitengasse, Hensho-ji, war in der Edo-Ära ein Stall.

Raststationen auf den Edo-Routen

Die fünf Routen quer durch das Land stammen aus der Edo-Zeit. Sie begannen an einem Nullpunkt bei Nihonbashi und erlaubten es vor allem den Feudalherren in den Provinzen, sich an das *Sankin Kotai* (参勤交代) zu halten. Nach diesem im 17. Jahrhundert vom Tokugawa-Shogunat eingeführten System mussten die Fürsten mehrere Monate im Jahr in der Hauptstadt Edo leben. Kehrten sie zu ihren Lehen zurück, mussten sie ihre Familien in Edo zurücklassen. Kleinere Straßen verliefen tiefer ins Land hinein, doch diese fünf waren die Hauptverkehrsadern für den wirtschaftlichen und kulturellen Austausch. Sie wurden von Rastplätzen unterbrochen, den *Shukuba* (宿場), die Reisenden – und natürlich den Fürsten und ihrem Gefolge – erlaubten, sich auszuruhen. Auf diese Weise konnte das Shogunat den Waren- und Personenverkehr im ganzen Land kontrollieren. Im Zentrum einer Shukuba lag der *Honjin* (本陣), ein Gasthof, in dem die Feudalherren nächtigten. Die ersten vier *Shukuba* auf den Straßen nach Edo markierten die Grenzen der Stadt: Im Süden eröffnete Shinagawa (s. S. 69) den Tokaido, die vielleicht wichtigste Straße des Landes, die Edo über die Pazifikküste mit Kyoto verband. Im Nordwesten führte Itabashi (s. S. 172) auf dem Nakasendo ebenfalls nach Kyoto, aber über die Berge. Im Westen war Naito-Shinjuku, die jüngste Edo-*Shukuba* (s. S. 186), der erste Halt auf dem Koshu-Kaido, der in die Provinz Kai (heute Präfektur Yamanashi) führte. Schließlich führte der Nikko-Kaido, der in der Nähe von Utsunomiya auf den Oshu-Kaido abzweigte, nach Norden. Senju (s. S. 216) war der erste gemeinsame Halt der beiden Straßen. Mit der Einführung der Eisenbahn Ende des 19. Jahrhunderts und dem Ende der Reisen der Feudalherren verloren diese vier Raststationen an Bedeutung und es ging langsam, aber sicher bergab. Es sind jedoch noch einige interessante Spuren der wichtigsten Zentren der Edo-Wirtschaft erhalten.

ENKIRI ENOKI

24

Wollen Sie mit dem Rauchen aufhören oder sich von Ihrem Partner trennen?

18 Honmachi, Itabashi-ku (東京都板橋区本町 18)
10 Gehminuten entfernt vom Bahnhof Itabashi-Honmachi (板橋本町), Toei-U-Bahn Mita-Linie

Entlang der Itabashi-Shuku, in 18 Honmachi, war eine Baumart Gegenstand eines ganz besonderen Kultes: Enkiri Enoki (縁切榎 – der Zürgelbaum der Trennung). Es heißt, der Baum erfülle die Wünsche eines jeden, der sich von jemandem oder etwas trennen möchte. Dies ist also der richtige Ort, um mit dem Rauchen oder Trinken aufzuhören, einen ungeliebten Partner abzuservieren oder einen anhänglichen Kollegen loszuwerden.

Die Texte der *Emas*, die sich auf dem winzigen Gelände aneinanderreihen, zeigen, dass die Besucher oft am Ende ihrer Weisheit angelangt sind. Hier betet man nicht für Erfolg oder Weltfrieden, sondern nur darum, einem Ex-Partner, einem Job, einer Krankheit oder Ähnlichem so schnell wie möglich zu entkommen.

Ein Volksbrauch war, dazu Rindenstücke zu zerstampfen und zu einem Getränk zu verarbeiten. Die heutigen Zürgelbäume, deren Rinde vor unerwünschter Ernte geschützt ist, sind die dritte Generation und wurden nicht exakt an der Stelle ihrer berühmten Vorfahren gepflanzt. Ein Rindenstück eines Baumes aus der zweiten Generation ist in einem Gedenkstein erhalten, der ursprüngliche Baum brannte in der Meiji-Ära ab. Der Zürgelbaum war einer der gesunden Bäume eines Schreins, der den Tenma-Göttinnen[1] geweiht war.

Der einzige Zürgelbaum in einer Ulmenallee – von der einige glauben, dass sie der Ort sei, an dem Jikigyo Miroku[2] seine Frau und seine Kinder verabschiedet hat, bevor er den Fuji bestieg, weswegen der Baum mit Trennung in Verbindung gebracht wird – sorgt für Kontroversen. Der (schlechte) Ruf des Ortes ist so tief verwurzelt, dass ein Umweg gebaut werden musste, als Prinzessin Chikako de Kazu[3] 1861 auf der Nakasendo-Route nach Edo reiste, um den 14. Shogun zu heiraten. So sollte verhindert werden, dass sie den Unglück bringenden Baum passieren musste.

[1] *Schutzgottheiten im Buddhismus.*

[2] 食行身禄, *1671–1733, ein Edo-Mönch, der einen Glauben rund um den Mount Fuji entwickelte.*

[3] 和宮親子内親王, *1846–1877, oft als Prinzessin Kazunomiya bezeichnet, Schwester von Kaiser Komei, dem Vater von Kaiser Meiji.*

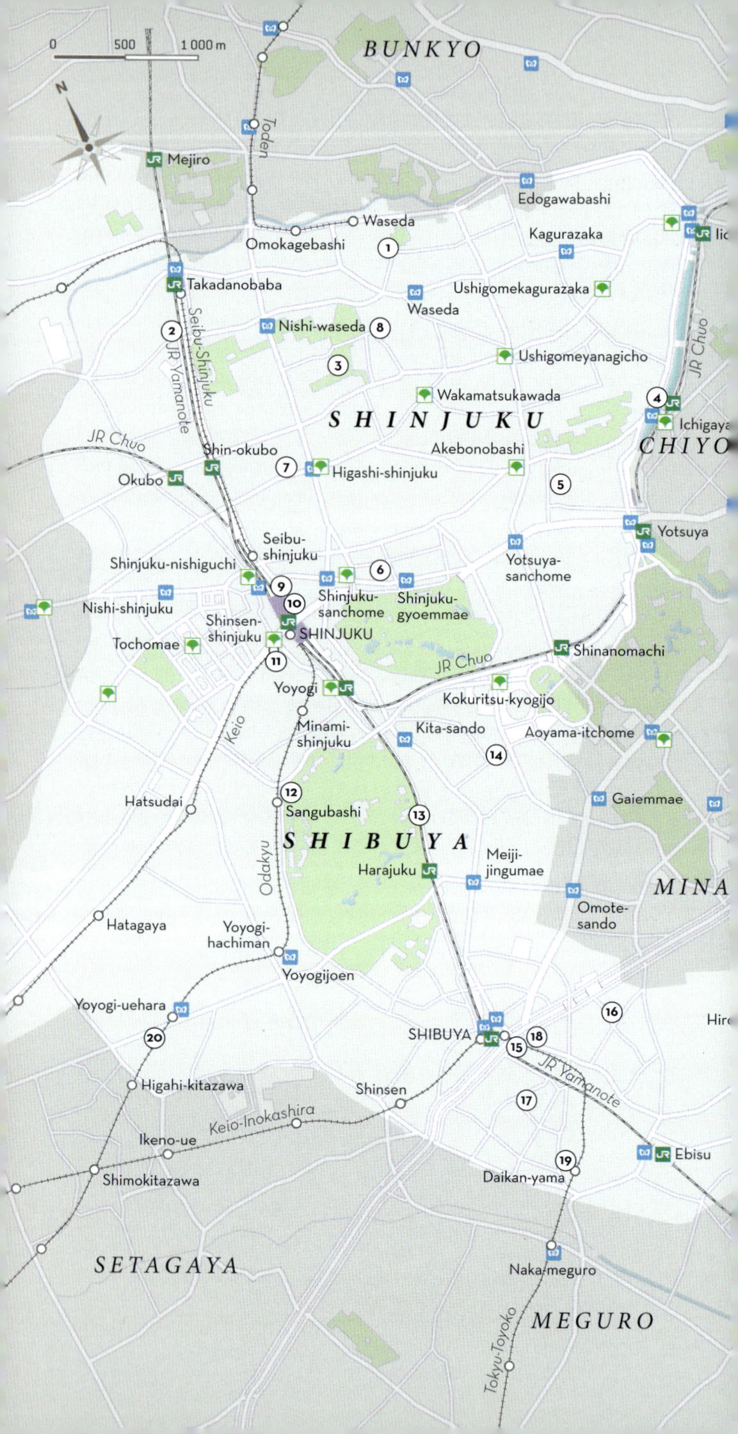
0
500
1 000 m
N
BUNKYO
Toden
Mejiro
Edogawabashi
Waseda
Omokagebashi
1
Kagurazaka
Takadanobaba
Ushigomekagurazaka
Waseda
2
Seibu-Shinjuku
JR Yamanote
Nishi-waseda
8
3
Ushigomeyanagicho
JR Chuo
Wakamatsukawada
4
SHINJUKU
Ichigaya
CHIYO
JR Chuo
Shin-okubo
Akebonobashi
Okubo
7
Higashi-shinjuku
5
Yotsuya
Seibu-shinjuku
Yotsuya-sanchome
Shinjuku-nishiguchi
6
9
10
Nishi-shinjuku
Shinjuku-sanchome
Shinjuku-gyoemmae
Shinsen-shinjuku
SHINJUKU
Tochomae
11
JR Chuo
Shinanomachi
Yoyogi
Kokuritsu-kyogijo
Minami-shinjuku
Kita-sando
Keio
Aoyama-itchome
14
12
Hatsudai
Sangubashi
Gaiemmae
13
SHIBUYA
Odakyu
Meiji-jingumae
Harajuku
MINA
Omote-sando
Hatagaya
Yoyogi-hachiman
Yoyogijoen
16
Yoyogi-uehara
Hiro
SHIBUYA
18
20
15
JR Yamanote
Higahi-kitazawa
Shinsen
17
Keio-Inokashira
Ikeno-ue
Ebisu
19
Shimokitazawa
Daikan-yama
SETAGAYA
Naka-meguro
MEGURO
Tokyu-Toyoko

Shibuya / Shinjuku

① WASEDA EL DORADO *178*
② DAS TSUMAMI-KANZASHIMINI-MUSEUM *180*
③ HAKONE-YAMA *182*
④ DAS ICHIGAYA FISH CENTER *184*
⑤ DAS NAITO-SHINJUKU-DIORAMA *186*
⑥ DIE ENMA-STATUE IM TAISO-JI *187*
⑦ DAS GUNKAN HIGASHI-SHINJUKU *188*
⑧ TOYAMA HEIGHTS, EIN ÜBERALTERTES DORF IN DEN YAMANOTE-HÜGELN *189*
⑨ DER PFERDEBRUNNEN *190*
⑩ DIE GEHEIMNISVOLLEN SÄULEN VON LUMINE EST *191*
⑪ DER RURIKOIN-BYAKURENGEDO-TEMPEL *192*
⑫ PONYS IM YOYOGI-STADTPARK *194*
⑬ DER KAISER-BAHNHOF HARAJUKU *195*
⑭ DER SENDAGAYA-TUNNEL *195*
⑮ FLUSSAUFWÄRTS AUF DEM FLUSS SHIBUYA *196*
⑯ ARCHÄOLOGIEMUSEUM DER UNIVERSITÄT KOKUGAKUIN *198*
⑰ GEBÄUDE NR. 1, AOYAMA TECHNICAL COLLEGE *200*
⑱ DER TOKIO-ABLEGER DER MIKI CORPORATION *202*
⑲ DIE E-SONNENBLUME VON DAIKANYAMA *204*
⑳ TOKYO CAMII *206*

WASEDA EL DORADO

1

Katalanischer Modernismus in Waseda

517 Waseda Tsurumakicho, Shinjuku-ku (東京都新宿区早稲田鶴巻町 517)
Nur Bewohner haben Zutritt
3 Gehminuten entfernt von der Station Waseda (早稲田), Tokyo Metro Toza-Linie

Waseda El Dorado, ein kleines, fünfstöckiges Wohnhaus mit einem Friseur im ersten Stock, wurde 1984 von Von Jour Caux und seinem Art Complex in der Nähe des Hauptcampus von Waseda errichtet. Das Äußere erinnert vielleicht an Werke von Gaudí in Barcelona, ist allerdings noch exzentrischer. Die Fassade mit ihrem Ziffernblatt kennt keine Bescheidenheit. Eckig, rund und üppig verziert – die vielen skurrilen Details sind erstaunlich. Masken und geheimnisvolle Körperskulpturen sind in die Wände eingelassen und opulente schmiedeeiserne Geländer mit geschwungenen Motiven runden das Ganze ab. Besucher und Bewohner erwartet am Eingang ein reich verziertes Mosaik, das einen Teufel mit herausgestreckter Zunge zeigt. Die Wände dessen, was vermutlich der Hausflur ist, sind ebenfalls mit bunten Mosaiken dekoriert. Alles hier ist geschwungen und eher organisch, farbenfroh und mit viel Buntglas. Am Ende des Flurs hängt ein riesiger Arm von der Decke – die letzte große Überraschung vor dem Wohnbereich. El Dorado ist aber immer noch ein Wohnhaus, das heißt, weiter kommt man als Besucher nicht.

Weitere Informationen zu Von Jour Caux finden Sie auf S. 108.

DAS TSUMAMI-KANZASHI-MINI-MUSEUM

②

Gefalteter Haarschmuck

*Hills Ishida Apt 401, 4-23-28 Takadanobaba, Shinjuku-ku (*東京都新宿区高田馬場 4-23-28 ヒルズ ISHIDA 401号*)*
Mittwoch und Samstag 10–17 Uhr
*2 Gehminuten entfernt vom Bahnhof Takadanobaba (*高田馬場*), JR Yamanote-Linie; Tokyo-Metro-Linien Tozai oder Seibu Shinjuku*

Das Tsumami-Kanzashi-Mini-Museum (つまみかんざし博物館) in einer renovierten Wohnung widmet sich einem subtilen und wenig bekannten Handwerk: der Herstellung von dekorativem Haarschmuck aus gefärbter Seide, die von Hand gefaltet und dekoriert wird. *Tsumami-Kanzashi*, das heute nur noch von einer Handvoll passionierter Kunsthandwerker beherrscht wird, ist eine 200 Jahre alte Tokio-Variante des *Kanzashi*. 1993 beschloss Ishida Takeshi[1], selbst Kunsthandwerker und Nachfahre eines *Kanzashi*-Künstlers, eine kleine Heimwerkstatt zu eröffnen, die heute in Shinjuku als „Mini-Museum" gilt.

Obwohl es einen Aufzug gibt, nimmt man besser die Treppe zum Museum im vierten Stock, die einige Infotafeln über die Kunst des *Kanzashi* bietet. Mit etwas Glück heißt Sie der Herr des Hauses willkommen und beantwortet Ihre Fragen.

Die kleine Dauerausstellung umfasst zwar nur ein Dutzend Werke auf einem Glasregal, doch das reicht bereits aus, um sich ein Bild von der Detailtreue dieser Kreationen zu machen. Außerdem zeigt Takeshi seine Arbeiten manchmal in Kaufhäusern (Informationen sind im Museum erhältlich).

Im Museum gibt es keinen Direktverkauf, aber Sie können *Kanzashis* online bestellen. Es werden auch regelmäßig Kurse für alle angeboten, die dieses elegante Handwerk erlernen möchten. Zurzeit ist die Werkstatt jedoch für die Öffentlichkeit geschlossen.

[1] 石田毅司, **1959.*

HAKONE-YAMA

3

Auf den Hügeln über der Stadt

Toyama Shinjuku-ku (東京都新宿区戸山) im Park von Toyama-Koen
Rund um die Uhr zu besichtigen
15 Gehminuten entfernt von der Station Waseda (早稲田), Tokyo-Metro-Linien Tozai oder Nishi- Shinjuku (西新宿); Toei-U-Bahn Oedo-Linie; Tokyo Metro Fukutoshin-Linie

Hakone-Yama (箱根), südlich des Toyama-Parks, ist mit 44,6 Metern der höchste Punkt der Yamanote-Hügel. Die Aussicht vom Gipfel ist schön, aber nicht außergewöhnlich. Im Hintergrund ragen die Wolkenkratzer von Shinjuku über den Bäumen des Parks empor. Oben gibt eine einfache Plakette die Höhe an. Der künstliche Hügel wurde in der Edo-Zeit von Tokugawa Mitsutomo[1] vom Owari-Zweig des Tokugawa-Clans errichtet, wobei Erde aus dem Teich im Herzen eines Lustgartens, der die Tokaido-Route (Edo nach Kyoto) nachahmte, verwendet wurde. Der Hügel wurde als Mount Hakone des Tokaido präsentiert.

Ein Denkmal am Fuße des Hügels erinnert an die Militärschule, die vor dem Krieg einen Großteil des Parks einnahm. Der sechseckige Konzertpavillon, der für die Freiluftkonzerte der Schulmusik genutzt wurde, ist noch vorhanden.

Die Kirche der United Church of Christ in Japan in Toyama, am Fuße des Hakone-Yama, beherbergt auch einen Kindergarten. Das Gotteshaus wurde 1950 nach der Schließung der Militärschule am Standort des Offizierssaals errichtet, von dem noch heute Ziegelsteine in den Fundamenten zu sehen sind.

Menschliche Überreste unter dem Internationalen Forschungszentrum für Infektionskrankheiten

1989 wurden beim Bau des neuen Forschungszentrums neben dem Park die Überreste von rund 100 Leichen entdeckt. Die Tatsache, dass es sich hier um den Standort des Militärkrankenhauses handelte, löste Kontroversen aus, zumal Analysen zeigten, dass die scheinbar nicht-japanischen Skelette Opfer medizinischer Experimente geworden waren. Da die berüchtigte Einheit 731[2] unter dem Deckmantel der Labore in der Schule an Infektionskrankheiten forschte, warf die Geschichte hinter den sterblichen Überresten viele Fragen auf.

2006 bestätigte eine ehemalige Militärschwester, dass sie nach der Kapitulation der Japaner 1945 Körperteile vergraben hatte. Weitere Ausgrabungen im Park im Jahr 2011 führten zu keinen neuen Entdeckungen, erregten aber viel Aufmerksamkeit.

[1] 徳川光友, *1625–1700.*

[2] *Mandschurei-Militäreinheit, die für die Entwicklung biologischer Waffen verantwortlich war.*

DAS ICHIGAYA FISH CENTER

④

Angeln im Burggraben der Burg Edo

1-1 Ichigayamachi, Shinjuku-ku (東京都新宿区市谷町 1-1)
Werktags 9:30–20 Uhr, an Wochenenden und Feiertagen 9–20 Uhr
2 Gehminuten entfernt von der Station Ichigaya (市ヶ谷), Tokyo-Metro-Linien Yurakucho oder Nanboku; Toei-U-Bahn Shinjuku-Linie; Linien JR Chuo oder Sobu

Unweit des Sotobori-Parks, der sich entlang des alten äußeren Burggrabens der Burg Edo, nur wenige Meter abseits der Hektik der Sta-

tion Ichigaya erstreckt, verfügt das Ichigaya Fish Center (市ヶ谷フィッシュセンター IFC) über einen Tropenfischladen mit einer Auswahl an Aquarien, Wasserpflanzen und Zubehör in allen Stilen und Preislagen.

Vor allem kann man hier die Sorgen des täglichen Lebens vergessen, da es Angeleinheiten, die pro Stunde bezahlt werden, in den (sehr) kleinen Becken des Burggrabens gibt. Allerdings müssen die gefangenen Fische wieder freigelassen werden. Es geht schließlich nicht darum, sich zu verpflegen, sondern darum, eine Pause einzulegen und sich bei etwas weniger Anspruchsvollem als Karaoke zu entspannen. Kinder oder weniger Optimistische können sich an die Goldfische halten.

DAS NAITO-SHINJUKU-DIORAMA ⑤

Am westlichen Eingang der Stadt

22 San-ei-cho, Shinjuku-ku (東京都新宿区三栄 町 22) im Shinjuku Historical Museum
Täglich 9–17:30 Uhr, außer am 2. und 4. Montag des Monats – handelt es sich dabei um einen gesetzlichen Feiertag, ist das Museum geöffnet, aber am folgenden Tag geschlossen; vom 29. Dezember bis 3. Januar und gelegentlich im Dezember geschlossen
5 Gehminuten entfernt von der Station Sanchome (四谷三丁目), Tokyo Metro Marunouchi-Linie

Während drei der vier historischen Raststationen (s. S. 173) auf den Hauptverkehrsrouten von Edo, Itabashi (s. S. 172), Senju s. S. 216) und Shinagawa (s. S. 69), in der Stadt ihre Spuren hinterlasen haben, sind Überreste von Naito-Shinjuku (内藤新宿) seltener zu finden.

Wie die erste *Shukuba* auf der Koshu-Kaido-Route während der Edo-Zeit ausgesehen hat – damals war sie der westliche Eingang zur Stadt –, lässt sich am besten im Shinjuku Historical Museum ermessen. Dieses sehr authentische Diorama, das dauerhaft ausgestellt wird, liefert eine Momentaufnahme der Betriebsamkeit in der *Shukuba*, die sich twa von der Kreuzung Yotsuya 4-Chome, dem Kontrollpunkt des Yotuya-Okido-Shogunats (四谷大木戸), bis zur Kreuzung Shinjuku 3-Chome, und um die heutige Shinjuku-Dori, erstreckte.

Im Gegensatz zu den anderen großen *Shukubas* lief die Errichtung von Naito-Shinjuku nicht ohne Probleme. Historisch gesehen gab es weniger Reisende, die nach Westen und zurück unterwegs waren. Die *Shukuba*, deren Route durch ein Gebiet führte, in dem die Residenz eines Naito-Clans lag, wurde erstmals 1699 genehmigt, fast ein Jahrhundert nach der Gründung des Shogunats (daher der Name Shinjuku, 新宿 – Neue Station). Sie wurde 20 Jahre später, nach zwei massiven Bränden, aufgelassen, da der Bedarf zu gering war. 1772 entstand schließlich Shinjuku, entwickelte sich kontinuierlich weiter und wurde zu einem der wichtigsten Wirtschaftszentren der Stadt. Die großen Baustellen zur Erweiterung der Shinjuku-Dori haben dem ein Ende gesetzt.

N DER UMGEBUNG

Die Enma-Statue im Taiso-ji ⑥

Der Taiso-ji (太宗寺) liegt etwas nördlich des historischen Zentrums der Shukuba in 2-9-2 Shinjuku. Innerhalb des Tempelgeländes befindet ich ein Bau mit einer beeindruckenden fünf Meter hohen Holzstatue von Enma, die 1814 errichtet wurde und als „Enma von Naito-Shinjuku" bekannt ist.

Dies ist eines der wenigen Relikte aus der Zeit der Koshu-Kaido-Raststation. Der Korpus, der nach schweren Beschädigungen durch das große Kanto-Erdbeben restauriert wurde, stammt jedoch aus dem Jahr 933. Gleich neben Enma steht eine Statue von Datsue-Ba mit einem urchterregenden Gesichtsausdruck.

DAS GUNKAN HIGASHI-SHINJUKU ⑦

Ein Gebäude wie ein Schlachtschiff

1-1-10 Okubo Shinjuku-ku (東京都新宿区大久保1-1-10)
Manchmal öffentlich zugänglich
5 Gehminuten entfernt von der Station Higashi-Shinjuku (東新宿), Tokyo Metro Fukutoshi-Linie, Toei-U-Bahn Oedo-Linie

1970 von Watanabe Yoji[1] entworfen, ist das Gunkan-Higashi-Shinjuku Gebäude (GUNKAN 東新宿), ehemals New Sky Building Nr. 3, ei fast verloren gegangenes Baudenkmal aus dem 20. Jahrhundert. Bis i

ie 2000er-Jahre praktisch verwaist, verfiel dieses Schlachtschiff von einem Gebäude zusehends und sollte abgerissen werden. Ein Eigentümerwechsel und ine umfangreiche Renovierung retteten das Bauwerk, das schließlich 011 wiedereröffnet wurde. Das Gunkan Higashi-Shinjuku wird nun ür Gemeinschaftsbüros und Mietwohnungen genutzt. Für jene, die assabel Japanisch sprechen, finden dort an den meisten Tagen mehrere Escape-Spiele statt.

Die Fassade zur Hauptverkehrsstraße Shokuan-Dori ist sehr schmal. Man bekommt daher keinen guten Eindruck von der imposanten Pracht des Gebäudes. Beeindruckender ist das blau-grüne Schiff eher us der Entfernung, .B. wenn man sich von Osten und der Bahnhofsalle Higashi-Shinjuku ähert.

Das nicht frei ugängliche Gebäudennere, das besonders chmal ist, sieht wie das nnere eines U-Boots us, da der Grundriss ehr wenig Tageslicht ulässt.

© Wiii

N DER UMGEBUNG

Toyama Heights, ein überaltertes Dorf in den Yamanote-Hügeln (8)

Nur wenige Gehminuten von Gunkan Higashi-Shinjuku entfernt, ist as wenig besuchte Danchi der Toyama Heights (戸山ハイツ) in den Hügeln von Yamanote der größte von der Stadtverwaltung Tokios betriebene Sozialwohnungskomplex. Er ist direkt von der Überalterung m Land betroffen: Etwa die Hälfte der Einwohner ist über 65 Jahre alt, nd einsame Todesfälle sind hier nichts Ungewöhnliches.

Die Lage in diesem Komplex im Herzen Yamanotes wird als *genkaishuraku* (völlig inakzeptabel) beschrieben. Ein Spaziergang durch die erschiedenen Wohnblöcke erinnert daran, dass Tokio nicht nur eine Stadt für junge Menschen ist.

渡邊洋治, *1923–1983, im Jahr 1944 auf den Philippinen als Soldat für amphibische Kriegsührung rekrutiert – eine Erfahrung, die sein architektonisches Werk prägen sollte, das manchmal n die Strömung des Metabolismus erinnert.*

DER PFERDEBRUNNEN

9

Ein 1906 von London gestifteter Brunnen

3-38-1 Shinjuku, Shinjuku-ku (東京都新宿区新宿 3-38-1)
Bahnhof Shinjuku (新宿), verschiedene Linien

Auf einem Platz östlich des meistfrequentierten Bahnhofs der Welt steht, unter dem Schein der Neonlichter und der riesigen Leinwand des Studio Alta, an einem der belebtesten Orte der Stadt ein ungewöhnlicher Brunnen, den viele vermutlich noch nie bemerkt haben.

Dieser Trinkbrunnen für Pferde (馬水槽) aus rotem Marmor wurde 1906 von der kommunalen Wasserversorgung Londons gestiftet. Er stand ursprünglich vor dem alten Rathaus von Tokio in Yurakucho und wurde 1964, während der Vorbereitungen für die Olympischen Spiele, an seinen heutigen Standort verlegt. Pferde tranken aus der obersten der drei Ebenen, Hunde und Katzen aus der untersten und eine dritte Quelle auf der Rückseite versorgte auch durstige Passanten.

Der Brunnen wird nicht mehr genutzt und ist heute nur noch ein Denkmal. Doch keine Sorge, in Shijuku findet man leicht etwas zu trinken.

IN DER UMGEBUNG

Die geheimnisvollen Säulen von Lumine Est (10)

Das Einkaufszentrum Lumine Est nimmt einen Großteil des Bahnhofs JR East Shinjuku ein. Auffallend sind die verstärkten Säulen über dem Ostausgang (Erdgeschoss, in der Nähe der Geldautomaten), die etwas übertrieben wirken. Die Erklärung für ihre Stärke ist die Geschichte der Seibu-Shinjuku-Linie, die zunächst bis Shinjuku verlängert werden sollte. Das Gebäude des Lumine wurde 1964 eröffnet. Es war so konzipiert, dass die Bahnsteige auf Höhe des zweiten Stockwerks untergebracht werden konnten, und die Säulen sollten ihr Gewicht tragen. Leider waren besagte Bahnsteige zu kurz, um die Seibu-Züge abzufertigen und die wachsenden Passagierzahlen zu stemmen. Die Pläne wurden also aufgegeben und zurück blieben diese Säulen – vernachlässigte Überreste einer Fehlplanung.

Die Seibu-Shinjuku-Linie

Die Murayama-Linie, die Vorläuferin von Seibu-Shinjuku, wurde 1927 mit einem Endbahnhof in Takadanobaba (高田馬場) eröffnet und 1952 bis zum temporären Endpunkt Seibu-Shinjuku verlängert. Damit war sie die einzige private Linie, die der Yamanote auf einem Teil ihrer Strecke folgte. Damals wurde die Linie auch umbenannt. Als man 1964 die Pläne zur Verlängerung der Strecke nach Shinjuku aufgab, stellte man fest, dass der Endbahnhof der Seibu-Shinjuku-Linie gerade weit genug von der Shinjuku-Anschlussstelle entfernt war, um die Strecke weniger attraktiv zu machen. Gleichzeitig bietet sie die Gelegenheit, einen weniger bekannten Teil des westlichen Tokios zu erkunden.

DER RURIKOIN-BYAKURENGEDO-TEMPEL ⑪

Eine sehenswerte Oase der Ruhe

2-4-3 Yoyogi, Shibuya-ku (東京都渋谷区代々木 2-4-3)
Täglich 10–19 Uhr. 5 Gehminuten entfernt von Shinjuku

In einer schmalen Straße direkt hinter dem Sunroute Plaza Hotel ist der Tempel Rurikoin Byakurengedo (瑠璃光院白蓮華堂) ein bemerkenswerter Betonbau voller Licht und Klang, eckig und rund zugleich. Er ist der Tokioter Ableger eines Komyo-ji der Jodo-Shinshu-Schule. Der Ende September 2014 eröffnete moderne Tempel ähnelt einer Lotusblume, die in unregelmäßigen Abständen von Fenstern durchbrochen wird und unter anderem als Beinhaus dient.

An diesem außergewöhnlichen Ort findet man Ruhe abseits der hektischen Betriebsamkeit dieses Viertels und der Welt. Das Innere des Tempels mit sechs Stockwerken, die durch Aufzüge verbunden sind, vermittelt Eleganz, Einfachheit und Kultiviertheit. Ein Zimmer zeigt die Nachbildung eines Horyu-ji-Freskos, das 1949 durch einen Brand zerstört wurde. Geplant ist, den Ausstellungsraum zu erweitern.

Von der Haupthalle (本堂 – *Hondo*, mit der Reproduktion eines Freskos der chinesischen Mogao-Grotte) bis zum großen angrenzenden Mehrzwecksaal (空ノ間 – *Kuunoma*, mit Soundeffekten von Pierre Mariétan)[1] besteht der Tempel aus architektonisch perfekten spirituellen Räumen. Er wurde von dem Architekturbüro Amorphe Takeyama & Associates nach dem Konzept des „Nicht-Tuns" (無為 – *Mui*) entworfen und von der Firma Takenaka gebaut.

[1] **1935, Schweizer Komponist.*

PONYS IM YOYOGI-STADTPARK ⑫

Karotten für die Stadtponys

4-1 Yoyogi-Kamizonocho, Shibuya-ku (東京都渋谷区代々木神園町 4-1)
Täglich 9–17 Uhr, außer Montag – wenn ein gesetzlicher Feiertag auf einen Montag fällt, ist der Park geöffnet, aber am folgenden Tag geschlossen; zu den Feiertagen am Jahresende geschlossen
2 Gehminuten entfernt vom Bahnhof Sangubashi (参宮橋), Odakyu-Linie

Direkt neben dem weitläufigen Grün des Yoyogi-Parks bietet ein Gehege (渋谷区立代々木ポニー公園) Kindern die Möglichkeit, ein halbes Dutzend Ponys im Herzen der Stadt aus der Nähe zu erleben. Mehrmals am Tag kann man kurz auf den Ponys reiten (etwa 60 Meter), außer während der heißen Sommermonate (Mitte Juli bis Mitte September) oder in den eisigen Wintermonaten Januar und Februar. Das Füttern und Pflegen der Ponys ist aber immer möglich.

Der Park wurde 2003 eröffnet und setzte ein einmaliges Experiment des Tokioter Reitvereins nebenan fort, der die Grünanlage mittlerweile im Auftrag des Bezirks verwaltet.

Der Park befindet sich auf dem Gelände des ehemaligen Yoyogi-Stadtparks (渋谷区立代々木公園), der der Gerichtsbarkeit des Shibuya-Bezirks unterstand. Nicht zu verwechseln mit dem Yoyogi-Park, der von der Tokioter Stadtverwaltung betrieben wird. Mit anderen Worten, bis 2003 gab es zwei Yoyogi-Parks, einen kleinen und einen großen, nicht weit voneinander entfernt. Jetzt gibt es nur noch den einen.

DER KAISER-BAHNHOF HARAJUKU ⑬

Ein Bahnhof für den Kaiser und seine Familie

3-58 Sendagaya, Shibuya-ku (東京都渋谷区千駄ヶ谷 3-58)
Nicht öffentlich zugänglich, aber von der Station Harajuku aus sichtbar
Harajuku (原宿) JR Yamanote-Linie

Vor der Grünfläche des Meiji-Schreins, etwa 200 Meter nördlich des öffentlichen Bahnhofs Harajuku in Yamanote, befindet sich ein zweiter Bahnhof. Dieser ist weit weniger überlaufen und das aus gutem Grund: Die kaiserlichen Bahnsteige (宮廷ホ ーム) von Harajuku sind der Kaiserfamilie vorbehalten. Sie wurden 1925 gebaut, um es Kaiser Taisho (der wegen seiner angeblich sehr fragilen Gesundheit oft im Rollstuhl unterwegs war) zu ermöglichen, etwas weiter vom Zentrum entfernt diskret den Zug zu nehmen, um zu einem seiner Rückzugsorte auf dem Land zu gelangen.

Dieser Bahnhof, der in den 23 Bezirken Tokios einzigartig ist, wurde regelmäßig vom Showa-Kaiser Hirohito und Kaiserin Kojun genutzt. Akihito nahm in der Regel den „normalen" Shinkansen von Tokio oder reiste mit dem Auto, sodass der Bahnhof kaum benutzt wurde (zum Zeitpunkt unserer Recherchen war er seit Mai 2001 nicht mehr in Gebrauch). Die Nutzung eines privaten Zuges bringt die Fahrpläne anderer Züge gehörig durcheinander, und die kaiserliche Familie ist sich offenbar der negativen Auswirkungen bewusst, die dies auf die Bevölkerung haben könnte, die stark vom öffentlichen Verkehr abhängig ist.

Die Bahnsteige sind viel kürzer als die eines normalen Bahnhofs, aber es ist nicht nötig, sie zu verlängern, da sie nur von wenigen Passagieren genutzt werden.

IN DER UMGEBUNG

Der Sendagaya-Tunnel ⑭

Um den Zugang zum Olympiastadion während der Spiele 1964 zu erleichtern, wurde direkt unter dem Friedhof des Senjuin-Tempels ein Tunnel gegraben. Während der Bauarbeiten störte man unweigerlich die Geister der Verstorbenen durch das Verlegen der Gräber, bevor man sie am Ende der Arbeiten wieder über dem Tunnel zur ewigen Ruhe bettete. Seitdem mangelt es nicht an Mythen, Taxifahrern, die ihre Fahrgäste erschrecken, Anekdoten im Radio, Geschichten von Geistern, Ektoplasma und langhaarigen Gespenstern, die den Arglosen, die es wagen, den Tunnel zu benutzen, ihr Leid klagen. Trotzdem ist der Tunnel noch stark befahren. Ein geschützter Gehweg ermöglicht es mutigen Fußgängern, den 61 Meter langen Tunnel sicher zu durchqueren.

FLUSSAUFWÄRTS AUF DEM FLUSS SHIBUYA

15

Entlang versteckter Ufer

Bahnhof Shibuya (渋谷), JR-Linien Yamanote, Saikyo oder Shonan-Shinjuku; Linien Tokyu Toyoko oder Den-en-Toshi; Keio-Inokashira-Linie; Tokyo-Metro-Linien Hanzomon, Ginza oder Fukutoshin

Der Shibuyagawa (渋谷川), der auf den ersten Kilometern versteckt unter den Straßen der Stadt fließt, taucht schwerfällig südlich des Bahnhofs Shibuya wieder auf, um die sieben Kilometer bis zur Bucht von Tokio zu fließen. Der Bezirk trägt den Namen des Flusses, der sich auf die rötlichen Oxide, die sein Wasser verfärben[1], bezieht.

Außer bei starkem Regen ist der Wasserstand heute sehr niedrig oder sogar null. Der unsichtbare obere Flussabschnitt, auch Ondengawa genannt, wurde Anfang der 1960er-Jahre, während der Vorarbeiten für die Olympischen Spiele, eingehaust und hat interessante Spuren hinterlassen. Seine Quelle liegt seit jeher im Shinjuku-Gyoen-Park. Dann kreuzt der Fluss die Chuo-Linie und fließt südwärts Richtung Olympiastadion. Die

© 江戸村のとくぞう

Grenze zwischen Shinjuku und Shibuya folgt hier dem Flussbett, das sich nach Südwesten unter einer Straße fortsetzt, die seine Windungen nachahmt, bevor er das schicke Viertel Ura-Harajuku mit seinen Modeshops kreuzt. Eine Mühle mit einem Wasserrad von fast sieben Metern Durchmesser, die bis zur Meiji-Ära unweit des heutigen 3-19-1 Jingumae stand, soll Hokusais Gemälde „Onden No Suisha" (穏田の水車– „Wasserrad in Onden") inspiriert haben.

Der Fluss fließt anschließend direkt unter der berühmten Cat Street Richtung Süden, daher der gewundene Verlauf der Straße, entlang dessen man originale Pfeiler findet, die auf eine Brücke hindeuten, wie Ondenbashi bei 5-11 Jingumae oder Harajukubashi bei 3-28 Jingumae. Näher an Shibuya, bei Miyashita-Koen, verläuft der Fluss unter einer Parkanlage. Das ehemalige East Building des Tokyu-Kaufhauses wurde über dem Flussbett errichtet und hatte deshalb kein Untergeschoss.

Der Utagawa, einer der Nebenflüsse des Shibuyagawa, fließt nahe dem Bahnhof Yoyogi-Uehara und verläuft dann etwas westlich von Inokashira-Dori Richtung Südosten. Er wurde mit der Urbanisierung Shibuyas Anfang des 20. Jahrhunderts nach und nach eingehaust, bevor er für die Olympischen Spiele 1964 vollständig verschwand. Der Fluss fließt unter den Fußgängerbrücken, die die Gebäude 1 und 2 des Kaufhauses Shibuya Seibu verbinden, hindurch.

Der Utagawa wurde einst umgelenkt, bevor man ihn einhauste: Ursprünglich verlief er unterhalb des heutigen Center-Gai-Einkaufszentrums. Er trifft an der Miyamasubashi-Kreuzung auf den Shibuyagawa. Im Zuge größerer Umbauarbeiten in Shibuya soll der Fluss Teil einer neuen Stadtoase werden.

Tokios verborgene Flüsse

Während die rasche Urbanisierung Hauptverkehrsstraßen und schnurgerade Boulevards in die Schwemmebenen im Osten der Stadt brachte, macht das eher hügelige, von Wasserläufen durchzogene Land den Westen deutlich weniger regelmäßig. Bis auf einige große, in Betonbetten gezähmte Flüsse schüttete man sukzessive ein Netzwerk aus unzähligen Bächen zu, um Platz für den Ausbau der Stadt zu schaffen. Für neugierige Spaziergänger gibt es an der Oberfläche einige Spuren des historischen Flusssystems zu entdecken, oft in Form langer, schmaler Parks oder verwinkelter Gassen, die diesen manchmal vergessenen Wasserläufen folgen. Der Shibuyagawa ist nur ein Beispiel dafür – er ist kurz und relativ leicht zu verfolgen.

[1] 渋 谷川 – *wörtlich „Fluss des Ockertals".*

ARCHÄOLOGIEMUSEUM DER UNIVERSITÄT KOKUGAKUIN ⑯

An der Schnittstelle zwischen Shinto und Archäologie

4-10-28 Higashi, Shibuya-ku (東京都渋谷区東 4-10-28)
kokugakuin.ac.jp/files/user
Täglich 10–17 Uhr – außer Montag, Öffnungszeiten finden Sie unter museum (freier Eintritt)
15 Gehminuten entfernt vom Bahnhof Shibuya (渋谷), JR-Linien Yamanote, Saikyo oder Shonan-Shinjuku; Linien Tokyu Toyoko oder Den-en-Toshi; Linie Keio Inokashira; Tokyo-Metro-Linien Hanzomon, Ginza oder Fukutoshin

Die private, in der Meiji-Ära gegründete Kokugakuin-Universität (國學院大學), nur einen kurzen Spaziergang von Shibuya entfernt, ist ein Ableger des Koken Research Institute (皇典 講究所) und beschäftigt sich mit der Shinto-Forschung. Dies Hochschule, die eher literarisch und kulturell als wissenschaftlich oder mathematisch geprägt ist, bietet nach wie vor spezielle Shinto-Kurse an. Sie beherbergt zudem ein archäologisches Museum mit religiösem Schwerpunkt, fast einzigartig in seiner Art.

Das außergewöhnlich umfangreiche Museum, das kostenlos und kaum besucht ist, vermittelt ein besseres Verständnis für die Ursprünge der religiösen Überzeugungen und Praktiken Japans. Es gibt eine Vielzahl verschiedenster Objekte, einige davon aus der Urzeit. Die phallische Natur mancher Objekte, die mit *Tanokami* (siehe Kasten) im Zusammenhang stehen, sind vielleicht nicht jedermanns Sache, doch Fruchtbarkeit und Erntefülle sind im Shinto-Animismus wiederkehrende Themen. Neben den religiösen Exponaten verfügt das Museum über eine umfangreiche Sammlung von Töpferwaren und archäologischen Artefakten und erforscht die spirituellen Ursprünge des modernen Japans.

Tanokami: *der Schutzgeist der Reisfelder*

Im Shinto, wo alles ein Geist sein kann, ist *Tanokami* (田の神) die Gottwerdung der Reisfelder und der Schutzgeist der Ernte. Die phallische Natur mancher Darstellungen hängt mit der Fruchtbarkeit und der offenbar im Überfluss herbeigesehnten Ernte zusammen. Die Tradition ist alt: Gottheiten des Ackerbaus (Uka-Nomitama-No-Kami, Toyo-Uke-Bime-No-Kami und O-Toshi-No-Kami) wurden bereits im *Kojiki* und *Nihon Shoki* erwähnt, den ältesten offiziellen Überlieferungen Japans. *Tanokami* ist eine beliebte Gottheit, die in Form und Substanz variiert und manchmal im Frühjahr von den Bergen herabsteigt. Sein Aussehen ist oft fließend, Steinstatuen auf der Insel Kyushu (Südwesten) zeigen ihn in menschlicher Form und lächelnd, im Osten des Landes sind *Tanokami* und *Ebisu* (Gott der Fischer) eins geworden, während im Westen dasselbe auf *Tanokami* und *Daikokuten* zutrifft.

GEBÄUDE NR. 1, AOYAMA TECHNICAL COLLEGE

(17)

Das Gebäude, das ein Roboter sein sollte

7-9 Uguisudanicho, Shibuya-ku (東京都渋谷区鶯谷町 7-9)
Nicht öffentlich zugänglich, kann von außen besichtigt werden
10 Gehminuten entfernt vom Bahnhof Shibuya (渋谷), JR-Linien Yamanote, Saikyo oder Shonan-Shinjuku; Linien Tokyu Toyoko oder Den-en-Toshi; Linie Keio Inokashira; Tokyo-Metro-Linien Hanzomon, Ginza oder Fukutoshin

Ein paar Blocks von der geschäftigen Kreuzung Shibuya entfernt, ist das Aoyama Technical College (青山製図専門学校) eine Ende der 1970er-Jahre eröffnete private Einrichtung, die Architekten und Innenarchitekten ausbildet. Das Gebäude Nr. 1 auf dem Campus, dessen Idee vom Architekten Makoto Sei Watanabe stammt, ist ein bemerkenswerter Bau, der sich von der Umgebung abhebt. Vielleicht ein wenig übertrieben, sieht er aus wie ein Kampfroboter aus einer Science-Fiction-Serie. Aus dem Dach entspringen rote Metallrohre, die durch Kabel mit dem verbunden sind, was der Kopf der Maschine sein könnte. Der Innenraum ist nicht öffentlich zugänglich.

Makoto Sei Watanabe

Makoto Sei Watanabe, 1952 in Yokohama geboren, studierte Architektur an der Yokohama National University. Seine Entwürfe zeichnen sich durch einen modernen Ansatz aus, und seine Modelle basieren auf Computer- und mathematischen Algorithmen. Über seinen Stil schreibt er in *The Induction Cities*, das 2002 veröffentlicht wurde. Dieser war auch schon Gegenstand des Buchs *Makoto Sei Watanabe: Conceiving the City* aus dem Jahr 1999. 2009 erschien *Algorithmic Design*, in dem er ausführlicher auf seine computergestützte Designmethode eingeht.

DER TOKIO-ABLEGER DER MIKI CORPORATION

18

Ein äußerst seltsames Design

3-9-7 Shibuya

Das Aoyama Technical College ist nicht die einzige architektonisch beeindruckende Leistung in und um Shibuya. An der Adresse 3-9-7 Shibuya wurden die Büros der Tokioter Niederlassung der Miki Corporation, eines Kansai-Unternehmens, das für seine Pflaumenprodukte bekannt ist, im März 1985 an einer Kreuzung in einem sehr originellen Gebäude errichtet. Es wurde von der Takenaka Corporation entworfen, die es auch baute.

Die ersten Anzeichen der Finanzblase tauchten zum Zeitpunkt der Bauarbeiten am Horizont auf, was deutlich zu sehen ist. Die Büros befinden sich in einem von der Straße zurückversetzten Gebäude, das an der Hauptfassade keine Fenster zu haben scheint. Das Ganze sieht aus wie eine Mischung aus einer alten Pyramide und einem Zelt in einer arabischen Wüste.

DIE E-SONNENBLUME VON DAIKANYAMA

(19)

Einkaufen unter einer Solarblume

17-6 Daikanyamacho, Shibuya-ku (東京都渋谷区代官山町 17-6)
5 Gehminuten entfernt vom Bahnhof Daikanyama (代官山), Tokyu-Toyoko-Linie

Im Herzen des schicken Einkaufsviertels Daikanyama, gegenüber dem Postamt, steht eine beeindruckende elektronische Sonnenblume (エレクト ロニックひまわり), die gut zehn Meter hoch ist. Diese dekorative Blüte, das Werk des polnischen Künstlers Piotr Kowalski[1] aus dem Jahr 2000, ist mit Solarpaneelen bedeckt, und ihre Blütenblätter leuchten in der Nacht.

In der Gegend gibt es viele weitere städtische Kunstwerke, doch nicht in der Größe dieser Sonnenblume. Sie können z. B. Ihre Einkaufstour unterbrechen und sich am Fuße einer Pyramide aus eleganten grünen Erbsen ausruhen. Die Seiten der Treppe hinter Daikanyama Address, die zum Wohnturm führt, sind mit einer Reihe bunter geschwungener Objekte des portugiesischen Künstlers José de Guimarães[2] verziert, und auf der Nordseite des Komplexes befindet sich ein kleines Feld mit (echten) Sonnenblumen in der Mitte der Straße.

Der im Jahr 2000 fertiggestellte Bau des Daikanyama-Address-Komplexes, wo die Sonnenblume steht, läutete die Modernisierung dieses Bezirks ein. Die Gegend hat sich zum hipperen und eleganteren Cousin von Shibuya entwickelt, das Highlight ist das 2011 eröffnete T-Site-Kulturzentrum in 17-5 Sarugakucho. Mit einem beeindruckenden Metallwolf auf der Gartenseite verfügt auch das T-Site über ein städtisches Kunstwerk.

[1] *1927–2004.*
[2] **1939.*

TOKYO CAMII

⑳

Eine Istanbuler Moschee im Zentrum Tokios

1-19 Oyamacho, Shibuya-ku (東京都渋谷区大山町 1-19)
Kulturzentrum: täglich 10–18 Uhr
Besuch der Moschee (auch während der Gebete) für Gruppen unter fünf Personen möglich, für größere Gruppen ist eine Voranmeldung erforderlich
Freier Eintritt
Kostenlose Führungen auf Japanisch an Sonn- und Feiertagen um 14:30 Uhr
5 Gehminuten entfernt vom Bahnhof Yoyogi-Uehara (代々木上原); Tokyo-Metro-Linien Chiyoda oder Odakyu

Der Islam, obwohl eine religiöse Minderheit in Japan, ist dank der Einwanderung aus asiatischen Ländern mit großer muslimischer Bevölkerung, wie Indonesien und Malaysia, nach wie vor präsent. In Tokio gibt es ein Dutzend muslimischer Gebetsstätten, doch die schönste ist zweifellos Tokio Camii. Sie wurde von Tataren aus Kasan[1] gegründet, die vor der Russischen Revolution mit der Transsibirischen Eisenbahn über die Mandschurei flohen und in den 1920er-Jahren Japan erreichten. Die Gruppe unter der Führung des baschkirischen Imam Muhammed-Gabdulkhay Kurbangaliev gründete in den 1920er-Jahren eine muslimische Schule für die neuen Immigranten, die 1935 hierher verlegt wurde. Die Moschee wurde gleich nebenan gebaut und 1938 mit großem Pomp eröffnet. Sie wurde 1986 abgerissen und im Jahr 2000 durch einen mithilfe der Türkei errichteten Bau ersetzt (in Japan können Tataren türkische Staatsbürger werden). Die Moschee verfügt zudem über ein türkisches Kulturzentrum. Der sehr osmanische Stil hebt sich deutlich von der umliegenden Wohngegend ab. Das Innere der Moschee ist für alle zugänglich, auch während der Gebete. Einzige Bedingung: Respektvolle Kleidung, und Frauen müssen ihr Haar mit einem Schal bedecken.

Shimokita und seine vergessene Vergangenheit: von Nationalsozialismus bis hin zu Rock'n'Roll

Unweit der Moschee hat Shimokitazawa eine bewegte und wenig bekannte Vergangenheit, in der Prostitution, Rock'n'Roll und der Nationalsozialismus eine Rolle spielen. 1941 besuchte eine Delegation der Hitlerjugend das Einkaufsviertel, und in den 1960er-Jahren wurde es zu einem Fellatio-Mekka mit sehr speziellen Salons. In den 1970er-Jahren wandelte sich der Bezirk erneut und Clubs und Punkkonzerte waren angesagt, bevor er sich in den 2000er-Jahren zu einem bunten Zentrum der Jugendkultur entwickelte. Ein weithin kritisiertes Stadtplanungsprojekt, das schließlich 2006 verabschiedet wurde, hat ein anderes Shimokita vor Augen – sauberer, organisierter, gebildeter –, vielleicht ein Shimokita, in dem es sich leichter lebt. Der Eisenbahnbetreiber Odakyu verlegte seine Gleise einige Meter unter die Erde und errichtete im März 2013 einen weiteren unterirdischen Bahnhof. Eine große Hauptverkehrsstraße, die das Viertel teilen würde, soll nördlich des Bahnhofs vorbeiführen. Diese Rationalisierungspläne für ein Viertel, in dem das Chaos unverzichtbar ist, stießen bei den Künstlern wenig überraschend auf starken Widerstand. Heute läuft Shimokita Gefahr, seine Identität zu verlieren.

[1] *Im heutigen Tatarstan, Russische Föderation, wo die meisten Einwohner Tatarisch sprechen.*

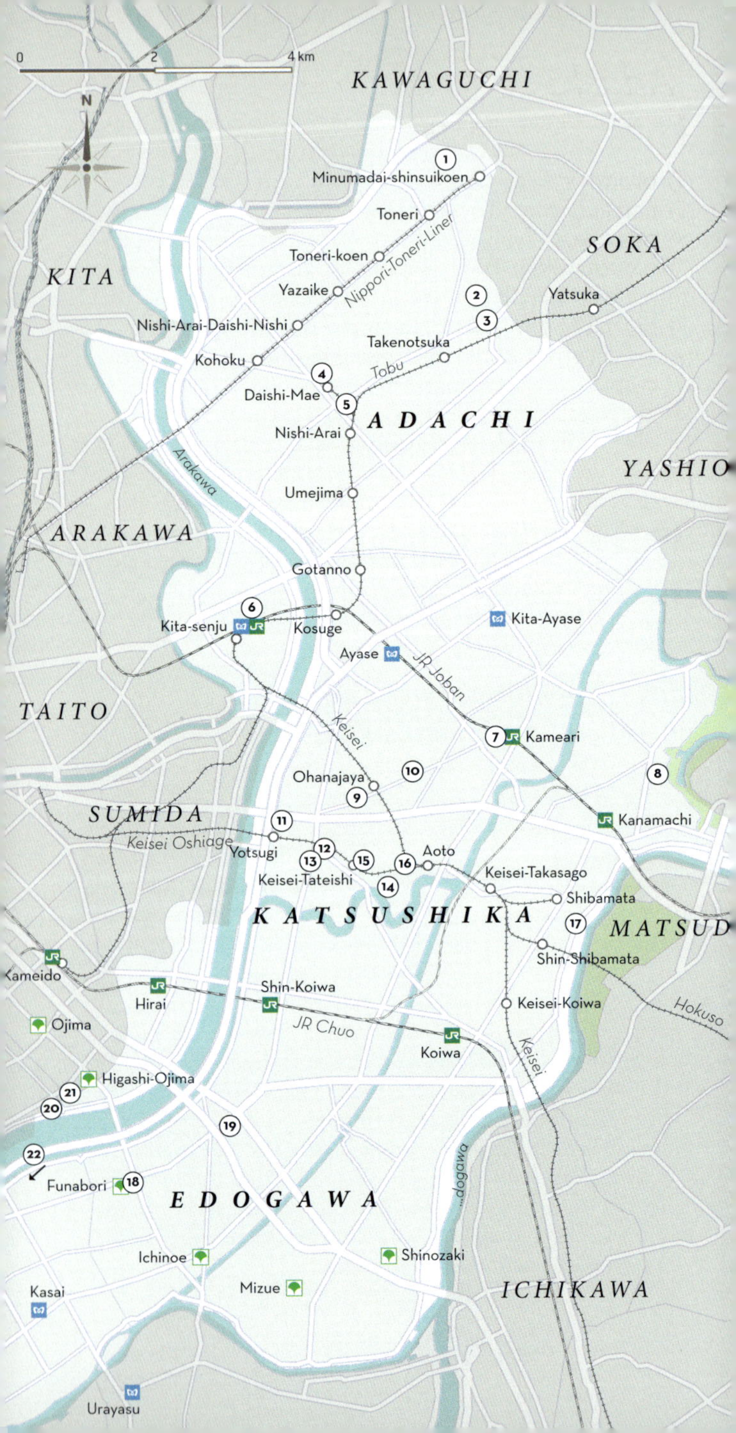

0
2
4 km
N
KAWAGUCHI
KITA
SOKA
ADACHI
YASHIO
ARAKAWA
TAITO
SUMIDA
KATSUSHIKA
MATSUD
EDOGAWA
ICHIKAWA
Minumadai-shinsuikoen
Toneri
Toneri-koen
Yazaike
Nippori-Toneri-Liner
Nishi-Arai-Daishi-Nishi
Kohoku
Yatsuka
Takenotsuka
Tobu
Daishi-Mae
Nishi-Arai
Arakawa
Umejima
Gotanno
Kita-senju
Kosuge
Kita-Ayase
Ayase
JR Joban
Keisei
Kameari
Ohanajaya
Kanamachi
Keisei Oshiage
Yotsugi
Aoto
Keisei-Tateishi
Keisei-Takasago
Shibamata
Shin-Shibamata
Kameido
Hirai
Shin-Koiwa
JR Chuo
Koiwa
Keisei-Koiwa
Hokuso
Ojima
Higashi-Ojima
Funabori
Ichinoe
Shinozaki
Mizue
Kasai
Urayasu
...dogawa
1
2
3
4
5
6
7
8
9
10
11
12
13
14
15
16
17
18
19
20
21
22

Adashi / Katsukiha / Edogawa

① DER TONERI-IKIIKI-PARK *210*
② DER ARCHÄOLOGIEPARK IKO *212*
③ DAS TEMPELDORF IKO *213*
④ DIE *JIZOS* VON NISHIARAI-DAISHI *214*
⑤ DIE TOBU-DAISHI-LINIE *215*
⑥ DIE ÜBERRESTE DER SENJU-*SHUKUBA* *216*
⑦ DIE BRONZESTATUEN DER *KOCHIKAME*-CHARAKTERE *218*
⑧ EINE VERSCHNÜRTE *JIZO*-STATUE *220*
⑨ EIN PARK AN DEN UFERN DES HIKIFUNEGAWA *222*
⑩ STADTMUSEUM KATSUSHIKA *223*
⑪ STATUEN VON CAPTAIN TSUBASA *224*
⑫ DIE STATUE AN DER CHIKUSA-SPIELWARENFABRIK *226*
⑬ DER SHIBUE-SPIELPLATZ *227*
⑭ DER STEHENDE STEIN VON TATEISHI *228*
⑮ TATEISHI NAKAMISE *229*
⑯ DAS SHOGAN-JI-PLANETARIUM *230*
⑰ DIE RIESENDÄMME AM EDOGAWA *232*
⑱ DIE TOWER-HALL-FUNABORI-AUSSICHTSPLATTFORM *234*
⑲ ZENSHINSHA *235*
⑳ DIE TORE DER ALTEN SCHLEUSE VON KOMATSUGAWA *236*
㉑ DAS NAKAGAWA-FUNABANSHO-MUSEUM *235*
㉒ DER HEISEI-GARTEN IM GYOSEN-PARK *238*

DER TONERI-IKIIKI-PARK

①

Ein wenig bekannter Freizeitpark rund um japanische Märchen

6-3-1 Toneri, Adachi-ku (東京都足立舎人 6-3-1)
Rund um die Uhr zu besichtigen (freier Eintritt)
10 Gehminuten entfernt vom Bahnhof Minumadai-Shinsuikoen (見沼代親水公園), Nippori-Toneri-Liner

Im Herzen eines Viertels, das erst seit Kurzem durch den Nippori-Toneri-Liner mit dem Stadtzentrum verbunden ist, liegt der Freizeitpark Toneri Ikiiki (舎人いきいき公園), der Ende der 1990er-Jahre eröff-

ıet wurde. Er ist nicht sehr bekannt und wird deshalb meist nur von)rtsansässigen besucht. Die Outdoor-Spielgeräte basieren auf japanichen Geschichten und Märchen, etwa die Fischskulptur inmitten einer ;andkiste, die auf Momotaro verweist, oder die Burg des Meeresgottes Ryujin, die Kinder beklettern und erkunden können. Hier findet man lie von dem Fischerjungen Urashima Taro gerettete Schildkröte ebenso vie eine Dorade aus demselben Märchen. Das Highlight des Parks ist ine beeindruckende rote Rutsche in Form eines Teufels, die den Einlruck erweckt, als würde sie alle kleinen Kinder, die mutig genug sind, m Inneren hochzuklettern, wieder ausspucken. Toneri Ikiiki ist sicher ein Publikumsmagnet, doch mit seinen originellen Figuren zählt ein Besuch hier fast als Kulturausflug für Kinder.

DER ARCHÄOLOGIEPARK IKO

②

Vor langer Zeit Wirtschaftszentrum der Region Kanto … vor sehr langer Zeit

4-9-1 Higashi-Iko, Adachi-ku (東京都足立区東伊興 4-9-1)
Täglich von 10–16 Uhr, vom 28. Dezember bis 4. Januar geschlossen
20 Gehminuten entfernt vom Bahnhof Takenotsuka (竹ノ塚),
Tobu Skytree-Linie, oder 5 Minuten von der Bushaltestelle Kita-Teramachi (北寺町), Linie Tobu Central 竹 04 von Takenotsuka

Ganz im Norden von Adachi gibt es ein paar Sehenswürdigkeiten für alle, die sich nicht scheuen, den weiten Weg auf sich zu nehmen. So verfügt beispielsweise der Archäologiepark Iko (伊興遺跡公園) über den Nachbau einer prähistorischen Wohnhöhle in Originalgröße. In einer Ecke des Parks sind in einem kleinen und sehr guten kostenlosen Museum Alltagsszenen aus der Jomon- und Kofun-Zeit nachgebildet sowie einige Funde ausgestellt, überwiegend restaurierte Töpferware archäologischer Ausgrabungen an diesem offensichtlich wichtigen Standort.

Wenn nicht gerade eine Schulklasse vor Ort ist, bestehen aufgrund der großen Entfernung zum nächsten Bahnhof gute Chancen, dass Sie dieses ausgezeichnete Museum ganz für sich haben. Hier erfahren Sie, dass Iko eine der wichtigsten (prä-)historischen Stätten des Landes bis zur Kofun-Zeit ist, mit jeder Menge Töpferware und Tumuli.

Es ist interessant, dass das wirtschaftliche, spirituelle und kulturelle Herz der gesamten Region vor zwei Jahrtausenden offensichtlich am Ufer des Kenagagawa und entlang des früheren Verlaufs des Togegawa lag, weit weg von den Hochhäusern in Marunouchi, Yaesu oder Shinjuku.

IN DER UMGEBUNG

Das Tempeldorf Iko ③

Nur wenige Schritte vom archäologischen Park entfernt, nehmen etwa ein Dutzend Tempel, die als Tempeldorf Iko (伊興寺町 – *Iko Teramachi*) bekannt sind, in 4-Higashi-Iko einen ganzen Block ein.

Ein kleines Kuriosum des Bezirks, das jedoch vom Rest der Stadt und des Landes komplett ignoriert wird. Der betreffende Block sieht fast wie Kyoto aus, nur dass die Tempelanlage neueren Datums ist und Beton die Holzkonstruktionen ersetzt. Diese Tempel wurden in den späten 1920er-Jahren im Rahmen des Wiederaufbauplans nach dem Großen Kanto-Erdbeben hierher verlegt. Der Ort ist idyllisch, ruhig und pittoresk genug für einen Spaziergang. Hier befinden sich das Grab von Keishoin[1], Mutter von Tsunayoshi[2], dem 5. Tokugawa-Shogun, und eine Hotei-Statue, eines der Ziele des Pilgerwegs zu den Sieben Glücksgöttern von Adachi.

1 桂昌院, *1627–1705, Konkubine des 3. Shoguns Tokugawa Iemitsu.*

2 徳川綱吉, *1646–1709, Shogun von 1680 bis zu seinem Tod. Der Initiator einiger überraschender Gesetze, insbesondere der Serie Shorui Awaremi No Rei* (生類憐れみの令 *– Barmherzigkeitsgesetze, wörtlich: „Edikt der Barmherzigkeit gegenüber Lebewesen"), die das Töten von Tieren verbot, was zu einer Zunahme von streunenden Hunden im Edo des späten 17. Jahrhunderts führte.*

DIE *JIZOS* VON NISHIARAI-DAISHI 4

Hilfe gegen Warzen und Fehlgeburten

1-15-1 Nishiarai, Adachi-ku (東京都足立区西新井 1-15-1)
Täglich 6–20 Uhr
Daishi-Mae-U-Bahn (大師前), Tobu-Daishi-Linie

Nicht weit vom Haupttor des weitläufigen Zoji-ji entfernt, schützt ein Dach die mit Salz bedeckte Statue des *Jizo*, die gegen Warzen helfen oll. Während man betet, nimmt man ein wenig von dem Salz des *Jizo* ınd reibt die Warze damit ein. Verschwindet sie, bringt man der Statue lie doppelte Menge des verbrauchten Salzes als Opfergabe dar.

In der Nähe steht eine weitere glänzende *Jizo*-Statue. Weit weniger ›ekannt als sein Gegenstück in Sugamo, muss dieser *Jizo* mit Wasser beprenkelt werden (延命水洗い地蔵), was ein langes Leben verleihen oll. Ein weiterer wichtiger *Jizo* des Tempels, ein düsterer *Jizo Mizuko* 水子 地蔵), ist Fehlgeburten, Schwangerschaftsabbrüchen und totgeorenen Kindern geweiht sowie all jenen, die nie die Chance hatten, ihre ltern kennenzulernen.

Zoji-ji: der einzige Tempel in Tokio, der „vor dem Bösen schützt“

Der Zoji-ji oder Nishiarai-Daishi (西新井大師) ist reich an Geschichte und Tradition. Spirituell gesehen ist dies einer der wichtigsten Tempel im Norden der Stadt und einer der „Großen drei Kanto-Tempel zum Schutz vor dem Bösen“ (関東厄除三大 師) der Shingon-Schule – der einzige in Tokio. Das Hauptgebäude wurde 1972 nach einem verheerenden Brand im Jahr 1966 rekonstruiert. Das Haupttor ist jedoch original und stammt aus der späten Edo-Zeit.

N DER UMGEBUNG

)ie Tobu-Daishi-Linie (5)

)ie 1931 eröffnete Bahnlinie Tobu-Daishi ist eine kuriose Strecke. Auf twa einem Kilometer gibt es nur zwei Haltestellen. Die Linie, über die nan von der Haltestelle Daishi-Mae (大 師前) aus den Zoji-ji erreicht, ollte – so der Plan – Anfang des 20. Jahrhunderts Nishiarai mit Itabashi erbinden. Das Erdbeben von 1923, die Grabung des Arakawa, die Wirtschaftskrise und der Krieg beeinträchtigten jedoch sowohl Planung ls auch Bau. Die Strecke, die leicht zu Fuß zurückgelegt werden onnte, wurde sogar noch verkürzt, um Platz für die Straße Kann-7 zu chaffen, bevor das Projekt 1964 endgültig aufgegeben wurde. Einige räumen aber immer noch von einer Eisenbahnanbindung vom Norlen Tokios nach Itabashi und darüber hinaus. Angesichts der wenigen Züge ist es fast immer schneller, zwischen Nishiarai und Daishi-Mae u laufen. Es gibt in Daishi-Mae keine Fahrkartenautomaten, und der Bahnhof ist normalerweise nicht besetzt: keine Fahrkartenkontrolleure, eine Wachmänner.

DIE ÜBERRESTE DER SENJU-*SHUKUBA*

6

Der prächtigste Zugang zur Stadt

Rund um 3-33 Senju Adachi-ku (東京都足立区千住3-33); 5 Gehminuten entfernt vom Bahnhof Kita-Senju (北千住), JR Joban-Linie; Tokyo-Metro-Linien Chiyoda oder Hibiya; Isezaki (Tobu Skytree-Linie), MIR Tsukuba Express

Die Senju-Shukuba (千住宿場), historisch die erste und größte der vier wichtigsten Shukubas am Stadtrand von Edo (s. S. 173), erstreckte sich etwa drei Kilometer nördlich der Senju-Ohashi-Brücke entlang der Straße nach Mito und Nikko. Der *Honjin*, der sich früher auf 3-33 Senju befand, ist heute durch einen einfachen Stein gekennzeichnet. Eine Tafel in der angrenzenden Gasse informiert auch kurz über die Geschichte. Die historische Route hat sich zu einer engen, belebten Einkaufsstraße entwickelt, der Shukubamachi-Dori. Der Großteil der *Shukuba* ist verschwunden, doch in der Umgebung gibt es noch viele Tempel und ein paar Schreine sowie einige sehr alte Gebäude. Man kann leicht einen ganzen Tag mit der Suche nach den verborgenen Relikten aus dem goldenen Zeitalter dieses Viertels verbringen, das von Touristen oft völlig vergessen wird.

Machi no Eki, ein kleines, kostenloses Informationszentrum, das die verborgenen Spuren der *Shukuba* beschreibt, wurde in einem restaurierten Fischgeschäft in 3-69 Senju eingerichtet. Dort erhält man auch Karten mit den diversen noch erhaltenen historischen Stätten. Auf 4-28-1 befindet sich zum Beispiel ein schönes Gebäude, das früher einem Papierhändler in Edo gehörte und in hervorragendem Zustand ist (das Privathaus ist nicht öffentlich zugänglich). Ein weiteres historisches Haus findet man auf 5-6-7. Auf 5-22-1 liegt die Nagura-Klinik auf dem Gelände eines *Honetsugi* (Knocheneinrichter) aus dem 18. Jahrhundert.

Im zehnten Stock des Marui-Kaufhauses beim Bahnhof ist direkt gegenüber vom Fahrstuhl ein schönes Modell von einem Teil der Raststation im Maßstab 1:50 ausgestellt. So kann man sich die *Shukuba* besser vorstellen. Nachdem die *Shukuba* verschwunden war, blieb Kita-Senju, im Gegensatz zu Itabashi-Shuku (s. S. 172) und Shinagawa-Shuku (s. S. 69) mit der Ankunft der Eisenbahn ein wichtiger Verkehrsknotenpunkt.

DIE BRONZESTATUEN DER *KOCHIKAME*-CHARAKTERE

⑦

Ruhe und Ordnung im Kameari-Park

Rund um 36-5 Kameari, Katsushika-ku (東京都葛飾区亀有 36-5)
Bahnhof Kameari (亀有), JR Joban-Linie

Rund um den Bahnhof Kameari (亀有) stehen 14 Statuen, die den temperamentvollen, tollpatschigen Polizisten und seine Kollegen aus dem *Kochikame*-Manga darstellen, die in der Nachbarschaft für Ordnung sorgen.

Kochikame, mit vollständigem Namen *Kochira Katsushikaku Kameari Koenmae Hashutsujo* (こちら葛飾区亀有公園前派出所 – das ist das Polizeihäuschen vor dem Kameari-Park im Bezirk Katsushika), ist heute der meistverkaufte Manga aller Zeiten.

Er erschien erstmals in der 42. Ausgabe des *Weekly Shonen Jump* im September 1976 und wird bis heute wöchentlich veröffentlicht. Enttäuschend für Fans ist, dass es vor dem Kameari-Park, 50 Meter nördlich des Bahnhofs, kein Polizeihäuschen gibt; das nächste befindet sich am Nordausgang.

Der berühmte Park könnte überall sein, mit seinem Sandkasten, den Schaukeln und dem hölzernen Schloss: Ein Park wie viele andere.

Doch zum Glück sitzt ein bronzener Ryo auf einer der Bänke und passt vermutlich auf, dass hier alles ruhig bleibt, und ein anderer Ryo posiert fröhlich für ein Foto.

Standort der Statuen

Charakter	Standort
Ryotsu Kankichi 両津勘吉	Bahnhofshalle, Nordseite
Reiko Catherine Akimoto 秋本・カトリーヌ・麗子	In der Nähe des Polizeihäuschens, Bahnhof Nordausgang
Ryotsu Kankichi 両津勘吉	Kreuzung von Kameari Ketsueki, Centre Iriguchi und 5-14 Kameari
Ryotsu Kankichi 両津勘吉	Im Kameari-Park 36-5 Kameari
Ryotsu Kankichi 両津勘吉	Auf einer Bank im Kameari-Park 36-5 Kameari
Ryotsu Kankichi 両津勘吉	Vor den Toiletten in der Bahnhofshalle, Südausgang
Ryotsu Kankichi 両津勘吉 Reiko Catherine Akimoto 秋本・カトリーヌ・麗子 Nakagawa Keiichi 中川圭一	Vor den Bushaltestellen am Südausgang des Bahnhofs
Nakagawa Keiichi 中川圭一	Vor dem Einkaufszentrum Lilio 2 3-29 Kameari
Ryotsu Kankichi 両津勘吉	Vor dem Gebäude 3-18-4 Kameari
Three children, Ton, Chin, Kan トン・チン・カン (Kankichi bambino)	Vor dem Gebäude 3-15-8 Kameari
Honda Hayato 本田速人	Auf der Route 467 3-13-1 Kameari
Ryotsu Kankichi 両津勘吉	Auf der Route 467 2-63-7 Kameari
Ryotsu Kankichi 両津勘吉	Auf dem Gelände des Katori-Jinja-Schreins (s. S. 300)

EINE VERSCHNÜRTE *JIZO*-STATUE ⑧

Schnüre wickeln, um den Partner zu halten oder Einbrecher abzuwehren

Nanzoin-Tempel – 2-28-5 Higashi-Mizumoto Katsushika-ku (東京都葛飾区東水元2-28-5)
Täglich 9–16 Uhr
15 Gehminuten entfernt vom Bahnhof Kanamachi (金町), JR Joban-Linie;
3 Gehminuten von der Bushaltestelle Shibarare-Jizo (しばられ地 蔵);
Keisei-Linie 金 61 von Kanamachi

Im Narihirasan-Nanzoin-Tempel (業平山南蔵院), unweit des Mizumoto-Parks, steht eine seltsame einen Meter hohe *Jizo*-Statue aus Stein. Da sie gänzlich mit mehreren Lagen Schnur umwickelt ist, kann man ihr Gesicht manchmal nicht erkennen. Dieser *Jizo* stammt aus dem frühen 18. Jahrhundert und der Brauch verlangt es, dass man eine Schnur an ihm anbringt, um einen Wunsch zu erbitten, und diese wieder löst, sobald der Wunsch erfüllt ist. Offensichtlich geht man davon aus, dass der Jizo Wünsche erfüllt, bei denen „Bindungen" eine Rolle spielen: Er soll vor Diebstahl schützen oder verhindern, dass man von jemandem verlassen wird usw. Schnüre sind gegen eine kleine Spende rechts von der Statue erhältlich. Außer dem *Jizo* findet sich auch eine echte *Suikinkutsu* im hinteren Bereich des schönen und gepflegten Tempelgartens.

Der Nanzoin, ursprünglich in der Nähe des Skytree-Turms gelegen, erlitt beim Erdbeben von 1923 erhebliche Schäden. Der *Jizo* und der Tempel mussten hierher verlegt werden.

Jizo: *groß angelegte Polizeiuntersuchung in der Edo-Zeit*

Der verschnürte *Jizo* stand Anfang des 18. Jahrhunderts im Mittelpunkt einer großen Polizeiaffäre. Einem Tuchhändler, der an einem Sommertag auf dem Gelände des *Jizo*-Tempels schlief, wurde seine Ware gestohlen. Der Edo-Beamte Oooka Tadasuke, der den Fall untersuchte (s. S. 45), befahl die Verhaftung des *Jizos*, da dieser seiner Pflicht, die Tempelanlage zu bewachen, nicht nachgekommen war. Neugierige Zuschauer versammelten sich in den Verwaltungsräumen, und der Beamte verhängte in strengem Ton über alle eine Geldstrafe, die in Stoff zu bezahlen war, weil sie das Gelände ohne Erlaubnis betreten hatten. Als er mit dem Kaufmann die ihnen überreichten Stoffe durchsah, konnte der Beamte die Diebe aufspüren. Der *Jizo* wurde freigelassen und man dankte ihm für seine Hilfe bei der Aufklärung.

Koaidame, ein Territorialstreit zwischen Saitama und Tokio?

Kaum 200 Meter nördlich von Nanzoin bildete der Koaidame-Stausee im Mizumoto-Park (Tokios größter Park, wie oft vergessen wird) den Ursprung eines kleinen Streits zwischen Saitama und Tokio. Da der Stausee Teil des Parks ist, liegt laut dem Bezirk Katsushika die Grenze zur Stadt Misato in der Präfektur Saitama am Misato-Ufer des Flusses, und deshalb befindet sich der Stausee als Ganzes in Tokio.

Misato zufolge sollte der Stausee (auch wenn er künstlich ist) wie ein Fluss behandelt werden, und die Grenze zwischen Tokio und Saitama liegt daher in der Mitte des Koaidame.

Bis heute wurde unter dem Stausee kein wichtiges Ölfeld gefunden, und die Fischbestände beschränken sich wahrscheinlich auf einige Flussfische und Schalentiere, die keine hochrangigen Verhandlungen erfordern, sodass dieser Streit vermutlich nicht eskalieren wird.

Am Ostende des Parks und des Stausees befindet sich eine große Dauerausstellung über Goldfische, die von Katsushika organisiert wurde: Die Sammlung umfasst rund tausend bunte Fische diverser Arten in etwa 40 Außenbecken. Die Grenze zwischen Saitama und Tokio verläuft durch diese Ausstellung und technisch gesehen befinden sich nur einige der Becken in Tokio (da sind sich alle einig).

EIN PARK AN DEN UFERN DES HIKIFUNEGAWA

⑨

Spaziergang entlang eines ehemaligen Edo-Kanals

4-1 Hikifunegawa, Katsushika-ku (東京都葛飾区亀有 4-1)
10 Gehminuten entfernt vom Bahnhof Yotsugi (阿佐ヶ谷),
Keisei-Oshiage-Linie

Etwa 800 Meter nordwestlich von Yotsugi entlang der Route 6 ist der Grünzug, durch den ein kleiner Bach fließt (*Hikifunegawa*, 曳舟川 – Fluss der Schleppboote), alles, was von einem Kanal aus der Edo-Zeit übriggeblieben ist. Dieser wurde im späten Edo und frühen Meiji als Transportweg für Boote genutzt, die von Männern oder Tieren gezogen wurden, daher auch sein Name. Obwohl der Kanal viel länger war, erstreckt sich die Grünoase nun über gut drei Kilometer, fast bis Kameari. Sie ist heute ein Stadtpark, der treffend den Namen „Park am Ufer des Hikifunegawa" (曳舟川親水公園) trägt. Doch handelt es sich hierbei nicht um den ursprünglichen Wasserlauf, der Kanal wurde schon vor langer Zeit zugeschüttet.

Der Park bietet eine Reihe bescheidener Attraktionen und Hinweistafeln mit historischen Informationen.

Der Bach ist gerade tief genug (nur wenige Zentimeter), damit Kinder sich im Sommer an den drei dafür vorgesehenen Stellen abkühlen können, ohne dass sich die Eltern zu sehr sorgen müssen.

IN DER UMGEBUNG

Stadtmuseum Katsushika ⑩

Die offizielle Übersetzung für das Stadtmuseum Katsushika (葛飾区郷土と天文の博物館), das sich neben dem Park in 3-25-1-Shiratori befindet, wird dem poetischen Klang im Japanischen nicht gerecht. Es ist nicht nur ein Geschichtsmuseum, sondern ein „Museum für Geschichte und Astronomie" – lokal, aber eklektisch, das sowohl ein Planetarium als auch eine Sammlung historischer Objekte wie prähistorische Statuetten aus dem Bezirk umfasst. Im Museum gibt es alles Mögliche zu sehen: Ausstellungen über den Mars-Explorer, ein Foucaultsches Pendel, ein Sonnenteleskop, eine Darstellung von Katsushika, als es noch landwirtschaftliches Gebiet war, sowie vom Leben im Viertel in den 1950er-Jahren …

STATUEN VON CAPTAIN TSUBASA ⑪

Ein Fußball-Manga, das immer noch gut in Form ist

1-22-3 Yotsugi, Katsushika-ku (東京都葛飾区四つ木 1-22-3)
Rund um die Uhr zu besichtigen
Yotsugi (四ツ木), Keisei-Oshiage-Linie

Yotsugi Tsubasa-Koen ist eine neue Grünfläche in der Stadt, die Ende März 2013 bei 1-22-3 Yotsugi westlich des Bahnhofs Yotsugi erneuert wurde. Der Park ist für seine Bronzestatue von Ozora Tsubasa bekannt, Fußball-Anime und Manga-Figur (Captain Tsubasa, キャプテン翼), für alle, die das nicht bereits wissen oder schon vergessen haben. Der Autor Takahashi Yoichi[1] stammt aus diesem wenig besuchten Stadtteil und ging auf die Minami-Katsushika-Schule. Diese Tsubasa-Statue ist nicht die Einzige: Zwischen Yotsugi und Tateishi stehen acht verschiedene Zeichentrickfiguren, manchmal direkt am Straßenrand, wie die kleine Statue von Nakazawa Sanae, und manchmal weiter weg, wie im Shibue-Park direkt über der Keisei-Bahnstrecke, wo Misaki Taro steht.

Die Statuen

Charaktere (Japanisch)	Charaktere (Europäisch)	Standort
Ozora Tsubasa (大空翼)	Olivier „Holly“ Atton	Yotsugi-Tsubasa-Park 1-22-3 Yotsugi
Ishizaki Ryo (石崎了)	Bruce Harper	Auf einer Ebene mit dem Bahngleis in der Nähe der kommunalen Servicestelle 1-15-1 Yotsugi
Hyuga Kojiro (日向小次郎)	Mark Landers	Yotsugi-Tsubasa-Park 1-16-24 Yotsugi
Roberto Hongo (ロベルト本 mit Ozora Tsubasa	Roberto Sedinho	In der Nähe der Treppe, die zur Fußgängerbrücke führt 2-3-3 Yotsugi
Nakazawa Sanae (中沢早苗)	Patty Gatsby	Vor dem Postamt 2-28-1 Yotsugi
Misaki Taro (岬太郎)	Ben Becker	Shibue-Park 3-3-1 Higashi Tateishi
Wakabayashi Genzo (若林 源三)	Benjamin „Benji“ Price	An der Straße 4-28-14 Tateishi
Ozora Tsubasa (大空翼)	Olivier Atton	Tateishi-Spielplatz 1-21-6 Tateishi
Ozora Tsubasa (大空翼)	Olivier Atton	Vor der Minami-Katsushika-Schule 6-4-1 Tateishi

[1] 高橋陽一, *1960.

DIE STATUE AN DER CHIKUSA-SPIELWARENFABRIK

12

Hier wurden die Kewpie-Puppen hergestellt

3-3-1 Higashi-Tateishi, Katsushika-ku (東京都葛飾区東立石 3-3-1)
10 Gehminuten entfernt vom Bahnhof Tateishi (京成立石),
Keisei-Honsen-Linie

In einer Ecke des Shibue-Parks erinnert eine recht unbekannte Statue mit drei Puppen an den Standort eines ehemaligen Spielzeugherstellers: die Chikusa-Spielwarenfabrik (千種セルロイド工).

Das 1914 eröffnete Werk markierte den Beginn der Spielzeugindustrie in Katsushika, die die industrielle Entwicklung des Bezirks vor dem Krieg förderte. Sie produzierte die legendären Kewpie-Puppen, bevor Zelluloid wegen seiner hohen Entflammbarkeit in den 1950er-Jahren verboten wurde. Ein unentschuldbarer und peinlicher Defekt eines Materials, das für Kinderspielzeug verwendet wurde.

Die beiden Kewpies sind nicht identisch

Im Kollektivbewusstsein der Japaner war das 1909 von der amerikanischen Autorin und Illustratorin Rose O'Neill entworfene mollige Baby eng mit dem Mayonnaise-Hersteller Kewpie Corporation verbunden, der die Figur als Logo verwendete. Die Kewpie Corporation wurde jedoch zehn Jahre nach der Babypuppe gegründet und begann erst 1925 mit der Produktion von Mayonnaise. Der Hersteller machte sich die kleine Figur zunutze und verwendete anfangs einen bekannten Namen, den er ein wenig veränderte. Die Puppe wird auf Japanisch Kewpie, *Kyupi* (キュ ーピー) genannt; der Produktname wird gleich ausgesprochen, aber *Kiyupi* (キユーピー) geschrieben, offiziell „aus grafischen Gründen". Um die Sache zu verkomplizieren, schrieb sich die Kewpie Corporation bis 2010 auf Englisch Q. P., bevor man die aktuelle Schreibweise übernahm. Auf jeden Fall sind die beiden Kewpies nicht ein- und dasselbe …

IN DER UMGEBUNG

Der Shibue-Spielplatz ⑬

Der Shibue-Park, der nach der Schließung der Fabrik auf dem Gelände eröffnet wurde, ist ein Eldorado für ortsansässige Familien, vor allem für die Bewohner zweier imposanter 20-stöckiger Hochhäuser in Yotsugi 4-Chome, direkt gegenüber dem Park. Shibue hat auch eine attraktive Blumenwiese (je nach Jahreszeit sehr pittoresk), Tennisplätze und eine Vielzahl von Kinderspielgeräten, einschließlich einer wunderbar breiten Rutsche aus den 1960er-Jahren, die mehrere Kinder gleichzeitig nutzen können. Mit der Statue des beliebten Fußball-Mangas Taro Misaki (s. S. 225), dem Denkmal für die Chikusa-Fabrik und dieser Rutsche ist Shibue ein idealer Ort für einen originellen Familienausflug.

DER STEHENDE STEIN VON TATEISHI

14

Heiliger Stein in einer Wohngegend

8-37-17 Tateishi, Sumida-ku (東京葛飾区立石 8-37-17)
10 Gehminuten entfernt vom Bahnhof Tateishi (京成立石), Keisei-Honsen-Linie

Auf einem Kinderspielplatz in 8-37-17 Tateishi, verborgen und geschützt durch ein *Torii*, befindet sich der *Tateishisama* (立石様 – Stehender Stein), der dem Bezirk seinen Namen gab, inmitten einer Gruppe von Wohnhäusern.

Der Stein, wahrscheinlich ein Überrest eines Hügels, der als Wegmarkierung diente, hat fast Bodenniveau, obwohl er in der Edo-Ära leicht zu erkennen war. Die Senkungen im Osten der Stadt und, wie es scheint, die Abergläubischen, die während der Kriege mit Russland und China zum Schutz Stücke des Steins abschlugen, reduzierten ihn auf das, was er heute ist: ein undefiniertes Stück Fels auf sandigem Grund, das dennoch mit äußerster Sorgfalt geschützt wird. Wüsste man nicht über den Ursprung Bescheid, könnte einem die kleine Einfriedung in dieser Ecke des Parks ziemlich geheimnisvoll erscheinen.

IN DER UMGEBUNG

Tateishi Nakamise ⑮

Direkt gegenüber der Südseite des Bahnhofs Tateishi heben sich zwei überdachte Einkaufspassagen von den traditionellen Einkaufsstraßen der Stadt ab. Obwohl die erste, Tateishi Eki Dori (立石駅通り 商店街) interessant ist, ist es die zweite, Tateishi Nakamise (立石仲見世), die wirklich Aufmerksamkeit verdient.

Nakamise, die 1945 im Chaos des Wiederaufbaus nach dem Zweiten Weltkrieg entstand, drückte in den 1960er-Jahren einfach den Pause-Knopf. Obwohl sie nicht die längste oder (bei Weitem nicht) die beliebteste Einkaufspassage ist, zählt sie zu einer der überraschendsten der Stadt, mit ihren kleinen Speiselokalen und Bars in einer Welt, die Geschichtsbüchern entsprungen zu sein scheint, einschließlich der Nachkriegsflaute und des beginnenden japanischen Wirtschaftswunders. Über einer Ladenfront am südlichen Ende erinnern einige Schwarz-Weiß-Fotografien an die Geschichte des Viertels mit seiner späten Industrialisierung und den Spielwarenfabriken (s. S. 226) – ein magischer Ort für jene, die so etwas zu schätzen wissen. Die Retro-Atmosphäre setzt sich auf den Straßen weiter südlich von Okudo Kaido (奥戸街道) hinter der Passage fort, wo weitere Verkaufsstände das Ambiente bewahren, bis die Stadt, sobald man sich vom Bahnhof entfernt, allmählich in ein Wohngebiet übergeht.

DAS SHOGAN-JI-PLANETARIUM (16)

Zwerge, Wale und Dinosaurier

7-11-30 Tateishi, Katsushika-ku (東京都葛飾区立石 7-11-30)
Täglich 8:30–16:30 Uhr
Vorführungen am 1. und 3. Samstag im Monat, Anmeldung unter gingaza-2019.amebaownd.com
5 Gehminuten entfernt vom Bahnhof Tateishi (京成立石), Keisei Oshiage-Linie, oder 8 Minuten vom Bahnhof Aoto (青砥), Keisei-Honsen-Linie

Auf 7-11-30 Tateishi, im Zentrum des neuen Shitamachi, unweit des spektakulären Kulturzentrums der Katsushika Symphony Hills mit seinen Statuen zu Ehren der klassischen Musik, eröffnete 1996 im Shogan-ji ein kleines, aber authentisches Planetarium namens Gin-gaza (銀河座). Am ersten und dritten Samstag des Monats um 15 Uhr organisiert der Tempel für 25 Glückspilze eine Vorführung, die von fast komischen Erklärungen (allerdings auf Japanisch) begleitet wird. Für die Show müssen Sie sich online anmelden.

Auch das Tempelgelände bietet exzentrische Elemente, darunter den Oberpriester Kasuga Ryo (春日了).

Die zwei von den Jahren ausgebleichten Zwergenstatuetten, die neben der Löwenstatue, die den Tempel bewacht, stehen, sehen aus wie Disney-Figuren und bringen die Besucher zum Staunen. Die Statue eines Chasmosaurus (eine dem Triceratops ähnliche Dinosaurierart) auf der anderen Seite des Hauptgebäudes passt zu dem Wächterlöwen. Beachtlich sind auch das riesige Raumschiff an der Wand des Planetariumgebäudes und das Walgemälde, die beide nicht sehr subtil sind.

DIE RIESENDÄMME AM EDOGAWA ⑰

Bollwerke gegen das Wasser

6-22-19 Shibamata, Katsushika-ku (東京都葛飾区柴又 6-22-19)
15 Gehminuten entfernt vom Bahnhof Shibamata (柴又), Keisei Kanamachi-Linie

Tokios wasserreiche Flüsse können in einem weitläufigen und sehr tief gelegenen Gebiet, das seit einem Jahrhundert besonders dicht besiedelt ist, beträchtlichen Schaden anrichten. Obwohl bei der Überschwemmung 1917 „nur“ 260 Menschen ums Leben kamen, ist das Risiko heute viel größer.

Um die Flüsse im Zaum zu halten, wird der Edogawa von riesigen Dämmen überragt, die Tokio und die Präfektur Chiba schützen. Sie sind so groß, dass sie paradoxerweise manchmal schwer zu erkennen sind.

Hoch oben im Shibamata-Park (柴又公園), neben dem berühmten Taishakuten-Tempel, bekommt man einen guten Eindruck von der Größe der Bauten. Dieser einen Hektar große Park wurde 1997 eröffnet und umfasst einen der fertigen Dämme. Es gibt auch einen erläuternden Plan zu den Superdämmen (スー パー堤防), kolossale Bauten, die etwa 10 Meter hoch und 200 bis 300 Meter breit sind.

Der Damm umfasst das Tora-San-Museum (葛飾柴又 寅さん記念館), das Kuruma Torajiro (車寅次郎) aus Shibamata gewidmet ist, dem Helden der erfolgreichen Filmserie *Otoko Ha Tsurai Yo* (男はつらい よ – *Es ist schwer, ein Mann zu sein*).

Tokio, eine dem Wasser abgetrotzte Stadt

Seit der Edo-Zeit ist Tokios Geschichte durch seine stetige Ausdehnung in die Bucht geprägt. Die Burg, die Tokugawa Ieyasu Ende des 16. Jahrhunderts einnahm und zum Kaiserpalast machte, blickt auf die weite Mündung des Hirakawa, Hibiya Irie (日比谷入江). Gegenüber der Burg, auf der anderen Flussseite, etwa auf Höhe des heutigen Bahnhofs Tokio, erstreckte sich die Edomaeto-Sandbank. Weiter östlich gab es einige Teiche und Sümpfe und die Ufer der Bucht lagen kaum weiter im Süden als die moderne Sobu-Linie. Das Shogunat begann rasch damit, Wasserläufe trockenzulegen oder umzuleiten, um Platz für die aufstrebende Stadt mit ihrer explodierenden Bevölkerung zu machen. Tsukiji (築地 „rückgewonnenes Land") entstand 1658 und viele der Chuo-Viertel wurden im 17. Jahrhundert auf neu gewonnenem oder bewohnbar gemachtem Land errichtet. Jenseits des Flusses Sumida dehnte sich die Stadt nach Süden aus, durchzogen von Kanälen – an oberster Stelle der Onagigawa – für die Durchfahrt von Frachtbooten. In der Meiji-, der Taisho- sowie der frühen Showa-Ära gab es überall Baustellen. Im Süden wuchs die Stadt fröhlich Richtung Osten. Das Shiomi-Viertel erhob sich im 20. Jahrhundert, vor Kriegsausbruch, aus den Gewässern der Bucht und die Stadt reichte bis Toyosu. Nach dem Zweiten Weltkrieg ging es noch rasanter weiter und in den 1960er- und 1970er-Jahren wurde Odaiba erweitert. Die Arbeiten an der Regenbogenbrücke dauerten von 1987 bis 1993. Hinter der Gate Bridge befindet sich die Chuo-Bohatei-Mülldeponie (s. S. 324), die sich weit ins Wasser erstreckt. Sie ist das neueste der Bucht von Tokio entrissene Stück Land.

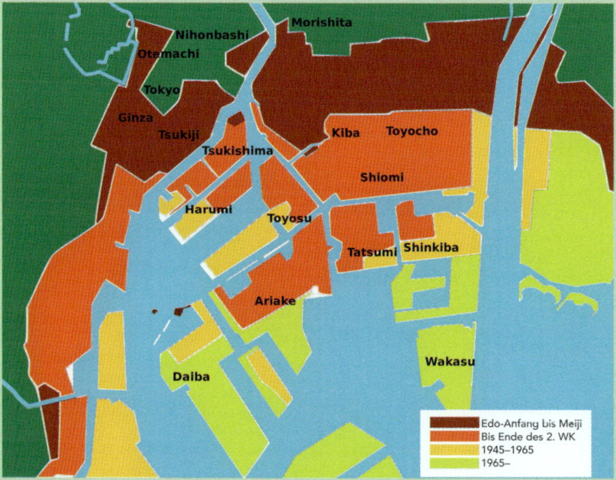

DIE TOWER-HALL-FUNABORI-AUSSICHTSPLATTFORM

18

Ein ungewöhnlicher Blick auf die Ebene im Osten

4-1-1 Funabori, Edogawa-ku (東京都江戸川区船堀 4-1-1)
Aussichtsplattform: 9–21:30 Uhr
Station Funabori (船堀), Toei-U-Bahn Shinjuku-Linie

Das Tower Hall Funabori (タワーホール船堀) nördlich des Bahnhofs Funabori ist ein 1999 eröffnetes Kommunalgebäude mit einem 115 Meter hohen Turm. Der Komplex umfasst mehrere Veranstaltungsräume und Kinos, doch am interessantesten ist die Aussichtsplattform auf der Turmspitze. Der Eintritt ist frei und bietet eine 360-Grad-Aussicht, da es in der Nähe nur sehr wenige hohe Gebäude gibt. Der einzige größere Bau im Bezirk ist das 117 Meter hohe Riesenrad „Diamond and Flower Ferris Wheel", das man Richtung Süden im Kasai-Rinkai-Park sehen kann. Der Blick nach Westen schweift – wenn das Wetter es zulässt – über das weitläufige Stadtzentrum vor dem Hintergrund des Fuji, dominiert vom imposanten Arakawa und dem Tokyo Skytree Tower, die etwas näher liegen. Die langen Öffnungszeiten der Aussichtsplattform ermöglichen eine fantastische und wenig bekannte Abendansicht auf die Stadt aus einem sehr ungewöhnlichen Blickwinkel.

IN DER UMGEBUNG

Zenshinsha

19

Etwas östlich der Route 308, im Zentrum der geraden Wohnstraßen von Edogawa, etwa 20 Gehminuten nördlich von Funabori, fällt ein seltsames Gebäude auf: Geschützt durch einen Mantel aus grünen Metallblechen ist es, auf 1-12-7 Matsue, der offizielle Sitz des Zenshinsha Verlags (前進). Doch eigentlich ist es die Zentrale des Nationalkomitees der Revolutionären Kommunistischen Liga (革命的共産主義者同盟全国委 員会), die den Beinamen *Chukaku-ha* (中核派 – Zentralfraktion) hat. Die *Chukaku-ha* wurde in den 1950er-Jahren gegründet und ist eine Gruppe linksextremer, antikapitalistischer, antistalinistischer Antiimperialisten, die sich für eine Revolution durch Gewalt einsetzen. Weiterhin in einigen Universitäten verwurzelt und trotz der vielen und regelmäßigen Festnahmen seiner Mitglieder aktiv, übernahm sie, vor allem in den 1970er- und 1980er-Jahren, die Verantwortung für mehrere Brand- und Bombenanschläge (manche tödlich). Einige spektakuläre Angriffe gehen auf ihr Konto, wie der Raketenangriff auf den Geihinkan beim Gipfeltreffen in Tokio 1986. Etwa 100 Aktivisten leben dauerhaft in dieser kleinen, befestigten Burg der Moderne und sind das Ziel regelmäßiger Polizeirazzien.

DIE TORE DER ALTEN SCHLEUSE VON KOMATSUGAWA

20

Sinkende Gewässer

9-9 Oshima, Edogawa-ku (江戸川区大島 9-9)
10 Gehminuten entfernt von der Station Higashi-Ojima (東大島), Toei-U-Bahn Shinjuku-Linie

Im Komatsugawa-Park steht ein halb versenkter Bau, der der Festungsmauer einer kleinen mittelalterlichen Burg ähnelt. Dieses seltsame Gebäude ist eigentlich das obere Ende eines der Tore der alten Komatsugawa-Schleuse (小松川閘門). 1930 erbaut, verband sie bis in die 1970er-Jahre den Nakagawa mit dem Arakawa.

Die beiden Flüsse lagen, vor allem nach der Absenkung der Stadt, nicht auf dem gleichen Niveau. Der Höhenunterschied zwischen den beiden Flüssen beträgt nun drei Meter, und das 2005 südlich des Komatsugawa-Parks fertiggestellte Arakawa-Schleusentor (荒川ロックゲ

ート) ermöglicht die Schifffahrt zwischen dem alten Nakagawa und dem Arakawa.

Über ein paar Stufen gelangt man im Inneren des Arakawa-Schleusentors zu einer kleinen Ebene mit Aussicht über den Arakawa. Auf einer Tafel wird die Bedeutung des Kanalbaus erläutert.

IN DER UMGEBUNG

Das Nakagawa-Funabansho-Museum (21)

Das Nakagawa-Funabansho-Museum in 9-1-15 Oshima, das dem Kanal- und Flussverkehr von Edo und der lokalen Fischereigeschichte gewidmet ist, befindet sich 50 Meter von einer alten Kahn-/Schiffswachstation (船番所 – Funabansho) aus der Edo-Zeit entfernt, die am Zusammenfluss von Onagigawa, Nakagawa und Funaborigawa stand. Das Museum ist klein und sehr speziell, aber gut aufgebaut. Der zweite Stock behandelt die Geschichte des Bezirks. Doch das ungewöhnliche „Herz" der Ausstellung befindet sich im dritten Stock, wo die Besucher neben einem Transportkahn, der an der Nachbildung einer Wachstation andockt, „übers Wasser gehen". Das Museum verfügt auch über eine schöne Sammlung von Angelausrüstungen.

Das ehemalige Bett des Nakagawa

Die wenigen gewundenen Bäche, die den Kyu-Nakagawa (旧中川 – Alter Naka-Fluss) bilden, sind die einzigen Überreste des historischen Verlaufs eines mächtigen Flusses, der durch die Erweiterung des Arakawa im letzten Jahrhundert zweigeteilt wurde. Diese Flussabschnitte sind Spuren des berüchtigten launischen Tonegawa, der ab dem Ende des 16. Jahrhunderts allmählich von der Bucht von Tokio in den Pazifik umgelenkt wurde.

DER HEISEI-GARTEN IM GYOSEN-PARK

22

Ein Fußweg inmitten eines Trockengartens

3-2 Kitakasai Edogawa-ku (東京都江戸川区北葛西3丁目2)
Werktags 10–16:30 Uhr, am Wochenende ab 9:30 Uhr geöffnet, schließt von November bis Februar um 16 Uhr
Montags geschlossen (oder dienstags, wenn der Montag ein gesetzlicher Feiertag ist), vom 30. Dezember bis 1. Januar geschlossen (freier Eintritt)
15 Gehminuten entfernt von Nishikasai (西葛西), Tokyo Metro Tozai-Linie

An der Nordseite des Gyosen-Park mit einem kleinen kostenlosen Zoo, der Kindern gefallen wird, liegt ein erstaunlicher traditioneller Garten von etwas mehr als einem Hektar, der 1989 erneuert wurde. Sein Name bezieht sich auf die sich abzeichnende neue Ära (siehe gegenüberliegende Seite).

Mit seinem Karpfenteich auf verschiedenen Ebenen, dem Teehaus und den dezenten, aber eleganten künstlichen Wasserfällen, ist es kaum verwunderlich, dass hier regelmäßig Hochzeits-Shootings stattfinden. Im hinteren Teil des Gartens befindet sich sogar ein Trockengarten, der von einem Fußweg durchzogen wird – ein seltener Anblick. Das Teehaus (Genshinan), im traditionellen Sukiya-Architekturstil erbaut, kann zu sehr vernünftigen Preisen für private Veranstaltungen gemietet werden.

Seit 1868 wird jeder Kaiser mit einer bestimmten Ära (Nengo) in Verbindung gebracht. Der Beginn der Heisei-Ära begann 1989, als Akihito den Thron bestieg.

Trockengärten

Karesansui (枯山水), die oft auch als „Zen-Gärten“ bezeichnet werden, sind Gärten aus Sand, Kies und Steinen, meist ohne Pflanzen.

Bunkyo / Toshima

---

① WESTLICHE GRÄBER AUF DEM SOMEI-FRIEDHOF *242*

② DER GEDENKSTEIN FÜR DAS SUGAMO-GEFÄNGNIS *244*

③ DAS LABYRINTH VON 6-OTSUKA UND 5-HIGASHI IKEBUKURO *245*

④ DIE LOURDES-GROTTE *246*

⑤ DAS CHINZANSO-ANWESEN *248*

⑥ DAS HAUS VON BASHO *252*

⑦ DIE BOTANISCHEN GÄRTEN DER TOKIO UNIVERSITY GRADUATE *254*

⑧ DER KOISHIKAWA-BAU, MUSEUM DER UNIVERSITÄT TOKIO *255*
⑨ DIE BLINDE ENMA-STATUE *256*
⑩ DAS WASSERVERSORGUNGSMUSEUM IN TOKIO *258*
⑪ DIE MON-FLIESEN DES *AKAMON* IN TODAI *260*
⑫ GEISTERSTUFE IN YAYOI *261*

WESTLICHE GRÄBER AUF DEM SOMEI-FRIEDHOF

①

Ein kaum bekannter Zeuge der ersten Öffnung Japans Richtung Westen

5-5-1 Komagome, Toshima-ku (東京都豊島区駒込 5-5-1)
Rund um die Uhr zu besichtigen
10 Gehminuten entfernt vom Bahnhof Sugamo (巣鴨), Toei-U-Bahn Mita-Linie oder JR Yamanote-Linie

Der Somei-Friedhof (染井霊園) gleich hinter dem Toshima-Großmarkt ist der kleinste der von der Stadtverwaltung Tokio betriebenen Friedhöfe. Dieser 1874 eröffnete weltliche Friedhof hat etwas weniger historische Berühmtheiten zu bieten als die Friedhöfe Zoshigaya und Yanaka und ist vor allem für die rosa Blüten von etwa 100 Somei-Yoshino-Kirschbäumen im Frühling bekannt.

Ein kleiner Teil des Friedhofs (auf den Plänen 外人墓地 – *Gaijin-Bochi*) wird an Ausländer vergeben. Die wenigen Gräber mit Inschriften in lateinischen Buchstaben heben sich stark von den anderen Reihen ab. Diese Gräber aus der Meiji-Zeit gehören den ersten westlichen Besuchern, die in ihrem Gastland gestorben sind. Da diese Toten nicht sehr prominent waren, ist dieser Abschnitt des Friedhofs ein wenig bekanntes Zeugnis für die ersten Jahre der Öffnung des Landes Richtung Westen und eine Gedenkstätte für jene, die sie miterlebt haben.

Hier befinden sich zum Beispiel die Gräber von Archibald King aus Glasgow, der 1886 der Cholera erlag, von Reverend Woodhull, der 1895 im Alter von 35 Jahren in Tokio starb, und vom Missionar David Thompson, der mit James Hepburn[1] zusammengearbeitet hatte und 1915 verstarb. Besonders hervorzuheben ist das Grab von Loduska Wirick, einer Missionsschwester, die 1890 nach Japan kam und während des Russisch-Japanischen Kriegs dort arbeitete. Sie starb 1914 an Krebs. Ihr prominenter Grabstein in Form eines Buchs ist deutlich durch einen weißen Wegweiser gekennzeichnet.

Grab des Residenten des Königreichs Hawaii in Japan

Der Friedhof Aoyama (青山霊園) ist größer und zentraler gelegen als Somei und auch geschäftiger. Der Abschnitt für Ausländer geht auf die Meiji-Zeit zurück. Drei Jahre, nachdem die Regierung die Öffnung des Friedhofs für Nicht-Japaner angekündigt hatte, fand hier 1880 das Begräbnis des Deutschen Karl Bruck statt. Ein Denkmal aus dem Jahr 2007 erinnert daran, welchen Beitrag Ausländer für die Entwicklung des Landes, in dem sie starben, leisteten. Ein bemerkenswertes Grab im allgemeinen Teil des Friedhofs ist das von Robert Walker Irwin, des Residenten des Königreichs Hawaii in Japan, bevor Hawaii Teil der Vereinigten Staaten wurde.

[1] *Erfinder der Hepburn-Methode zur Transkription des Japanischen in lateinische Schrift.*

DER GEDENKSTEIN FÜR DAS SUGAMO-GEFÄNGNIS

②

Die dunkle Vergangenheit von Ikebukuro

3-1-6 Higashi-Ikebukuro, Toshima-ku (豊島区東池袋 3-1-6)
10 Gehminuten entfernt von Ikebukuro (池袋), JR-Linien Yamanote, Saikyo, Shonan-Shinjuku, Narita Express, Tobu-Tojo oder Seibu-Ikebukuro; Tokyo-Metro-Linien Yurakucho, Marunouchi oder Fukutoshin

Der 240 Meter hohe Wolkenkratzer Sunshine 60 der Sunshine City, bei seiner Errichtung der höchste Asiens, steht seit 1978 auf dem Standort des berüchtigten Sugamo-Gefängnisses (巣鴨拘置所), in dem während des Zweiten Weltkriegs hauptsächlich politische Gefangene und nach 1945 Kriegsverbrecher festgehalten wurden.

Das Gefängnis, das vor der alliierten Besatzung die Vollzugsanstalt von Tokio war, wurde, obwohl von den Bombenanschlägen verschont, abgerissen. Sieben Kriegsverbrecher der Kategorie A (Verbrechen gegen den Frieden), darunter Tojo Hideki[1], wurden am 23. Dezember 1948 gehängt. Etwa 50 Gefangene der Kategorie B (Kriegsverbrechen) und C (Verbrechen gegen die Menschlichkeit) wurden ebenfalls zum Tode verurteilt.

Von dem Gefängnis und seiner dunklen Vergangenheit ist praktisch nichts mehr übrig, abgesehen von einem einfachen Stein, einem Denkmal für den Frieden mit der schlichten Inschrift *Eikyu Heiwa Wo Negatte* (永久平和を願って – Gebet für den ewigen Frieden). Er steht im Higashi-Ikebukuro-Chuo-Park am Fuße des Sunshine 60, an der Stelle, an der sich früher der Galgen befand. Ein bescheidenes Andenken an die Geschichte des Ortes.

IN DER UMGEBUNG

Das Labyrinth von 6-Otsuka und 5-Higashi Ikebukuro ③

Zwischen der Route 5 der städtischen Schnellstraße, der Kasuga-Dori und der Straßenbahnlinie Arakawa liegt ein Labyrinth aus kleinen Gassen, das Immobilienentwicklungen und Stadterneuerungspläne auf wundersame Weise überlebt hat. Tokio ist voller enger Gassen, aber hier gibt es besonders viele davon. Scheuen Sie sich nicht, Durchgänge zu betreten, die zuerst eine Sackgasse zu sein scheinen – manche Gassen sind so eng, dass man kaum mit dem Fahrrad durchkommt, selbst wenn es keine Stufen gibt. Es ist nicht verwunderlich, dass dieses Viertel als Hochrisikogebiet für das Katastrophenmanagement ausgewiesen wurde.

[1] 東条英機, *1884–1948, Premierminister von Japan (1941–1944).*

DIE LOURDES-GROTTE ④

Nachbildung der wundersamen französischen Grotte in Tokio

3-15-16 Sekiguchi, Bunkyo-ku (東京都文京区関 3-15-16)
9–17 Uhr; die Marienkathedrale kann während der Messe nicht besucht werden
10 Gehminuten entfernt von der Station Edogawabashi (江戸川橋), Tokyo Metro Yurakucho-Linie

Am Ende der Esplanade der Marienkathedrale, Sitz der römisch-katholischen Erzdiözese Tokio, steht in einer dezenten Grotte eine Marienstatue. Dies ist eine Nachbildung der Grotte von Massabielle bei Lourdes (ルルド) in Frankreich, wo Bernadette Soubirous im Jahr 1858 achtzehn Mal die Jungfrau Maria erschienen sein soll und wo sie, unter Marias Anleitung, die inzwischen berühmte Wunderquelle entdeckt hat. Henri Demangelle, ein französischer Missionar in der Meiji-Ära aus Doubs in Frankreich, schuf 1911 diese originalgetreue Nachbildung. Ein monumentaler Stein dokumentiert das Datum von Bernadettes erster Vision in den Pyrenäen, den 11. Februar 1858.

Andere japanische Nachbildungen der Lourdes-Grotte

Dies ist die einzige der Jungfrau Maria gewidmete Grotte in Tokio, aber es gibt mindestens vier weitere im Land – in Shizuoka, Nagoya, Nagasaki und auf den Goto-Inseln –, die Ende des 19. und Anfang des 20. Jahrhunderts errichtet wurden.

Die Marienkathedrale von Tokio (東京カテドラル聖マリア大聖 堂), oft als Kathedrale von Tokio bezeichnet und von Tange Kenzo[1] (dessen Beerdigung hier stattfand) entworfen, ist ein prächtiger moderner Bau, der das alte gotische Holzgebäude ersetzt, das während des Krieges zerstört wurde. Die kreuzförmige Kirche besteht aus acht hyperbolischen Paraboloiden (gekrümmten Sattelflächen) aus Stahlbeton. Der Zutritt ist kostenlos, und der Innenraum, der abgesehen vom Lichtspiel auf den Oberflächen kahl ist, ist genauso gelungen wie das Äußere. Die Reflexionen und Kontraste gegen den blauen Himmel lassen sich am besten an einem sonnigen Tag bestaunen. Es ist leider nicht erlaubt, Fotos zu machen.

Das kleine Baptisterium rechts neben dem Eingang ist ebenfalls sehr beeindruckend. An Wochenenden stehen Familien Schlange, um ihre Hochzeiten in der Marienkathedrale feiern zu können.

[1] 丹下健三, *1913–2005, einer der führenden japanischen Architekten des 20. Jahrhunderts, verantwortlich für einige herausragende Bauten, angefangen bei der Sporthalle im Yoyogi-Park bis hin zu den Stadtverwaltungsgebäuden.*

DAS CHINZANSO-ANWESEN

5

Die wunderbaren Gärten eines prächtigen Hotels

2-10-8 Sekiguchi, Bunkyo-ku (東京都文京区関 2-10-8)
Rund um die Uhr zu besichtigen
10 Gehminuten entfernt von der Station Edogawabashi (江戸川橋), Tokyo Metro Yurakucho-Linie

Die üppigen Gärten des eleganten Hotels Chinzanso Tokyo (椿山荘), ehemals das Four Seasons, 10 Gehminuten vom Bahnhof Edogawabashi entfernt, sind sowohl für die Öffentlichkeit als auch für Hotelgäste zugänglich. Das Gelände war in der Edo-Zeit Teil des Gebiets des Maeda-Clans von Kururi.

Der Bereich am Rande eines Plateaus hieß *Tsubaki-Yama* (椿山 – Kamelienberg) wegen der dort wachsenden Blumen. Als der Meiji-Politiker Yamagata Aritomo[1] es 1878 erwarb, nachdem er die Satsuma-Rebellion niedergeschlagen hatte, schuf er edle Gärten, die als *Chinzanso* (椿山荘 – Gut am Kamelienberg) bekannt wurden. 1918 kam das Anwesen in den Besitz von Baron Fujita Heitaro[2]. Er brachte 1924 aus Kyoto einen kleinen Schrein sowie 1925 aus der Präfektur Hiroshima eine dreistöckige Pagode aus der Muromachi-Zeit mit, die im Garten aufgestellt wurden.

Bei den Bombenanschlägen auf Tokio nahmen die Gärten Schaden, doch sie wurden wunderschön wiederhergestellt und sogar erweitert. Nach Kriegsende baute man im südlichen Abschnitt mehrere Teestuben und Rastplätze. Die Anlage, die nicht gerade flach ist, umgibt den großen Teich von Yusui-Ike. Unter den vielen Sehenswürdigkeiten besonders hervorzuheben sind etwa 20 kuriose Rakan (buddhistische Schüler) und eine hübsche dreizehnstöckige Steinpagode.

[1] 山縣有朋, *1838–1922, Samurai des Hagi-Fürstentums, Soldat und Politiker der Meiji-Ära, war einer der mächtigsten Männer seiner Zeit, bekleidete aufeinanderfolgende Ministerposten und wurde sogar zweimal Premierminister.*

[2] 藤田平太郎, *1869–1940, Geschäftsmann und Politiker, Leiter der zweiten Fujita Zaibatsu.*

© Irina Gelbukh

DAS HAUS VON BASHO

⑥

Ein verborgener Eingang

Chinzanso in 2-11-3 Sekiguchi
Täglich 8:30–17 Uhr
Freier Eintritt
Iga-Linie

Hinter Chinzanso in 2-11-3 Sekiguchi, eine Gasse entlang und die Stufen hinauf, führt ein verborgener Eingang zum Sekiguchi Basho-An (関口芭　蕉庵). Es war angeblich das Heim des größten japanischen Haiku-Dichters Matsuo Bashō[1] während der vier Jahre, die er in Edo verbrachte, um die Renovierung des Aquädukts Kanda (s. S. 259) im späten 17. Jahrhundert zu beaufsichtigen.

Neben der winzigen Behausung (eine ansprechende Nachbildung aus der Nachkriegszeit) führt ein Pfad um einen Teich, wo auf einem Stein, basierend auf seinen kalligrafischen Darstellungen, das berühmte Frosch-Haiku des Dichters steht: *Furu Ike Ya Kawazu Tobikomu Mizu No Oto* (古池や蛙飛びこむ水の音 – *Der alte Teich / Ein Frosch springt hinein / Das Geräusch des Wassers*).

© Tsukioka Yoshitoshi

Eine weitere Stele aus dem Jahr 1750 markiert den Ort, an dem eines der Gedichte des Meisters vergraben ist. Am anderen Ende des Gartens wurde 1726, zum Gedenken an seinen 32. Todestag, ein kleines Gebäude errichtet, das eine Holzstatue von Bashō schützt.

Der Eintritt zu diesem einfachen, friedlichen Ort ist frei.

[1] 松尾芭蕉 *1644–1694, Dichter, anerkannter klassischer Meister des Haiku.*

DIE BOTANISCHEN GÄRTEN DER TOKIO UNIVERSITY GRADUATE SCHOOL OF SCIENCE

⑦

Gärten für jeden Geschmack

3-7-1 Hakusan, Bunkyo-ku (東京都文京区白山 3-7-1)
Täglich 9–16:30 Uhr, außer Montag – fällt der Montag auf einen gesetzlichen Feiertag, ist der Park geöffnet, aber am folgenden Tag geschlossen; vom 29. Dezember bis 3. Januar geschlossen
15 Gehminuten entfernt vom Bahnhof Hakusan (白山), Toei-U-Bahn Mita-Linie

Die botanischen Gärten Koishikawa der Tokio University Graduate School of Science (東京大学大学院理学系研究科附属植物園) sind viel weniger touristisch als der nahe Koishikawa-Korakuen, mit dem sie manchmal verwechselt werden. Die Gärten sind gerade so weit von den nächsten U-Bahn-Stationen entfernt, um Besucher abzuschrecken, obwohl sie eine der attraktivsten Grünoasen der Stadt sind. Auf den knapp 16 Hektar ist für jeden etwas dabei: westliche Gärten, japanische Gärten, ein tropisches Gewächshaus, ein halbwilder Wald. Der Eintritt ist frei,

ein sehr kleiner Preis für Idylle im Herzen der Metropole. Das Gelände war im 17. Jahrhundert der Heilkräutergarten des Tokugawa-Shogunats und wurde dann unter dem 8. Shogun, Tokugawa Yoshimune[1], erweitert. Kurosawa Akiras[2] Film *Akahige* (赤ひげ – Roter Bart) aus dem Jahr 1965 spielt in der 1723 in den Gärten errichteten Klinik.

IN DER UMGEBUNG

Der Koishikawa-Bau, Museum der Universität Tokio ⑧

In der nordwestlichen Ecke der Gärten blickt ein äußerst elegantes Gebäude aus der frühen Meiji-Ära über den Teich im japanischen Garten: der Koishikawa-Bau des Museums der Universität Tokio (東京大学総合研究博物館小石川分館), früher das Hauptgebäude der medizinischen Fakultät. Es handelt sich um das älteste Gebäude der Universität aus dem Jahr 1875. Man kann den Bau leider nur von außen betrachten, da ein seismisches Gutachten auf mögliche bauliche Risiken hinweist. Der Anbau, in dem früher eine interessante Architekturausstellung untergebracht war, ist seit 2021 bis auf Weiteres geschlossen.

[1] 徳川綱吉, *1684–1751, Shogun von 1716 bis 1745.*
[2] 黒澤明, *1910–1998, Filmregisseur.*

DIE BLINDE ENMA-STATUE

9

Passen Sie auf Ihre Augen und Zähne auf!

Genkaku-Ji
2-23-14 Sekiguchi, Bunkyo-ku (東京都文京区関 2-23-14)
Täglich 7–17 Uhr
5 Gehminuten entfernt von der Station Kasuga (春日), Toei-U-Bahn-Linien Mita oder Oedo oder von der Station Korakuen (後楽園), Tokyo-Metro-Linien Namboku oder Marunouchi

Der Genkaku-ji (源覚寺), ein Tempel zwischen den Gebäuden entlang der Kasuga-Dori, bietet eine angenehme Mischung aus alten Traditionen (die sehr lebendig sind), die beim Gesundbleiben helfen sollen. Der Tempel ist als Konnyaku Enma (こんにゃく閻魔) bekannt, wo es Brauch ist, der Enma-Statue zum Dank *Konnyaku* („Teufelszunge" – Algenpaste) darzubringen. Der Brauch geht auf die Edo-Zeit zurück, als ältere Menschen mit schwindender Sehkraft nach dem Gebet zu Enma und der Darbringung von *Konnyaku* wieder gut sehen konnten. Man dachte, Enma würde ihnen seine Augen leihen. Beachten Sie, dass die Statue blind ist. Die etwa einen Meter hohe Statue aus Zypressenholz stammt aus der Kamakura-Ära und wurde im 17. Jahrhundert restauriert. Sie befindet sich nicht direkt am Eingang des schützenden *Enmado*, ist aber im Inneren deutlich sichtbar. Man kann jedoch nicht immer nahe herantreten. Ein Foto der Statue direkt vor dem *Enmado* zeigt, wo die *Konnyaku*-Opfergaben darzubringen sind.

In der Nähe des Tempelfriedhofs, rechts vom Enmado, schützt eine kleine Hütte zwei kopflose Jizo-Statuen vor dem Wetter und anderen Gefahren. Hier gilt es, die Statue zuerst mit einem Zauberstab zu berühren und dann das Körperteil, das schmerzt, mit Salz zu bestreuen.

Während der Enma besonders erfolgreich Augen heilt, heilen die beiden *Jizos* viele Dinge, vor allem Zahnschmerzen. Die Menge an Salz, die sich auf diesen beiden *Jizos* ansammelt, kann wirklich beeindruckend sein. Ein stehender Stein am Eingang zum Tempelgelände, der an der Basis abgewetzt und überdacht ist, ist ein *Hyakudo-Ishi* (百度石 – hundertmaliger Stein). Dieser 1852 errichtete Stein bildet den Ausgangspunkt für Gläubige, die das Tempelgelände 100 Mal besuchen möchten (百度参り – hundertmalige Pilgerreise), um die Wirkung ihres Gebets zu vervielfachen. Einige Kieselsteine (weniger als 100) liegen vor dem Stein, da Pilger bei jedem ihrer Besuche hier einen Kieselstein ablegen.

Eine Glocke auf Reisen

Die 1690 gegossene Tempelglocke hatte ein bewegtes Leben. Sie wurde 1844 nach einem Brand eingelagert und 1937 zu einem Tempel in Saipan (damals japanisches Territorium) geschickt. Von einer Kugel getroffen, verschwand sie 1944 im Chaos, nachdem die Insel an die Amerikaner gefallen war und ein Marinesoldat sie vermutlich als Souvenir mit nach Hause nahm. Ein Japaner fand sie 1965 schließlich in Texas und informierte den Tempel. Die Glocke wurde 1974 – 37 Jahre nach ihrem Verschwinden – zum Genkaku-ji zurückgebracht. Neben der Glocke steht die Bodhisattva-Statue, ein Denkmal für die Toten der von Japan kolonisierten Südseeinseln. Die Muscheln vor der Statue kommen aus den Gewässern rund um Saipan.

WASSERVERSORGUNGSMUSEUM ⑩

Wasser aus Edo

2-7-1 Hongo, Bunkyo-ku (東京都文京区本郷 2-7-1)
Täglich 9–17 Uhr, am 4. Montag des Monats geschlossen – fällt ein gesetzlicher Feiertag auf einen Montag, ist das Museum geöffnet, aber am folgenden Tag geschlossen; vom 28. Dezember bis 4. Januar geschlossen
Freier Eintritt
Englische Audio-Guides verfügbar, englischsprachiger Reiseführer für Gruppen nach Voranmeldung
5 Gehminuten entfernt von den Stationen Ochanomizu (御茶ノ水) oder Shin-Ochanomizu (新御茶ノ 水), JR-Linien Sobu oder Chuo, Tokyo-Metro-Linien Marunouchi oder Chiyoda

Dieses 1995 eröffnete und faszinierende Museum wurde 2009 renoviert und dokumentiert die umfassende Geschichte des Wasserversorgungssystems Tokios (東京都水道歴史館). Es behandelt eine der größten Herausforderungen der Stadt seit der Edo-Zeit: Die Versorgung einer Metropole mit Wasser. Es gibt jede Menge antike Holzrohre, Beispiele für die bei der Modernisierung der Stadt verwendeten Materialien in der Meiji-Zeit und ein paar beeindruckende Rohre aus der heutigen Zeit. Eine 1982 ausgegrabene Wasserpumpstation aus der Edo-Zeit ist ebenfalls zu sehen. Draußen findet sich hier die Nachbildung eines Teils des Aquädukts, das Kanda versorgte.

Unweit des Museums markiert ein Stein den Ort, wo das Kanda-Aquädukt mit einer Brücke den Kandawanga überspannte (掛樋 – *Kakehi*). Es wird auch auf einer anderen Stele auf der Sotobori-Straße, in 1-3 Hongo, quasi gegenüber dem Schulungszentrum für Lehrkräfte der Schulen in Tokio, erwähnt.

Zu finden sind auch einige Überreste des Sekiguchi-Damms, der den Fluss in der Nähe des Hotels Chinzanso im Edogawa-Park regulierte (s. S. 233).

Wasser für Edo

Nach seiner Ankunft in Edo 1590 arbeitete Ieyasu[1] daran, die Stadt mit Trinkwasser zu versorgen, da die wenigen Brunnen in der Nähe der Bucht den Bedarf nicht deckten, auch wenn das Wasser, das sie schöpften, nicht zu salzig war. Nachdem die ersten Leitungen verlegt waren (Koishikawa-Aquädukt), worüber es wenig Informationen gibt, ließ das Shogunat das Kanda-Aquädukt bauen: 20 Kilometer lang und um 1629 fertiggestellt, sollte es Quellwasser aus dem Inokashira-See nach Edo liefern. Dieses Aquädukt diente bis 1901 der Trinkwasserversorgung Tokios, zwei Jahre nach Fertigstellung des ersten modernen Trinkwassernetzes.

Die zweite große Wasserleitung, das Tamagawa-Aquädukt, stammt aus dem Jahr 1653. Sie bringt Wasser vom Tama nach Yotsuya, das 43 Kilometer entfernt liegt, obwohl das Gefälle nur etwa 100 Meter beträgt. Der obere Teil dieser Leitung wird nach wie vor verwendet.

Nach dem großen Brand von Meireki im Jahr 1657, der zwei Drittel der Stadt zerstörte (einschließlich des Burgfrieds der Edo-Burg, der nie wieder aufgebaut wurde) und Zehntausende tötete, versuchte das Shogunat, mehr Wasser in die Stadt zu bringen, und ließ vier weitere Aquädukte bauen, die allerdings nur einige Jahre genutzt wurden.

[1] 徳川家康 *Tokugawa Ieyasu, 1543–1616, 1. Shogun der Tokugawa-Dynastie.*

DIE MON-FLIESEN DES *AKAMON* IN TODAI ⑪

Eindringlinge am Tor

7-3-1 Hongo, Bunkyo-ku (東京都文京区本郷 7-3-1)
10 Gehminuten entfernt von der Station Todai-Mae (東大前), Tokyo Metro Nanboku-Linie, oder 10 Minuten entfernt von der Station Sanchome Hongo (本郷三丁目), Tokyo Metro Marunouchi-Linie; Toei-U-Bahn Oedo-Linie

Das anmutige *Akamon* (赤門 – Rotes Tor) der Universität von Tokio stammt aus dem Jahr 1827, als der Hongo-Campus noch die Hauptresidenz des Maeda-Clans von Kaga war. Es wurde für einen angemessenen Empfang bei der Ankunft einer neuen Braut für den Herrscher des Hauses, Maeda Nariyasu[1], erbaut, der Yasuhime[2], die 21. Tochter des 11. Shoguns Tokugawa Ienari, zur Frau nahm. Die Mon auf den Fliesen des Tores verbergen eine interessante Kuriosität. Sie finden die Embleme des Tokugawa-Clans natürlich auf den oberen Fliesen und jene des Maeda-Clans darunter. Aber achten Sie auf die „Eindringlinge" an der Ecke des Dachs (auf Höhe der *Onigawara* – 鬼瓦) und an den Wänden rund um das Tor. Auf diesen paar Fliesen ist das Schriftzeichen für „Bildung" in alter Schreibweise (學 – *Gaku*) eingraviert. Dieses Zeichen scheint besonders gut zu den Toren einer Universität zu passen, doch die Kacheln stammen natürlich erst aus der Edo-Ära. Der *Onigawara* fiel während des Erdbebens 1923 herunter und wurde in einem Stil ersetzt, der den neuen Funktionen des Standorts angemessen war.

IN DER UMGEBUNG

Geisterstufe in Yayoi ⑫

Auf 2-18 Yayoi, direkt hinter dem Yayoi-Campus, erhielt eine verblüffende Treppe den Beinamen „Geistertreppe" (お化け 階段). Beim Aufstieg zählt man 40 Stufen, auf dem Weg nach unten sind es seltsamerweise nur 39 … Die unterste Stufe ist besonders niedrig und befindet sich fast auf Bodenniveau: Geht man nach oben, achtet man darauf, den Fuß auf diese Stufe zu setzen und zählt sie deshalb mit. Geht man nach unten, fallen alle darauf herein.

Universitätsrestaurants auf dem historischen Campus Todai

Der Hauptcampus von Todai, Kompetenzzentrum unter den japanischen Universitäten, besteht aus drei miteinander verbundenen Bereichen: dem „historischen" Hongo-Campus, dem Yayoi-Campus, mit der landwirtschaftlichen Fakultät und dem Erdbebenforschungsinstitut, und dem kleinen Asano-Campus hinter Yayoi. Die Universitätskantinen sind öffentlich zugänglich, und man kann sich dort unter die Studenten mischen, ohne die Geldbörse zu belasten. Jedes Restaurant hat unter den Studenten seinen eigenen Fans: Für einige ist das Essen der landwirtschaftlichen Fakultät Yayoi gesünder, die Ungeduldigen mischen sich unter die Massen der riesigen Zentralkantine (中央食堂) in der Nähe des Auditoriums und Puristen probieren das Oyakodon (Hühnchen mit Eierreis), die Spezialität der Icho-Metro-Kantine (銀杏メトロ), früher Kantine Nr. 1 im Untergeschoss des Gebäudes Nr. 2 der juristischen Fakultät. Auch Kantine Nr. 2 (第二食堂), die eher ruhig und gut beleuchtet ist, hat ihre Anhänger. Seit Kurzem gibt es zudem einige große Kaffeehausketten auf dem Campus. Im zweiten Stock des 2009 eröffneten Fakultätshauses Mukogaoka (向ヶ 丘ファカルティハウス) befindet sich auf dem Yayoi-Campus sogar eine den eleganten Lokalen in der City ähnliche Bar mit exklusiver, gedämpfter Atmosphäre, in der sich das Universitätspersonal oder die Studenten entspannen. Die Straße Kototoi-Dori trennt den Yayoi-Campus von Asano und Hongo. Asano und Yayoi sind etwas neuer als Hongo und weniger pittoresk als ihr großer Bruder. Die Tribünen des Baseballfeldes nördlich von Yayoi gelten dennoch als wichtiges Kulturgut.

[1] 前田斉泰, *1811–1884, 12. und vorletzter Fürst des Maeda-Clans, einer der mächtigsten der Edo-Zeit.*
[2] 溶姫, *1813–1868.*

KITA
0
500
Oji-ekimae
Oji
Nishigahara
Kaminakazato
Arakawa-shakomae
1
2
Sumidagawa
Oku
3
Toden Arakawa
Arakawa-yuenchimae
Odai
Shinkansen Tohoku-Joestsu
JR Keihin-Tohoku
JR Yamanote
Komagome
ADACHI
Nippori-Toneri
Arakawa
Kumanomae
Tabata
ARAKAWA
Nishi-nippori
Shim-Mikawashima
Machiya
Keisei
Machiya-ekimae
Arakawa-nanachome
Sendagi
Nippori
4
Arakawa-nichome
Arakawa-kuyakushomae
Kita-senj
5
Nezu
7
Arakawa-itchumae
JR Joban, Yamanote
Minowabashi
6
Uguisudani
Minowa
18
Minami-senju
JR Joban
Tsukuba ...xpress
8
9
10
21
Iriya
UENO
19
Tsukuba ...xpress
Okachimachi
11
Inaricho
TAITO
16
Kanegaf
Asakusa
Tawaramachi
17
Shin-okachimachi
12
Sumidagawa
20
Asakusa
Tobu Skytree
Kuramae
15
Higahi-Mukojima
Hikifune
Keisei Oshiage
Tokyo Skytree
Honjo-azumabashi
14
13
SUMIDA
Oshiage
Ryogoku
JR Sobu
Tobu Kameido
Omurai
Morishita
Kinshicho
Higashiazuma
KOTO

Arakawa / Taito / Sumida

① STRASSENBAHNEN AUF DER ARAKAWA-LINIE *264*
② DIE BACKSTEINMAUER DES ARAKAWA YUEN *266*
③ DIE TOILETTEN DES OKU-BAHNHOFS *268*
④ DIE GRÄBER SEZIERTER LEICHEN IN YANAKA *270*
⑤ DIE BINBO-GA-SARU-STATUE *271*
⑥ DIE AUFGELASSENE STATION KEISEI HAKUBUTSUKAN-DOBUTSUEN *272*
⑦ KAN'EIJI-SAKA: EINE WEITERE AUFGELASSENE STATION AUF DER KEISEI-LINIE *273*
⑧ DAS GESICHT DES GROSSEN BUDDHA VON UENO *274*
⑨ DAS GRABMAL FÜR DIE TIERE DES ZOOS UENO *276*
⑩ DAS POLIZEIHÄUSCHEN UND DER BRIEFKASTEN IM ZOO VON UENO *277*
⑪ MUMIFIZIERTER *KAPPA*-ARM AM SOGEN-JI *278*
⑫ DIE VERBRANNTEN BÄUME VON SENSO-JI *280*
⑬ DER YOKOAMICHO-PARK *282*
⑭ DER SEE DER EHEMALIGEN YASUDA-GÄRTEN *284*
⑮ DAS SUMIDA HERITAGE MUSEUM *286*
⑯ DAS SHIRAHIGE-HIGASHI *DANCHI* *288*
⑰ DER IMADO-SCHREIN *290*
⑱ DENKMAL FÜR DIE PROSTITUIERTEN VON YOSHIWARA IM JOKAN-JI *292*
⑲ DIE JOE-STATUE IN SAN'YA *294*
⑳ UMGEBAUTE TAMANOI-CAFÉS *295*
㉑ ÜBERRESTE DER HINRICHTUNGSSTÄTTE KOZUKAPPARA *296*

STRASSENBAHNEN AUF DER ARAKAWA-LINIE ①

Lust, eine Straßenbahn zu mieten?

Vermietung: 10–15 Uhr
Reservierungen und Anfragen: Metropolitan Government Bureau of Transportation (東京都交通局)
03-3893-7451
Kotsu.subway.tokyo.jp/toden/kanren/kashikiri.html
Von Waseda (早稲田) bis Minowabashi (三ノ輪橋)

Die Arakawa-Linie bietet einen ungewöhnlichen Zeitvertreib: Man kann eine Straßenbahn für einen Tagesausflug mieten (mit kurzen Stopps an den Haltestellen), zu einem für Gruppen durchaus vernünftigen, ja günstigen Preis, und sich die Straßenbahn dabei sogar aussuchen.

Arakawa, Tokios letzte Straßenbahnlinie

Die Arakawa-Linie (都電荒川線), ein oft vergessenes Überbleibsel des großen Straßenbahnnetzes, durchquerte, von den lokalen Behörden betrieben, in den 1960er-Jahren die Stadt. Neben der von Tokyu betriebenen Setagaya-Linie ist dies die einzige noch als Straßenbahnlinie klassifizierte Strecke in Tokio. Im Gegensatz zur Setagaya-Linie, die auf einem speziellen Gleis fährt, teilt sich die Arakawa-Linie einen Teil der Strecke mit dem Straßenverkehr – 500 Meter zwischen den Stationen Asukayama und Oji auf der Meiji-Dori. Also ist sie auf etwa einem halben Kilometer die einzige „echte" Straßenbahn. Der Waggon windet sich in knapp einer Stunde zwischen Minowa und Waseda durch kleine Wohnviertel und ist das ideale Transportmittel, um die zwölf Kilometer tiefstes Tokio nördlich von Yamanote zu erkunden. Die kurze Fahrt und der Blick auf die Modelle in der Remise lässt die Atmosphäre des Nachkriegs-Tokios wiederaufleben, einfach und ohne Schnickschnack, fernab vom explosiven Neonerlebnis des Stadtzentrums. Die Remise nimmt den gesamten Block in 8-33 Nishi-Ogu (nächste Station: Arakawa-Shako-Mae) ein, vor dem ein kleiner Platz, Toden Omoidehiroba (都電おもいで広場 – Ort der Erinnerung), frei zugänglich ist. Zwei Straßenbahnen, die direkt nach dem Krieg im Einsatz waren, sind zusammen mit einem Diorama über das Leben in den 1950er-Jahren ausgestellt.

DIE BACKSTEINMAUER DES ARAKAWA YUEN

②

Überreste einer ehemaligen Ziegelei

6-34, 6-20, 6-21 Nishi-Ogu, Arakawa-ku (東京都荒川区西尾久 6-34, 6-21, 6-20)
5 Gehminuten entfernt von der Station Arakawa-Yuenchimae (荒川遊園地 前),
Toei Arakawa-Straßenbahn

Unweit des Arakawa-Yuen-Parks stehen rote Backsteinmauern auf dem Gelände einer ehemaligen Ziegelei aus dem frühen 20. Jahrhundert unauffällig im Hintergrund. Entlang des Flusses Sumida war der Norden von Arakawa früher ein Industriegebiet, in dem die ersten Vororte sowie die ersten Fabrikschlote der Meiji-Ära entstanden. Ein paar Werkstätten hier und da in den engen Gassen erinnern daran, dass dieses Gebiet nicht ausschließlich ein Wohngebiet ist. Seit Beginn der Meiji-Zeit standen vier Ziegelwerke am Flussufer, die von der leichten Erreichbarkeit der Stadt profitierten.

Diese seltsame, über 200 Meter lange Mauer ist ein Relikt eines der Ziegelwerke, Hirooka, das 1895 eröffnete und 1921 abbrannte. Ein guter Teil des Geländes konnte jedoch wiederbelebt werden: 1922 wurde es als privater Freizeitpark, aus Mangel eines passenderen Wortes Arakawa Yuen genannt (あらかわ遊園), mit einem Kino, Restaurants und einer Teestube saniert.

Es gibt mehrere Vergnügungsparks in der Stadt, angeführt vom bekannten Hanayashiki. Arakawa Yuen am Ufer des Sumida, heute der einzige öffentliche Park, der direkt vom Bezirk verwaltet wird, ist viel weniger bekannt, wird aber unter Zehnjährige begeistern. Mit einer Geschichte von fast 100 Jahren und mehreren Renovierungen (die aktuellste 2022) hat sich der Park sehr gewandelt. Er wechselte vom Privatbesitz in die öffentliche Hand und umfasst jetzt mehrere kleinere Attraktionen, einfach, einfallsreich und unprätentiös.

DIE TOILETTEN DES OKU-BAHNHOFS

③

Auffälliges Design

JR-East-Bahnhof

Der Name des JR-East-Bahnhofs, der 1929 eröffnet wurde, um das damalige Dorf Ogu (尾久村) zu bedienen, wird eher „Oku" ausgesprochen. Die größte Attraktion dieses Bahnhofs, einer der am wenigsten genutzten des JR-East-Netzes, ist das Erscheinungsbild der öffentlichen Toiletten auf dem Parkplatz vor dem Bahnhof in 1-2-17 Showamachi: In einem recht auffälligen Design für einen Bahnhof dieser Art bildet ein kleines Gebäude die Buchstaben O K U. Die Damentoiletten befinden

sich im O, die der Herren im U und das Behinderten-WC im K. Das Gebäude steht direkt hinter dem *Koban* und einem Supermarkt. In der Nähe des Eingangs kann man es auf der Ostseite des Parkplatzes nur schwer übersehen. Das Dorf Ogu war im frühen 20. Jahrhundert ein ländlicher Vorort mit einigen *Ryotei*, *Ryokan* und sogar ein paar *Onsens* – eine Oase, die schließlich von der Metropole verschluckt wurde. Das Zentrum lag rund um die Straßenbahnstationen Odai, Miyanomae und Kumanomae. Eine neu entdeckte heiße Quelle wurde ab 1914 genutzt. Obwohl der Industrieboom der Nachkriegszeit und die langsam versiegenden Quellen Ogu zusetzten, durchstreiften Geishas das Viertel bis in die 1960er-Jahre. Das Platzen der Wirtschaftsblase war das Ende Ogus. Es gibt ein paar Restaurants und *Ryotei*, aber keine traditionellen *Ryokan*, und vom glorreichen Trubel von einst ist nur wenig geblieben. Ogu wurde dem Rest der Stadt einverleibt und strahlt jetzt vor allem Ruhe aus.

DIE GRÄBER SEZIERTER LEICHEN IN YANAKA ④

Tausende der Wissenschaft überlassene Körper

7-16 Yanaka, Taito-ku (東京都台東区谷中 7-16)
Rund um die Uhr zu besichtigen
5 Gehminuten entfernt vom Bahnhof Nippori (日暮里), JR-Linien Yamanote, Keihin-Tohoku, Joban, Keisei Honsen; Toei-U-Bahn, Nippori-Toneri-Liner

Bei den Gräbern des Tenno-ji (地蔵尊前横断) auf der Nordseite des Yanaka-Friedhofs, etwa 50 Meter rechts, wenn man die Grabreihen über den Pfad betritt, der gegenüber dem *Jizo* vor dem Tempel beginnt, sieht man drei Gräber mit der Aufschrift *Senninzuka* (千人塚 – Stele der tausend Personen). 1881, 1892 und 1913 errichtet, ist jeder Grabstein 1.000 Personen gewidmet, die für die wissenschaftliche Forschung an der Medizinischen Fakultät der Universität Tokio seziert wurden.

Beachten Sie die eigentümliche Schreibweise des Zeichens für „Stele" (*Zuka*, normalerweise 塚, hier 冢), ohne das Symbol für Erde (土). Das ist Absicht und bedeutet, dass die Leichen nicht der Erde übergeben, sondern für die Wissenschaft genutzt wurden. An den Seiten der Grabsteine erinnern altehrwürdige Inschriften an den Ursprung dieser Gräber.

Etwas westlich der drei Stelen steht über einem Ossarium eine elegante kleine Pagode für die Überreste der Sezierten der Medizinischen Fakultät bis 1875. Die Anfänge des Anatomiestudiums an der Universität Tokio gehen auf Taguchi Kazuyoshi[1] zurück, einem der ersten Ärzte des Landes und Autor der ersten original japanischen Abhandlungen über Anatomie. Taguchi, der für seine Dissektionen lebte, galt als von der Außenwelt abgeschieden: So soll er bis zur Unterzeichnung des Vertrags von Shimonoseki am 17. April 1895 nichts vom Chinesisch-Japanischen Krieg (1894–1895) gewusst haben.

„Hügel zum Fuji"

Nördlich des Yanaka-Friedhofs führt die Einkaufsstraße Yanaka Ginza mit ihren traditionellen Läden zum Bahnhof Nippori. Die Straße wird von einer Treppe unterbrochen, die für ihren Blick auf den Sonnenuntergang bekannt ist. Trotz ihres antiquierten Looks begann Yanaka Ginza erst nach dem Krieg zu florieren. Unweit der Treppe ist die Tempelanlage von Hoko-ji als Hügel zum Fuji (富士見坂) bekannt. Einer der wenigen Orte in Yamanote, an denen der Fuji, außer von einem Hochhaus, von Tokio aus gesehen werden konnte. Doch seit 2013 ist durch den Ausbau der Wohngebiete nach Westen ein Großteil der Aussicht blockiert.

[1] 田口和義, *1839–1904.*

DIE BINBO-GA-SARU-STATUE

⑤

Eine von einem Videospiel inspirierte Tempelstatue

1-5-34 Yanaka, Taito-ku (東京都台東区谷中 1-5-34)
Friedhof: täglich 9–17 Uhr
10 Gehminuten entfernt von der Station Nezu (根津), Tokyo Metro Chiyoda-Linie

Im Herzen der traditionellen Straßen von Yanaka werden Gläubige und Besucher des Myosen-ji zwischen den vielen Tempeln von einer äußerst ungewöhnlichen Statue namens Binbo Ga Saru Zo (貧乏が去る像 – Statue der sich verabschiedenden Armut) begrüßt. Diese stellt einen Binbogami (貧乏神), einen Geist der Armut mit einem Affen (猿 – *Saru*) auf dem Kopf dar. Ihr Name ist ein Wortspiel, da *Saru* auch „Abschied" bedeutet. Um den Binbogami zu verjagen, der in jedem steckt, muss man zuerst die ihm gewidmete Statue und dann den Affen streicheln. Das Design der 2003 errichteten Statue erinnert an die Binbogami-Videospielserie *Momotaro Dentetsu*. Sie wurde sogar genutzt, um die 12. Staffel der Serie zu bewerben. Der Tempel stammt aus dem 17. Jahrhundert, doch diese Statue ist ein Beweis dafür, dass sich der Buddhismus bei Bedarf an aktuelle Trends anpassen kann: Es werden Sparschweine im selben Stil verkauft.

Momotaro Dentetsu

Für diese außerhalb Japans praktisch unbekannte Serie, die auf einem Videospiel basiert, das 1988 für Famicom (NES in Europa) entwickelt wurde, produzierte man auf dem heimischen Markt über 20 Episoden, und sie wurde für viele Konsolen und Mobiltelefone adaptiert. Das Spiel mit seiner Comicgrafik ähnelt einem Brettspiel, bei dem jeder Spieler reich werden muss, indem er mit japanischen öffentlichen Verkehrsmitteln fährt.

DIE AUFGELASSENE STATION KEISEI HAKUBUTSUKAN-DOBUTSUEN

6

Eine Station mit jeder Menge Problemen

13-23 Ueno-koen, Taito-ku (東京都台東区上野公園 13-23)
10 Gehminuten entfernt von den Bahnhöfen Ueno (上野) und Keisei Ueno (京成上野), JR-Linien Yamanote, Keihin-Tohoku oder Joban Utsunomiya; Tokyo-Metro-Linien Ginza, Hibiya, Shinkansen oder Keisei Honsen
Rund um die Uhr zu besichtigen

Das kleine Gebäude mit dem Pyramidendach neben dem Tokioter Nationalmuseum in Ueno führt zur 1933 eröffneten U-Bahn-Station Keisei Hakubutsukan-Dobutsuen (京成博物館動物園 – Museum und Zoo). Trotz eines auf dem Papier attraktiven Standorts ist die Zahl der Besucher im Laufe der Jahre zurückgegangen. Zu nahe am

riesigen Ueno-Bahnhof, von Nahverkehrszügen schlecht bedient, zu kurz, um die langen Wagen moderner Züge aufzunehmen, hatte die Station zahlreiche Probleme angehäuft. Ab 1997 wurde sie nicht mehr von Zügen angefahren, bevor man sie 2004 endgültig schloss.

Die Bronzelampe an der schönen Fassade des Gebäudes wurde im Jahr 2010, das Gebäude selbst 2018 restauriert.

Unter der Erde ist dieser Streckenabschnitt schwach mit Neonlichtern beleuchtet. Die Bahnsteige mit ihren teils gelb bemalten Wänden sind auf der linken Seite von den Zügen aus noch deutlich sichtbar. Auch die Eingänge und einige Schilder für Passagiere sind leicht zu erkennen. Das Stationsgebäude ist geschlossen, und die Bahnsteige sind normalerweise nicht zugänglich.

IN DER UMGEBUNG

Kan'eiji-Saka: eine weitere aufgelassene Station auf der Keisei-Linie (7)

Nur 500 Meter nach der Station Keisei Hakubutsukan-Dobutsuen, bei 2-4-6 Ueno-Sakuragi, liegt ein altes Lagerhaus, eigentlich das Kan'eiji-Saka-Bahnhofsgebäude (寛永寺坂), das Kan'eiji bediente, einen der beiden *Bodaiji* (buddhistischen Bodhi-Tempel) von Tokugawa. Wie Hakubutsukan-Dobutsuen wurde der Bahnhof 1933 eröffnet, aber 1953 aufgelassen (Züge hielten dort schon seit 1947 nicht mehr). Heute ist der Bahnhofsplatz ein Parkplatz.

Die unterirdischen Bahnsteige sind verschwunden. Der Zug fährt ziemlich schnell hier vorbei und die Beleuchtung ist schwach, aber sieht man auf der Keisei-Linie zwischen Keisei Ueno und Nippori genau hin, kann man Veränderungen bei den Mustern an den Wänden mit ihrer holzgetäfelten Basis erkennen.

Auf der Keisei-Linie von Nippori in Richtung Ueno erscheint die Station wenige Sekunden, nachdem der Zug in den Tunnel eingefahren ist.

Es gibt noch weitere aufgelassene Stationen und Bahnsteige in Tokio, insbesondere in Omotesando und Manseibashi (s. S. 17).

DAS GESICHT DES GROSSEN BUDDHA VON UENO

⑧

Ein Buddha, der beim Bestehen der Prüfungen hilft

4-8 Ueno-koen, Taito-ku (東京都台東区上野公園 4-8)
Täglich 10–16 Uhr
5 Gehminuten entfernt von den Bahnhöfen Ueno (上野) und Keisei Ueno (京成上野), JR-Linien Yamanote, Keihin-Tohoku, Joban oder Utsunomiya; Tokyo-Metro-Linien Ginza, Hibiya, Shinkansen oder Keisei Honsen

Versteckt zwischen den Bäumen des Ueno-Parks, in der Nähe der Glocke (*Toki No Kane* – 時の鐘, s. S. 19) hinter dem Gojoten-Schrein, befindet sich ein riesiges Buddha-Gesicht. Diese rundliche und barmherzige Figur ist alles, was vom Großen Buddha von Ueno (上野大仏), der die Umgebung mit seinen sechs Metern Höhe bis 1923 beherrschte, übrig geblieben ist.

Eine frühere, fast drei Meter große Gipsstatue wurde 1631 von Hori Naoyori[1], Fürst der Ländereien um Niigata, aufgestellt, um die Kriegsopfer zu besänftigen. Sie wurde bei einem Erdbeben im Jahr 1647 zerstört. Ende des 17. Jahrhunderts errichtete man eine neue und größere Bronzestatue. 1841 zerstörte ein Brand das Gebäude, das die Statue beherbergte, und diese wurde dabei beschädigt. Trotz rascher Restaurierungsarbeiten war es beim nächsten Mal der Kopf, der bei einem Erdbeben im Jahr 1855 herunterfiel, bevor sie abermals restauriert wurde. Das Gebäude, das die Statue schützte, wurde 1873 abgerissen, als man den Ueno-Park für die Allgemeinheit öffnete. Der Kopf der Statue fiel ein letztes Mal beim Großen Kanto-Erdbeben von 1923 herunter, und der Körper sowie die Basis wurden für den Krieg eingeschmolzen. Schließlich brachte man das Gesicht des Buddha 1972 an seinem aktuellen Platz an. Unter dem Gesicht befinden sich zwei Fotos der Statue aus der Zeit, als sie noch intakt war.

Das Berühren dieser Statue soll Glück bringen – viermal die Prüfungen der Zeit zu überdauern (wenn auch mit begrenztem Erfolg), brachte der Statue den Spitznamen „Großer Buddha des Erfolgs" (合格大 仏) ein. Daher die gelegentlichen Besuche von Studenten, die sich auf ihre Prüfungen vorbereiten.

[1] 堀直寄, *1577–1639.*

DAS GRABMAL FÜR DIE TIERE DES ZOOS UENO

(9)

Tiere, ruhet in Frieden

9-83 Ueno-koen, Taito-ku (東京都台東区上野公園 9-83), Ueno Zoo
Täglich 9:30–17 Uhr, vom 29. Dezember bis 1. Januar und montags geschlossen (mit Ausnahmen) – fällt ein gesetzlicher Feiertag auf einen Montag, ist der Zoo geöffnet, aber am folgenden Tag geschlossen
10 Gehminuten entfernt von den Bahnhöfen Ueno (上野) und Keisei Ueno (京成上野), JR-Linien Yamanote, Keihin-Tohoku, Joban oder Utsunomiya; Tokyo-Metro-Linien Ginza, Hibiya, Shinkansen oder Keisei Honsen

Neben dem Elefantengehege von Japans ältestem Zoo ersetzt das Denkmal für seine toten Tiere (動物慰霊碑) das erste Denkmal, das 1931 neben dem Käfig der Gibbons errichtet wurde. Die heutige Version mit Schleife und Eule stammt aus dem Jahr 1975, dem Jahr der Renovierung des Zoos. Die Schleife symbolisiert Tierliebe, während die Eule die Geister der toten Tiere schützt. Unter dem Denkmal prangt die Inschrift *Dobutsuyo, Yasurakani* (動物よ安ら かに – Tiere, ruhet in Frieden).

Die Platte vor der Gedenkstätte ist oft aufwändig dekoriert, da Schulkinder manchmal Origami oder bunte Botschaften hinterlassen.

Vergiftet, ausgehungert oder erwürgt

Das erste Denkmal erinnerte unter anderem an die während des Zweiten Weltkriegs getöteten Tiere. Im August 1943 befahl die Stadtregierung wegen der Gefahr, dass Tiere nach einem Bombenanschlag aus ihren Käfigen entkommen könnten, dem Zoo, seine Bewohner einzuschläfern. 27 Tiere verschiedener Spezies (Python, Bär, Löwe usw.), die als gefährlich galten, wurden vergiftet, ausgehungert oder erwürgt, angeblich, um sie nicht erschießen zu müssen und keine Zivilisten zu erschrecken. Eine kurze Zeremonie fand im September 1943 statt. Das tragische Schicksal der drei Maskottchen-Elefanten John, Wanly und Tonky, die man verhungern ließ, war nach Kriegsende sogar Gegenstand eines Kinderbuchs. Andere Tiere, darunter Nilpferde, verhungerten nach dem Bombenanschlag von 1945 ebenfalls. Der Ueno-Zoo brauchte Jahre, um sich wieder zu erholen.

IN DER UMGEBUNG

Das Polizeihäuschen und der Briefkasten im Zoo von Ueno ⑩

Der *Koban* des Ueno-Zoos, der 1990 von dem Architekten Kurokawa Tetsuro[1] erbaut wurde und nur wenige Meter vom Eingang und den Ticketschaltern entfernt liegt, ist eine ziemlich interessante geometrische Konstruktion. Mitten im Park mit seinen einmaligen Nationalmuseen und anderen historischen Sehenswürdigkeiten fällt der sehr originelle *Koban*, der von Wald und Holz (杜 – *Mori*) inspiriert ist, kaum auf. Dasselbe gilt für den schwarz-weißen Briefkasten in Form eines Pandas, der 2011 am Eingang des Zoos aufgestellt wurde. Er ist sehr naturgetreu: Auf der Rückseite hat er sogar einen kleinen Schwanz.

[1] 黒川哲郎, *1943–2013.*

MUMIFIZIERTER *KAPPA*-ARM AM SOGEN-JI

11

Überall Kappa

Im Kappa-Do des Tempels
3-7-2 Matsugaya, Taito-ku (東京都台東区松が 谷 3-7-2)
Täglich 9–17 Uhr
Um den Kappa-Do zu besichtigen, wo die Mumie aufbewahrt wird, sollten Sie mindestens einen Tag vorher im Tempel anfragen
03-3841-2035
10 Gehminuten entfernt vom Bahnhof Asakusa (浅草), Tokyo Metro Ginza-Linie, Toei-U-Bahn Asakusa-Linie; Isezaki (Tobu Skytree)

Auf halbem Weg durch das Straßennetz zwischen Ueno und Asakusa, unweit der Straße Kappabashi mit ihren Küchenutensilien, bewahrt der Sogen-ji einen „mumifizierten Kappa-Arm“ (siehe Kasten)

auf. Das mumifizierte Körperteil des legendären Wesens, das man Anfang des 20. Jahrhunderts zufällig in einem Lagerhaus entdeckte, wurde dem Tempel vermacht. Auf der Abdeckung des Schutzgehäuses steht, dass dies der Arm eines *Suiko* (水虎) sei, eine bestimmte Art von *Kappa*. Man kann die gekrümmten Finger und Nägel auf der kleinen weißen Hand deutlich sehen. Der Arm wird im Kappa-Do, einem kleinen Anbau des Tempels, ausgestellt, wo man auch diverse Geschenke und Zeichnungen für den *Kappa* findet, unter anderem einige Originalzeichnungen von Manga-Meistern wie Tezuka Osamu[1]. Die Hand des *Kappa* ist von außen sichtbar, aber melden Sie im Tempel an (mindestens einen Tag vor Ihrem Besuch), dass Sie den Kappa-Do betreten und die Zeichnungen an der Decke besichtigen möchten. Besucher werden begleitet.

Wie jeder weiß, mag der *Kappa* Gurken sehr gerne. Manchmal findet man dieses Gemüse auf der Opferbox vor dem Kappa-Do … Im Tempel befinden sich weitere Kappa-Statuen, unter anderem neben dem Eingang eine ziemlich kunstvolle, schlanke mit dem Titel *Kappa No Gichan* (かっぱ のぎーちゃん – Gichan, der Kappa). Sein langes Steingesicht ist eindeutig eine Mischung aus Gurke und Kappa.

Der Sogen-ji wurde Ende des 16. Jahrhunderts gegründet und Mitte des 17. Jahrhunderts an seinen heutigen Standort verlegt. Die Verbindung des Tempels zu der legendären Kreatur geht auf das frühe 19. Jahrhundert zurück, als dort das Grab eines reichen lokalen Kaufmanns namens Kihachi Kappaya[2] eingerichtet wurde. Mit eigenen Mitteln hatte Kihachi Grabungen für den Shinhorikawa-Kanal veranlasst, um, zur Freude der Anwohner, das tief gelegene Gebiet vor Überschwemmungen zu schützen. Es heißt, Kihachi habe einen *Kappa* aus dem Sumida-Fluss gerettet, und die *Kappas* halfen ihm daraufhin, die schwierigen Bauarbeiten zu vollenden. Kihachis Grab befindet sich am Fuße der Treppe zum *Kappa*-Do. Im Inneren, neben dem mumifizierten Arm, sieht man eine Illustration, auf der die Kappas Kihachi helfen, sowie ein altes Foto des Viertels zur Zeit des Kanalbaus. In 2-25-9 Matsugaya steht auch eine goldene Statue zum Gedenken an die Legende.

Der Kappa *(*河童*)*

Als mythisches Flusswesen, oft als Mensch oder Affe dargestellt, mal frecher Schelm, mal böse und gefährlich, ist der *Kappa* eine der repräsentativsten Figuren der japanischen Folklore. Zahlreiche *Kappa*-Mumien stammen aus der Edo-Zeit. Für sie wurden die Überreste von Ottern oder eine Mischung aus verschiedenen Tieren genutzt.

[1] 手塚治虫, *1928–1989, einer der einflussreichsten Mangakünstler Japans, Autor von* Astroboy, Kimba, der weiße Löwe *und* Black Jack.
[2] 合羽屋喜八, *?–1814.*

SENSO-JI VERBRANNTE BÄUME ⑫

Überlebende des Bombenanschlags von 1945

2-3-1 Asakusa, Taito-ku (東京都台東区浅草 2-3-1)
Tempelbezirk: rund um die Uhr zu besichtigen
5 Gehminuten entfernt vom Bahnhof Asakusa (浅草), Tokyo Metro Ginza-Linie, Toei-U-Bahn Asakusa-Linie; Isezaki (Tobu Skytree-Linie)

Innerhalb der Mauern des berühmten Senso-ji in Asakusa überlebten über ein Dutzend Bäume das Bombardement vom März 1945, obwohl dieser Tempel – der älteste der Stadt – fast dem Erdboden gleichgemacht wurde. Die Narben an diesen wenigen vergessenen Überlebenden zeugen von der Gewalt dieses Ereignisses. Am auffälligsten ist ein großer Ginkgobaum, der wenige Meter südwestlich des 1958 wiederaufgebauten *Hondo* steht, direkt vor dem Polizeihäuschen neben dem Nitenmon-Tor. Der Baum scheint sehr gesund zu sein, doch sieht man sich den Stamm genauer an, erkennt man die schwarzen Brandmale von 1945.

Andere Bäume im Tempel erlitten dasselbe Schicksal, zum Beispiel jene vor der fünfstöckigen Pagode oder direkt hinter dem *Hondo*. An ihren Stämmen gibt es auffällige Unterschiede: Auf dem verbrannten Teil des Baumes ist der Stamm ganz glatt, während der nach dem Krieg gewachsene Teil mit rauer Rinde bedeckt ist.

Die Bäume, die den Krieg überstanden haben, sind sehr alt. Halten Sie also nach den dicksten Stämmen Ausschau, um die versehrten Bäume zu finden und den Menschenmassen für ein paar Momente zu entkommen.

DER YOKOAMICHO-PARK

⑬

Eine der ergreifendsten Gedenkstätten der Stadt

2-3-25 Yokoami Sumida, Tokyo (東京都墨田区横網 2-3-25)
Park: rund um die Uhr geöffnet
Museum: 9–17 Uhr täglich, außer Montag – fällt ein gesetzlicher Feiertag auf einen Montag, ist der Park geöffnet, aber am folgenden Tag geschlossen; vom 29. Dezember bis 3. Januar geschlossen
Freier Eintritt
5 Gehminuten entfernt vom Bahnhof Ryogoku (両国), JR-Linien Sobu oder Chuo, Toei-U-Bahn Oedo-Linie

Der Yokoamicho-Koen (横網町公園) unweit des Sumo-Nationalstadions sieht nach nichts Besonderem aus, dennoch ist er einer der bedeutendsten und bewegendsten Parks der Stadt. Ein Spaziergang entlang einer, außer bei den Gedenkzeremonien (10. März für die Opfer der Bombenangriffe, 1. September für das Erdbeben) wenig besuchten Route wird Sie nicht gleichgültig lassen.

Das „spirituelle Denkmal" der Metropole Tokio ist ein elegantes Gebäude aus den 1930er-Jahren, das von einer Pagode überragt wird.

Der Park war Schauplatz eines Massakers: Am 1. September 1923 fanden dort, als der Park noch im Bau war, Zehntausende Tokioter

nach dem Großen Kanto-Erdbeben Zuflucht. Umgeben von Flammen, die durch das Erdbeben ausgelöst worden waren, wurde er schnell von einem Feuersturm erfasst. Allein in diesem Park starben etwa 38.000 Menschen, fast die Hälfte der Erdbebenopfer in Tokio. Das 1930 errichtete Denkmal wurde von Ito Chuta[1], Architekt des Hongan-ji in Tsukiji, entworfen. Man setzte die Asche von 58.000 Erdbebenopfern in der Tempelpagode bei, die als Ossarium diente.

15 Jahre später, in der Nacht vom 9. auf den 10. März 1945, war die „Operation Meetinghouse“ beim tödlichsten Luftangriff des Zweiten Weltkriegs und der Weltgeschichte vor Hiroshima, Nagasaki und Dresden für weitere 100.000 Opfer verantwortlich (s. S. 281). Die Leichen, die man hastig in den Stadtparks begrub, wurden schließlich 1948 exhumiert und eingeäschert. Ihre Asche wurde an der Gedenkstätte, die heute die letzte Ruhestätte für über 160.000 Opfer der großen Katastrophen der Stadt ist, erneut beigesetzt.

Direkt vor der Gedenkstätte erinnert ein den Opfern des Bombenangriffs gewidmetes Denkmal an die Namen der Toten. Im Park befindet sich auch ein Stein, der der Koreaner gedenkt, die nach dem Erdbeben von 1923 von Mobs und Milizen massakriert wurden, da sie als die Wurzel des Übels galten.

Am Rand des Parks befasst sich das Erdbeben-Gedenkmuseum von Kanto (東京都復興記念館) vor allem mit den Auswirkungen des Erdbebens, beherbergt aber auch einige Exponate zum großen Bombardement. Der Besuch ist kostenlos, ergreifend und ungeschönt.

[1] *伊東忠太, 1867–1954, Historiker und Architekt, auch verantwortlich für den Heian-Jingu-Schrein in Kyoto und den Wiederaufbau des Yushima Seido (Heilige Halle von Yushima, ein konfuzianischer Tempel aus der Edo-Zeit) im Bezirk Bunkyo.*

DER SEE DER EHEMALIGEN YASUDA-GÄRTEN

⑭

Eine Pumpe, die die Gezeiten imitiert

1-12-1 Yokoami, Sumida-ku (東京都墨田区横網 1-12-1)
Täglich 9–16:30 Uhr, außer 29. Dezember bis 1. Januar; im Juni, Juli und August (außer am Tag des Sumida-Feuerwerksfestes) bis 18 Uhr geöffnet
Freier Eintritt
5 Gehminuten entfernt vom Bahnhof Ryogoku (両国), JR Sobu-Linie, Toei-U-Bahn-Linien Oedo oder Chuo

Die ehemaligen Yasuda-Gärten (旧安田庭園), die sich auf dem Gelände eines Herrenhauses befinden, das der Meiji-Bauunternehmer Yasuda Zenjiro[1] erwarb, sind weder weitläufig noch erhaben, aber edel genug für einen Umweg – zum Beispiel nach einem Sumo-Kampf.

Der See war in der Edo-Zeit mit dem Sumida-Fluss verbunden. Mithilfe einer Pumpe wurden die Gezeiten nachgeahmt, um das Aussehen des Wassers im Herzen der Gärten je nach Tageszeit subtil verändern zu können. In einer Ecke spiegelte sich das elegante, runde Gebäude Ryogokukoukaido (両　国公会堂) im See. Es stammte aus der Taisho-Ära und wurde während der alliierten Besatzung als Unterhaltungsstätte genutzt. Seine unzureichende Erdbebenfestigkeit führte 2015 zu seinem Abriss. Das kleine faszinierende japanische Schwertmuseum wurde 2018 hier in einem neuen Gebäude eröffnet und zeigt ein Modell des Ryogokukoukaido.

Honjo, ein zweifach erschütterter Bezirk

Der Bezirk Sumida entstand aus der 1947 durchgeführten Fusion zwischen den Bezirken Honjo und Mukojima. Honjo im Süden war während der Meiji-Zeit der östlichste Bezirk Tokios und wurde zweimal fast vernichtet: 1923 beim Großen Kanto-Erdbeben und 1945, als Brandbomben auf die Stadt niederregneten. Das Dai-Ichi-Hotel Ryogoku steht an der Stelle des früheren Rathauses.

[1] 安田善次郎, *1838–1921, Gründer des Yasuda Zaibatsu aus dem 19. Jahrhundert, eines der mächtigsten im Land, bis es nach dem Krieg aufgelöst wurde. Die Mizuho-Bank ist ein Ableger.*

DAS SUMIDA HERITAGE MUSEUM ⑮

Die Bedeutung des Flusses wiederentdecken

2-3-5 Mukojima, Sumida-ku (東京都墨田区向島 2-3-5)
Täglich 9–17 Uhr, außer Montag – fällt ein gesetzlicher Feiertag auf einen Montag, ist das Museum geöffnet, aber am folgenden Tag geschlossen; am 4. Mittwoch des Monats geschlossen – fällt ein gesetzlicher Feiertag auf einen Mittwoch, ist das Museum geöffnet, aber am folgenden Tag geschlossen; vom 29. Dezember bis 2. Januar geschlossen
10 Gehminuten entfernt von der Station Tokyo Skytree/Oshiage (とうきょうスカイツ リー/押上), Isezaki (Tobu-Skytree-Linie), Tokyo Metro Hanzomon-Linie, Toei-U-Bahn-Linien Asakusa, Keisei Oshiage oder Keisei Honsen

Am Beginn der Kenban-Dori wird das Sumida Heritage Museum (す みだ郷土文化資料館) in 2-3-5 Mukojima von der Gemeinde verwaltet. Sumida ist vielleicht nicht Tokios historisch bedeutendster Stadtteil, aber der gleichnamige Fluss nimmt in der Stadt eine Schlüsselrolle ein, daher ist dieses kleine Museum interessant. Seit Oktober 1989 ist der Fluss Partner der Seine, was viel darüber aussagt, wie wichtig er den Tokiotern ist. Der Fluss, der bis ins 17. Jahrhundert als Grenze zwischen den Provinzen Musashi und Shimousa diente, ist reich an Anekdoten und Symbolik. Das Museum präsentiert faszinierende Details über das Leben am Fluss und die historische Rolle der Azuma-Brücke gegenüber von Asakusa und fasst die Schäden zusammen, die durch den Brandbombenanschlag von 1945 verursacht wurden. Durch die Hauptausstellungen ist man in etwa einer halben Stunde durch, aber aufgrund des geringen Eintrittspreises werden Sie einen Besuch nicht bereuen.

Die diskreten Kagai *von Mukojima*

Kyoto ist im Ausland besser für die traditionellen weiblichen Unterhalterinnen bekannt, die Geishas (wörtlich „Kunstmensch") genannt werden. Doch Tokio hat seine eigene, diskretere Version. Die *Kagai* („Blumenstädte") von Mukojima beherbergen etwa ein Dutzend *Ryotei* (gehobene Restaurants), die sich in den Straßen um die Kenban-Dori befinden und etwa 100 Geishas beschäftigen. Mukojima ist tatsächlich die lebendigste „Welt der Blumen und Weiden" in der Stadt. Die verschiedenen Etablissements sind leicht zu erkennen: mehr oder weniger traditionelle Gebäude, die zwischen eher veralteten Gebäuden aus den 1990er-Jahren freundlich und behaglich aussehen, von Futaba (ふ多葉) im Norden bis Kiyoshi (きよし), Irifune (入舟), Sakurachaya (櫻茶　ヤ), Namimura (波むら) und Sumida (すみ多) im Süden.

Liste der *ryoteis*

Name	Standort (Mukojima Sumida-Ku) 東京都墨田区向島
Chiyoda (千代田)	5-20-13
Dojoji (道成寺)	5-32-1
Futaba (ふ多葉)	5-24-13
Irifune (入舟)	5-28-5
Kiyoshi (きよし)	5-35-3
Miyako (美家古)	5-3-5
Namimura (波むら)	2-15-8
Sakurachaya (櫻茶ヤ)	5-24-10
Sensui (千穂)	2-9-3
Sumida (すみ多)	2-15-13
Tsukibue (月笛)	5-29-9

DAS SHIRAHIGE-HIGASHI *DANCHI*

(16)

Die riesige Sumida-Brandschutzmauer

Tsutsumi-dori, Sumida-ku (東京墨田区堤通)
10 Gehminuten entfernt vom Bahnhof Higashi-Mukojima (東向島) oder Kanegafuchi (鐘ヶ淵), Isezaki (Tobu-Skytree-Linie)

Das Shirahige-Higashi *Danchi* (白鬚東アパート) im Norden des Bezirks wird „die große Mauer von Sumida" genannt. Es besteht aus einer über eineinhalb Kilometer langen Reihe von 18 gigantischen und düsteren 13-stöckigen Wohnblocks, die in den 1970er-Jahren errichtet wurden. Die miteinander verbundenen Bauten bilden zum Fluss Sumida hin auf der anderen Seite des Higashi-Shirahige-Parks eine solide Mauer.

Die Anlage wurde als riesige Feuermauer zwischen dem Stadtviertel Mukojima und dem Park gebaut. Der Norden Sumidas, wo viele ältere Holzgebäude stehen, gilt als Katastrophenschutzgebiet, und der Park ist als Evakuierungszone für 80.000 Bewohner gedacht, die einem Großbrand hilflos ausgeliefert wären. Es wird nicht passieren, dass der Norden Sumidas sich in ein Inferno verwandelt, aus dem niemand entkommen kann, denn Tokio hat in seiner Geschichte genug solcher Katastrophen erlebt. Die Große Mauer ist umso beeindruckender, wenn man die kleinen Details der Brandschutzwand beachtet. Die wenigen Gänge, die die Gebäude im Parterre miteinander verbinden, sind durch dicke Brandschutztüren geschützt, die Eingänge und Fenster mit Rollläden aus Stahl und die Wände und Balkone mit Schläuchen und roten Löschwasserkanonen versehen. Das *Danchi*, ein Monument der Katastrophenprävention, kommt langsam in die Jahre. Da Shirahige-Higashi noch nie als Brandschutzmauer genutzt wurde, bleibt seine Wirkung offen, aber es ist einzigartig in Tokio.

DER IMADO-SCHREIN

(17)

Der potenzielle Ursprung der Maneki-Neko

1-5-22 Imado, Taito-ku (東京台東区今戸 1-5-22)
Täglich 9–17 Uhr
10 Gehminuten entfernt vom Bahnhof Asakusa (浅草), Tokyo Metro Ginza-Linie, Toei-U-Bahn Asakusa-Linie

Nur wenige Gehminuten Richtung Norden, abseits der Touristenmassen von Asakusa, ist das Gelände des Imado-Schreins (今戸神社) eine einzigartige Ruheoase in der Nähe der Sumida-Ufer. Der Schrein wurde im 11. Jahrhundert errichtet, auch wenn der heutige Bau aus den 1970er-Jahren stammt. Er soll der Ursprung der Keramikfiguren sein, die *Maneki-Neko* (wörtlich „winkende Katze", ein gängiger Glücksbringer) genannt werden, eine Annahme, die auch der Gotoku-ji, ein Tempel in Setagaya, für sich beansprucht (s. S. 113).

Es heißt, dass im 16. Jahrhundert hier eine Katze einer armen Frau im Traum erschien und sie aufforderte, Keramikkatzen herzustellen (und zu verkaufen). Es überrascht nicht, dass diese Aufforderung Früchte trug. Es dauerte allerdings bis 2007, bis der Schrein einen Gedenkstein errichtete, der von zwei Katzen gekrönt wird, die von den Besuchern gestreichelt werden können (oder müssen). Eine weitere Stele feiert die Anfänge der Imado-Keramik.

Gleichzeitig ist der Imado-Schrein dem Götterpaar Izanagi und seiner Schwester/Frau Izanami geweiht, dem ersten verheirateten Paar der Shinto-Götterwelt. Der Schrein, der davon profitiert, hat sich in dem Marktsegment, in dem die Suche nach Liebe an erster Stelle steht, etabliert: Junge Frauen (und Männer) gehen oft dorthin und bitten um einen Partner. Der Schrein organisiert sogar „Meet-Your-Soulmate"-Events.

Durch die Kombination der beiden Traditionen wird der Schrein heute von der Symbolik des Katzenpaares beherrscht.

Imado, Danzaemon und die niedrigen Kasten

Zur Zeit der Shogune ließen sich nördlich von Asakusa am Stadtrand von Edo, in der Nähe des heutigen Sumida-Flusses, Gruppen von Außenseitern nieder. Dazu gehörten die ETA (穢多), die die niedrigsten Aufgaben, wie den Umgang mit toten Tieren, erledigten, sowie die Hinin (非人 – „Nicht-Menschen") auf den niedrigsten Sprossen der sozialen Leiter. Auf dem Gelände der Metropolitan High School in Asakusa, neben dem Imado-Schrein, befand sich die Residenz des Danzaemon (弾左衛門), ein ererbtes Amt, das im Auftrag des Shogunats in der Region Tokio diese „Untermenschen" im Auge behielt. In der Meiji-Zeit wurden die Kasten abgeschafft, und das Erdbeben von 1923 und der Zweite Weltkrieg beendeten diesen Missstand weitgehend.

DENKMAL FÜR DIE PROSTITUIERTEN VON YOSHIWARA IM JOKAN-JI

(18)

In Stroh eingewickelte tote Prostituierte

2-1-12 Minamisenju, Arakawa-ku (東京都荒川区南千住 2-1-12)
Täglich 8–17 Uhr
5 Gehminuten entfernt von der Station Minowa (三ノ輪), Tokyo Metro Hibiya-Linie

Der Jokan-ji (浄閑寺), ein Tempel aus dem Jahr 1655 in der Nähe der U-Bahn-Station Minowa, westlich von Minami-Senju an der Bahnlinie Joban, ist die letzte Ruhestätte von etwa 20 Prostituierten aus dem Bezirk Yoshiwara (siehe Kasten gegenüber). Hinter dem Tempel erinnert eine Stele unter einem einfachen Denkmal mit einem Gedicht an die Not dieser Frauen: *Umarete ha kukai, shishite ha Jokanji* (生まれて

は苦界, 死しては浄閑寺 – *Geboren im Leiden, im Tod in Jokan-Ji*). Der Tempel war ein *Nage-Komi Dera* (投げ込寺 – Wegwerftempel), wo die toten Prostituierten von Yoshiwara, manchmal in Reisstroh gewickelt, am Eingang zum Tempel abgelegt werden konnten. Andernfalls wären sie zu *Muen-Botoke* (無縁仏 – Buddha ohne Verbindungen) geworden: Tote ohne Familie oder Freunde, um die üblichen Grabriten abzuhalten oder die Gräber zu besuchen, zu pflegen und Opfer darzubringen.

Das Denkmal stammt aus dem Jahr 1930 und ist der Nachfolger einer Votivstele von 1855, die an den Tod von etwa 500 Prostituierten bei einem Erdbeben erinnerte. Die Anzahl der Opfergaben an der Gedenkstätte zeigt, dass die Tausenden Yoshiwara-Prostituierten im modernen Tokio nicht völlig vergessen sind.

San'ya Bori und Yoshiwara

Yoshiwara, die Heimat der Prostitution, die vom Shogunat im 17. Jahrhundert institutionalisiert wurde und strengen Regeln unterlag, war eines der wichtigsten Rotlichtviertel der Edo-Zeit, zumal „Konkurrenz" in der Nachbarschaft im Laufe der Jahre verboten wurde. Hunderte von Prostituierten und Kurtisanen, die man nach ihrer „Qualität" einteilte, wurden in fast 150 Einrichtungen, die sich auf wenige Blocks konzentrierten, außerhalb derer sie sich nicht aufhalten durften, den Kunden angeboten. Es gab einen privaten Zugang mit dem Boot über den San'ya-Bori-Kanal, der zwischen den Flüssen Minowa und Sumida floss, aber im 20. Jahrhundert allmählich verschlammte. Die Straße Dote-Dori wurde mit einem Deich[1] überbaut, der entlang des Kanals verlief, um die Stadt vor Überschwemmungen zu schützen, wenn der Sumida über die Ufer trat. Im Süden wurden beide Ufer des Kanals ausgebaut. Der kleine San'ya-Bori-Park neben dem Sumida kennzeichnet den Beginn des Kanals. Die Dote-Dori verläuft durch das historische Tor des Bezirks, Yoshiwara-Daimon, bis 4-Senzoku, die gemeinsam mit 3-Senzoku heute Yoshiwaras einschlägige Adresse ist.

[1] *Auf Japanisch Tsutsumi (堤), daher der Name des Bezirks Nihon-Zutsumi (日本堤).*

DIE JOE-STATUE IN SAN'YA

⑲

Den Doya-Gai *von Tokio wiederbeleben*

1-32 Nihon-Zutsumi, Taito-ku (東京都台東区日本堤 1-32)
10 Gehminuten entfernt von der Station Minami-Senju (南千住), Tokyo Metro Hibiya-Linie, JR Joban-Linie, MIR Tsukuba Express

Am Eingang zum Einkaufsviertel Iroha auf der Yoshiwara-Seite, in der Nähe von 1-32 Nihon-Zutsumi, lässt einen die fast zwei Meter hohe Statue von Yabuki Joe glauben, dass der Held des legendären Boxmangas *Ashita No Joe (Joe von Morgen)* lässig die Date-Dori entlangschlendert, Hände in den Taschen, Pflaster auf der Wange und Jacke über der Schulter. Die Gesichtszüge und die Frisur bleiben nahe am Manga, aber die Proportionen und das realistische Aussehen der Statue können von Weitem täuschen, auch wenn sie nun langsam in die Jahre kommt.

Mit dem Wortspiel im Namen (立つんだ像, *Tatsunda-Zo* – „stehende Statue", was nach Tatsunda, Joe – „Steh auf, Joe" klingt) ist die 2012 enthüllte Statue aus verstärktem Kunststoff das Ergebnis der Bemühungen im Bezirk, das Viertel wiederzubeleben, das in den 1960er- und 1970er-Jahren als Kulisse für den Manga diente.

San'ya

San'ya (山谷), das Viertel, in dem Joe unterwegs ist, erscheint auf den Stadtplänen nicht mehr. Asakusa-San'ya existierte bis 1966, wurde jedoch auf die drei benachbarten Bezirke Kiyokawa, Nihon-Zutsumi und Higashi-Asakusa aufgeteilt und umbenannt. San'ya ist historisch gesehen der *Doya-Gai* von Tokio: der letzte Zufluchtsort für Vagabunden, Obdachlose und Gelegenheitsarbeiter, voller kleiner Etablissements, die ungenutzte Zimmer für die Nacht anbieten, *Kann-I-Shukusho* (簡易宿所 – wörtlich „einfache Unterkunft"). In San'ya lebt man nicht, man existiert lediglich. In den 1960er-Jahren lebten hier mehr als 15.000 Arbeiter von der Hand in den Mund und erfüllten die niedrigsten Dienste, um die rasante Entwicklung des Landes zu unterstützen. Die in den 1960er- und 1970er-Jahren umgesetzten Familienwohnprojekte der Regierung holten die Frauen und Kinder von dort weg und verwandelten San'ya allmählich in ein Viertel alleinstehender und verarmter Männer. Obwohl die Zahl der Tagelöhner inzwischen deutlich geringer ist, hat San'ya seinen schlechten Ruf und sein heruntergekommenes Ambiente bewahrt – in der Stadt kommt dieses Ghetto einem Elendsviertel am nächsten. Die Bevölkerung ist hier inzwischen stark gealtert, und die Zahl der einsamen älteren Männer, die zu alt zum Arbeiten sind, hat deutlich zugenommen. Sie können nur darauf hoffen, friedlich auf einer Tatami-Matte in einem der winzigen Mietzimmer zu sterben.

IN DER UMGEBUNG

Umgebaute Tamanoi-Cafés ⑳

In den Gassen von 3 Sumida, Sumida-ku (東京都墨田区墨田 3)
10 Minuten entfernt vom Bahnhof Higashi-Mukojima (東向島), Isezaki (Tobu-Skytree-Linie)

In der Mitte der Häuserblocks von 3 Sumida kann man noch einige seltsam geschwungene Gebäude sehen. Bei diesen alten „Cafés" handelt es sich eigentlich um Bordelle, die nach dem Zweiten Weltkrieg wiedereröffnet und seither zu Einfamilienhäusern umgebaut wurden. Die ungewöhnliche Architektur sollte die Aufmerksamkeit auf die Häuser lenken und Laufkundschaft anlocken. Gute Beispiele sind das Haus mit den an den Ecken abgerundeten Mauern in Richtung 3-2-15 Sumida, einige Häuser um 3-14-7 und andere in 3-12. An einigen Wänden sind noch Mosaikfliesen zu sehen – Überreste der typisch verspielten Dekoration.

ÜBERRESTE DER HINRICHTUNGSSTÄTTE KOZUKAPPARA

21

Folter am Nordeingang von Edo

2-34-5 Minami-Senju, Arakawa-ku (東京都荒川区南千住区 2-34-5)
Bahnhof Minami-Senju (南千住), Tokyo Metro Hibiya-Linie, JR Joban-Linie, MIR Tsukuba Express

Kozukappara im Bezirk Minami-Senju, während der Edo-Zeit am Stadtrand gelegen, war eine der zwei Haupthinrichtungsstätten, die andere war Suzugamori (s. S. 74). Bis zu ihrer Schließung in der Meiji-Ära verloren hier 200.000 Menschen bei verschiedenen, häufig öffentlichen Hinrichtungen ihr Leben. Trotz der vielen Hinrichtungen sind auf dem Feld nur wenige Spuren geblieben. Heute erinnert eine vier Meter hohe *Jizo*-Statue im Enmei-ji, dem Tempel am Westausgang des Bahnhofs Minami-Senju, an den Ort. Dieser *Jizo*, der seinen Kopf behalten durfte, heißt heute „*Jizo* der Enthauptung". Paradoxerweise durchquerte die Joban-Linie das Land, das Ende des 19. Jahrhunderts das Hinrichtungsfeld war. Die *Jizo*-Statue und der Friedhof, die beim Erdbeben 2011 erhebliche Schäden erlitten, wurden 2012 restauriert. Der Enmei-ji ist nun eingeklemmt zwischen zwei Gleisen. Nördlich der Bahnstrecke liegt der Friedhof des Minamisenju-Ekoin-Tempels, der die andere Feldhälfte einnimmt. Dieser 1667 erbaute Tempel sollte die Geister der Hinrichtungsopfer besänftigen. Einige der

Opfer der Großen Ansei-Säuberungen am Ende des Shogunats (1854–1860) sind ebenfalls auf dem Friedhof beigesetzt. Eine schöne Stele an einer der Tempelmauern erinnert an den Besuch von drei *Rangakushas* (japanische Intellektuelle, die ausländische Wissenschaften studierten), Sugita Genpaku[1], Nagakawa Jun'an[2] und Maeno Ryotaku[3], im Jahr 1771. Nachdem sie der Dissektion der hingerichteten Opfer beigewohnt hatten, übersetzten die drei Wissenschaftler *Ontleedkundige Tafelen*, die niederländische Version einer deutschen medizinischen Abhandlung, das erste Lehrbuch, das vollständig aus einer westlichen Sprache ins Japanische übersetzt wurde. Ihre Arbeit mündete in die Veröffentlichung des *Kaitai Shinsho* (*Neues Buch der Anatomie*). Auf dem Friedhof selbst ist das Originalgrab von Ude No Kisaburo[4] in Form eines Arms sehenswert. Kisaburo war ein Edo-Krieger, der, als er in der Schlacht an einem Arm verwundet wurde, diesen einfach selbst abhackte. Das benachbarte Grab ist das von Takahashi Oden[5], der letzten Frau, die 1879 in Japan enthauptet wurde. Weiter südlich liegt die treffend benannte Namidabashi (wörtlich „Brücke der Tränen"), über die die Gefangenen nach Kozukappara gelangten.

[1] 杉田玄白, *1733–1817.*
[2] 中川 淳庵, *1739–1786.*
[3] 前野良沢, *1723–1803.*
[4] 腕の喜三郎, *1642–1715.*
[5] 高橋お伝, *1850–1879, hingerichtet, weil sie einem Mann, der sich geweigert hatte, ihr Geld zu leihen, die Kehle durchschnitt.*

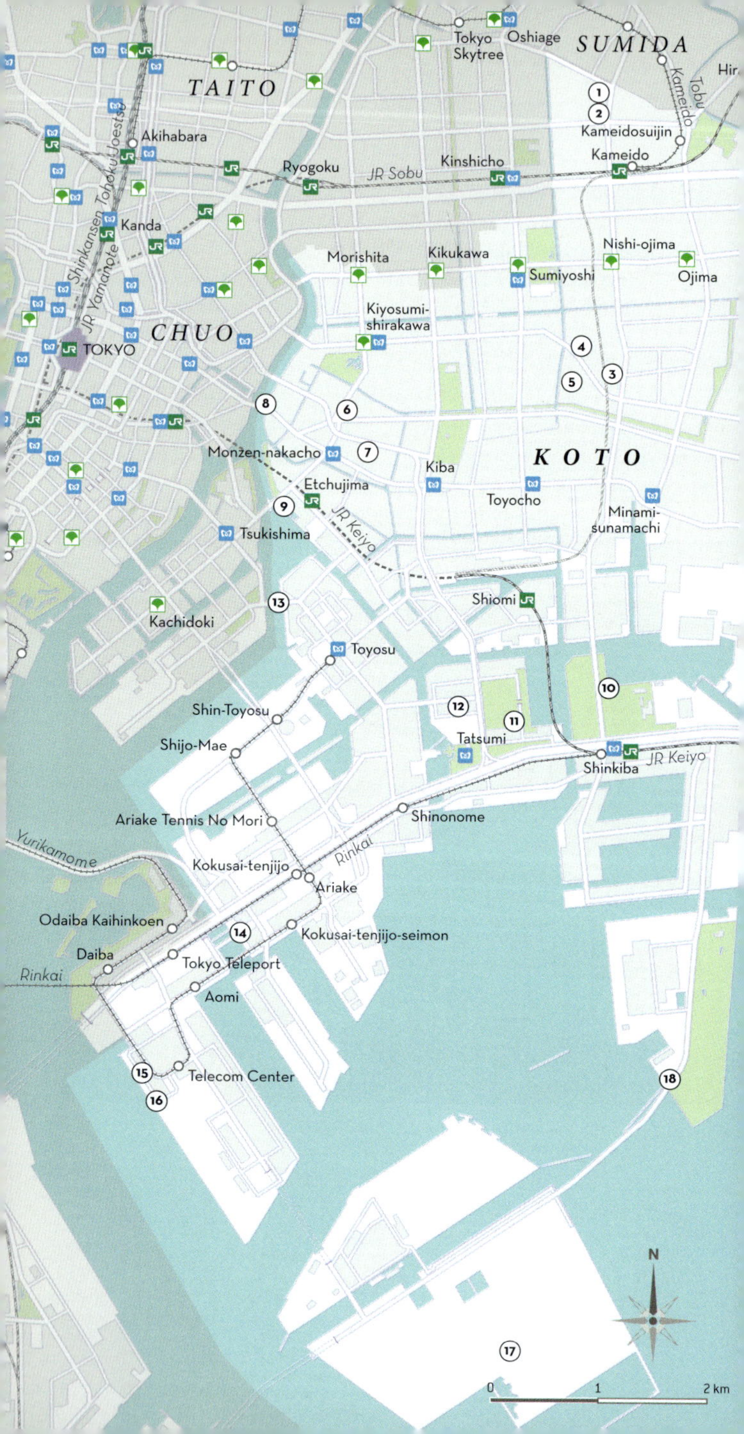
TAITO
SUMIDA
CHUO
KOTO
Tokyo Skytree
Oshiage
Hir
Kameido
Tobu
Kameidosuijin
Kameido
Akihabara
Ryogoku
JR Sobu
Kinshicho
Kanda
Shinkansen Tohoku Joetsu
JR Yamanote
Morishita
Kikukawa
Sumiyoshi
Nishi-ojima
Ojima
Kiyosumi-shirakawa
TOKYO
Monzen-nakacho
Etchujima
Kiba
Toyocho
Minami-sunamachi
Tsukishima
JR Keiyo
Kachidoki
Shiomi
Toyosu
Shin-Toyosu
Shijo-Mae
Tatsumi
Shinkiba
JR Keiyo
Ariake Tennis No Mori
Shinonome
Rinkai
Yurikamome
Kokusai-tenjijo
Ariake
Odaiba Kaihinkoen
Kokusai-tenjijo-seimon
Daiba
Tokyo Teleport
Rinkai
Aomi
Telecom Center
N
0
1
2 km
1
2
3
4
5
6
7
8
9
10
11
12
13
14
15
16
17
18

Koto

① DER KATORI-JINJA-SCHREIN IN KAMEIDO *300*
② DENKMAL IM PFLAUMENGARTEN *301*
③ DIE ÜBERRESTE DES ONAGIGAWA-FRACHTTERMINALS *302*
④ DAS MUSEUM DER LUFTANGRIFFE UND KRIEGSSCHÄDEN IN TOKIO *304*
⑤ HAYAGRIVA VON KOTO *305*
⑥ DIE INSZENIERUNG DER ENMA-STATUE IM FUKAGAWA ENMADO *306*
⑦ DIE FASSADE DES FUKAGAWA FUDOU-DOU *308*
⑧ EITAIBASHI *309*
⑨ DAS *MEIJI-MARU*-MUSEUMSSCHIFF *310*
⑩ DIE *DAIGO FUKURYU MARU* *312*
⑪ NEUE SPORTANLAGE IN TATSUMI NO MORI *314*
⑫ DAS TATSUMI *DANCHI* *315*
⑬ DIE AUFGELASSENE HARUMI-BRÜCKE *316*
⑭ DIE RESTE DES K-MUSEUMS *318*
⑮ DAS ZOLLINFORMATIONSZENTRUM TOKIO *320*
⑯ BLICK AUF DIE UFERPROMENADE VON OI VOM AOMI-MINAMI-FUTO-PARK AUS *321*
⑰ DIE CHUO-BOHATEI-DEPONIE *322*
⑱ FUSSGÄNGERZUGANG ZUR GATE BRIDGE *323*

DER KATORI-JINJA-SCHREIN IN KAMEIDO

①

Shinto für Sportarten

3-57-22 Kameido, Koto-ku (東京都江東区亀戸 3-57-22)
Täglich 9–17 Uhr
10 Gehminuten entfernt vom Bahnhof Kameido (亀戸), JR Sobu-Linie

Der Katori-Jinja-Shinto-Schrein in Kameido (亀戸香取神社) ist dem Sieg geweiht, und ein Besuch ist für die Athleten der Hauptstadt Pflicht. Der Schrein, der aus dem 7. Jahrhundert stammen soll, ist Futsunushi gewidmet, einem der Generäle der Sonnengöttin Amaterasu, der im *Nihon-Shoki* erwähnt wird. Futsunushi ist im Shinto auch ein Schwertgeist. Seit Fujiwara No Hidesato[1], nachdem er im 10. Jahrhundert Taira No Masakados Rebellion niedergeschlagen hatte (s. S. 28), dem Schrein einen Pfeil vermachte, um den *Kami* (Geist oder Gottheit) für den Sieg zu danken, war der Schrein auch Ort der Verehrung anderer großer Kämpfer, wie Chiba Shusaku[2]. Izumi Hiroshi[3], der 2004 die Silbermedaille im Judo in Athen gewann, soll bei den Olympischen Spielen 2008 in Peking einen *Kachi-Mamori* (勝守), einen Shinto-Siegestalisman (*Omamori*), bei sich getragen haben, wie auch das Volleyballteam der Frauen bei der Qualifikation für Athen. Besuchen Sie den Schrein nicht wegen seiner Architektur, sondern wegen seines Ambientes. Auf den kleinen Holztafeln (*Ema*) stehen Siegesgebete oder -wünsche für ein Spiel oder die ganze Saison, eine Einzelperson oder ein Team. In eklektischer Atmosphäre, in der sich diverse Sportarten ungehindert vermischen, bringen junge Baseballspieler Seite an Seite mit Amateurboxern am Wochenende noch rasch eine Opfergabe dar. Das imposante Denkmal in Form eines Rettichs hat keine sportliche Bedeutung, wurde dem Schrein aber offenbar im 19. Jahrhundert als Dank für eine üppige Ernte geschenkt. Der Pilgerweg zum Schrein, die älteste Straße in Koto, hat einen gewissen Charme. Die als *Katori Daimon Shouun* (香取大門 勝運商店街) bekannte Einkaufsstraße wurde 2011 ohne großen Pomp sehr erfolgreich im Flair der 1950er-Jahre neu gestaltet. Hier liegt Retro in der Luft, wenn auch künstlich wiederbelebt.

IN DER UMGEBUNG

Denkmal im Pflaumengarten ②

Hinter dem Katori-Jinja-Schrein am Ufer des Kita-Jikkengawa erinnern ein Stein und ein Schild unweit der Nr. 3-51 an den Standort des Umeyashiki-Parks, wo einst einer der krummsten Pflaumenbäume der Stadt stand. Der Baum wurde erstmals im 19. Jahrhundert von Utagawa Hiroshige[4] im *Umeyashiki* (梅屋敷 – Pflaumengarten) aus der Serie „100 Ansichten von Edo" abgebildet und später von Van Gogh in seinem Werk „Blühender Pflaumengarten" wiederaufgegriffen. Der Park wurde bei der großen Überschwemmung von 1910 zerstört.

[1] Nihon shoki (Chroniken von Japan) *ist ein Buch der klassischen japanischen Geschichte, auch bekannt als Nihon-Gi.*
[2] 藤原秀郷, *?–?, adeliger Krieger am Hof von Kyoto aus dem 10. Jahrhundert.*
[3] 千葉周作, *1793–1856, Großmeister der Waffen und Gründer der Hokushin-Itto-Ryu-Schule.*
[4] 歌川広重, *1797–1858, Maler und Großmeister des Ukiyo-E (beliebte Kunstform im Japan des 17. bis 19. Jahrhunderts).*

DIE ÜBERRESTE DES ONAGIGAWA-FRACHTTERMINALS

③

Ein riesiger, im Laufe von zehn Jahren verschwundener Bahnhof

2-9 Kitasuna, Koto-ku (東京都江東区北砂 2-9)
20 Gehminuten entfernt vom Bahnhof Nishi-Ojima (大島), Toei-U-Bahn Shinjuku-Linie

Ein geheimnisvoller Straßenname an einer Ecke der Meiji-Dori (小名木川駅前 – Onagigawaeki-Mae – Bahnhof Onagigawa) und ein Denkmal mit einer echten Zugachse im Kitasuna-2-Chome-Park sind die einzigen Zeugen des riesigen alten Bahnhofs von Onagigawa, der im Laufe von zehn Jahren völlig von der Landkarte verschwand.

Eine Güterstrecke führt quer durch das Danchi des Kittasuna-Viertels, das das gigantische Einkaufszentrum Ario Kitasuna kaum verdeckt. Jedes Ario in der Stadt ist ein guter Indikator für ein altes, großes und jetzt modernisiertes Industriegelände, wie auch im Fall dieses ehemaligen im Jahr 1929 eröffneten Bahnhofs. Er wurde im Dezember 2000 stillgelegt

und dann abgetragen. Das Einkaufszentrum öffnete 2010 seine Pforten. Der Ort ist ein Beweis dafür, wie rasant sich die Stadt verändert. Das recht weit von der U-Bahn entfernte Zentrum bedient in erster Linie die lokale Nachbarschaft und ist keines dieser monströsen Vorstadt-Outlets.

Die Onagigawa-Clover-Kyo-Brücke und der Mikrodamm von Koto

Nordwestlich des ehemaligen Güterbahnhofs wird die rechtwinklige Kreuzung zwischen den Kanälen Yokojikkengawa und Onagigawa von der herrlichen Onagigawa-Clover-Kyo-Brücke (小 名木川グロバー橋 – Onagigawa-Kleeblatt-Brücke) überspannt. Diese 1994 erbaute kleeblattförmige Fußgängerbrücke ist leicht gewölbt, damit die hin und wieder vorbeikommenden Boote passieren können. Es gibt wenige Passanten, und im Norden ist der Sky Tree gut erkennbar. Halten Sie auf der Brücke an, wenn Sie die beiden Kanäle überqueren, gönnen Sie sich eine Pause und genießen Sie die vorbeiziehenden Nebel von Shitamachi. Von hier aus sieht man die Südseite des Mikrodamms von Koto, der 2015 auf dem Yokojikkengawa errichtet wurde. Dieser Mikrodamm, der erste in Tokios 23 Bezirken, produziert 1,1 Kilowatt – gerade genug für die nächtliche Beleuchtung der Brücke.

Die Sunamachi-Ginza

Auf der Ostseite der Meiji-Dori befindet sich die Einkaufsstraße Sunamachi-Ginza (砂町銀座商店街), oder Sunagin, die wie ein Fremdkörper wirkt und doch so gut zum modernen Ario-Einkaufszentrum daneben passt.

Obwohl die 600 Meter lange Straße weit von den U-Bahnen entfernt ist und praktisch unter dem Meeresspiegel liegt, ist sie sehr populär. Die Bombenangriffe zerstörten die bescheidene Einkaufsstraße, die knapp vor dem Zweiten Weltkrieg entstanden war, und die Sunagin wurde erst in den 1960er-Jahren in einer ehemaligen Industriezone angelegt.

Trotz ihres geringen Alters hat sie Flair. Das Ambiente wirkt wie aus der Edo-Zeit, und die Fassaden scheinen nur ein wenig modernisiert worden zu sein. Die eher enge Straße ist ein schönes Beispiel für das „neue Shitamachi". Auf handgeschriebenen Postern werden die Leute oft aufgefordert, die Preise nicht online zu veröffentlichen und keine Fotos in den sozialen Medien zu posten.

DAS MUSEUM DER LUFTANGRIFFE ④ UND KRIEGSSCHÄDEN IN TOKIO

Eine Stadt unter Beschuss

1-5-4 Kitasuna, Koto-ku (東京都江東区北砂 1-5-4)
Mittwoch bis Sonntag 12–16 Uhr, Montag und Dienstag sowie 28. Dezember bis 4. Januar geschlossen, immer am 9. und 10. März geöffnet
20 Gehminuten entfernt von den Stationen Sumiyoshi (住吉) oder Nishi-Ojima, Toei-U-Bahn Shinjuku-Linie

In den Tiefen von Koto könnte ein kleines Sandsteingebäude als ein Haus wie jedes andere durchgehen, wären da nicht die beiden Statuen am Eingang. Hier befindet sich das Center of the Tokyo Raids and War Damage (東 京大空襲・戦災資料センター), ein privates Museum, das in seiner heutigen Form im Jahr 2007 eröffnet wurde. Es dokumentiert den Brandbombenangriff auf Tokio von 1945, vor allem die Nacht vom 9. auf den 10. März. Das Museum, weit weg von den wichtigsten Sehenswürdigkeiten der Stadt, ist nicht staatlich geführt und selten in den Medien, daher auch nicht sehr überlaufen. Wundern Sie sich nicht, wenn Sie der erste Besucher des Tages sind, selbst am Wochenende. Allein im Museum zu sein verstärkt nur die feierliche Stimmung. Ein Großteil der Ausstellung ist zwar auf Japanisch, aber oft braucht es gar keine Worte. Dieses Museum kann einen zu Tränen rühren, und die Statistiken und Karten, die das Ausmaß der Schäden zeigen, machen mitunter sprachlos. Vor allem die Feuersbrunst östlich des Sumida sorgte für fast vollständige Zerstörung. In einer Nacht wurde der gesamte Stadtteil rund um das Museum dem Erdboden gleichgemacht. Was jetzt dort zu sehen ist, ist ein vollständiger Wiederaufbau. Das Museum besitzt auch eine kleine Sammlung historischer Dokumente, darunter Flugblätter der Amerikaner und verschiedene Kunstwerke, die das Trauma des Ereignisses widerspiegeln. Dies wird Sie nicht unberührt lassen.

Vor allem die beiden Statuen am Eingang des Zentrums sind rührend. *Sekai No Kodomo No Heiwazo* (世界の子どもの平和像 – Weltfriedensstatue für Kinder) zeigt ein Kind, das eine Sonnenblume wässert, das Gesicht der Sonne zugewandt (ein Symbol für Hoffnung), vor einem großen Ei, das kurz davor ist, aufzuspringen und Leben zu schenken – ein Symbol für Frieden und Zerbrechlichkeit. Daneben befindet sich die sehr bewegende *Senka No Shita* (戦 火の下 – In Kriegszeiten), die eine Frau zeigt, die ihr Kind umarmt.

IN DER UMGEBUNG

Hayagriva von Koto ⑤

Im Süden des Museums, bei 1-3 Minamisuna auf der Ostseite des Blocks, steht ein Denkmal der buddhistischen Gottheit Hayagriva („Pferdekopf") in einem kleinen Steingehege, auf das in Rot die Legende von *Koto Batokanzeon* (江東 馬頭観世音 – Hayagriva-Stele von Koto) graviert ist. Die Stele ist den 3.000 Zugpferden gewidmet, die im Bombenhagel starben. Jeden 10. März findet eine kleine Zeremonie statt, die daran erinnert, dass bei der Zerstörung der Stadt nichts und niemand verschont blieb.

DIE INSZENIERUNG DER ENMA-STATUE IM FUKAGAWA ENMADO

⑥

Ton- und Licht-Show für Spender

2-16-3 Fukagawa, Koto-ku (東京都江東区深川 2-16-3) in Fukagawa Enmado-Tempel (Hojoin) – täglich 9–17 Uhr
10 Gehminuten entfernt von der Station Monzen-Nakacho (門前仲町), Tokyo Metro Tozai-Linie, Toei-U-Bahn Oedo-Linie

Etwa 500 Meter nördlich von Monzen-Nakacho beherbergt der Hojoin-Tempel eine sitzende Enma-Statue, die mit ihren 3,5 Metern zu den größten in Japan zählt. Die 1989 anlässlich der Restaurierung des Tempels errichtete rote Holzstatue wiegt 1,5 Tonnen. Sie befindet sich im *Enmado*, dem Gebäude links vom Geländeeingang. Der Tempelkomplex wird manchmal auch als *Fukagawa Enmado* (深川ゑんま 堂 – Enmado von Fukagawa) bezeichnet.

Neben ihrem Aussehen und ihrer Größe ist es die Inszenierung, die sie so ungewöhnlich macht: Auf jeder der 19 Almosenboxen, die vor *Enma* aufgestellt sind, steht ein anderer Wunsch geschrieben (Studienerfolg, glückliche Ehe usw.). Wirft jemand eine Spende hinein, löst das eine kurze Ton- und Licht-Show aus. *Enma*, mit seiner strengen Miene, beginnt dann – oft zur Überraschung des Gläubigen – mit tiefer Stimme zu sprechen, und dies alles unter Strahlern, die bei einigen der Predigten aufleuchten.

Die Beine in den Fußspuren von Soga Gogo kräftigen

Im Inneren des Hojoin-Tempels befindet sich auch ein Stein, der Fußspuren trägt. Es heißt, dies seien die Fußabdrücke von Soga Goro[1], auch bekannt als Soga Tokimune. Durch das Kabuki-Stück *Soga Monogatari* (曽我物語 – Geschichte von Soga) stieg Goro, der zusammen mit seinem Bruder dem Mörder ihres Vaters auf der Spur war, zum Volkshelden auf. Er tötete den Täter schließlich während einer gigantischen Jagdgesellschaft, zu der Minamoto No Yoritomo[2] 1193 geladen hatte, um seinen Aufstieg zum Shogun zu feiern. Es ist Brauch, auf dem Stein zu stehen, um seine Beine zu kräftigen.

[1] 曾我五郎, *1174–1193.*
[2] 源頼朝, *1147–1199, Gründer des Kamakura-Shogunats.*

DIE FASSADE DES FUKAGAWA FUDOU-DOU

⑦

Sanskrit-Inschrift

1-17-13 Tomioka, Koto-ku (東京都江東区富岡 1-17-13)
Ttäglich 8–18 Uhr, außer an Ennichi-Tagen (縁日, jeder 1., 15. und 28. des Monats), an denen der Tempel erst um 20 Uhr schließt
Station Monzen-Nakacho (門前中町), Tokio Metro Tozai-Linie, Toei-U-Bahn Oedo-Linie

Im bei Japanern beliebten Stadtteil Monzen-Nakacho, der nur selten von ausländischen Touristen besucht wird, steht der buddhistische Tempel Fukagawa Fudou-dou (深　川不動堂), mit vollem Namen Naritasan Tokyo Betsuin Fukagawa Fudou-dou (成田山東京別院深川不動堂 – Tokio-Ableger des Naritasan-Tempels). Der während des Zweiten Weltkriegs zerstörte Tempel wurde in den 1950er-Jahren wieder aufgebaut.

Vor Kurzem wurde ein neues Hauptgebäude in einem besonders modernen und originellen Stil errichtet. Aus der Ferne scheint es mit einem dunklen Material bedeckt zu sein, das sich erst aus der Nähe offenbart. Die neue Fassade des Tempels, die 2011 in Angriff genommen und 2017 erweitert wurde, ist mit einer edlen Schrift in *Siddham* (Japanisch 梵 字 – *Bonji*) bedeckt und sieht unglaublich schön aus. Siddham ist ein Alphabet, das in Nordindien rund um das 10. Jahrhundert zur Transkription des Sanskrit verwendet wurde – ungefähr zu jener Zeit, als der Buddhismus in Japan weite Verbreitung fand. Die teils vergoldeten Inschriften wiederholen das Mantra des grimmigen buddhistischen Schutzgotts Acala-Vidyaraja, das sich folgendermaßen liest (oder gesungen wird): *Namah Samanta-Vajrânâm Chanda Mahârosana Sphotaya Hûm Trat Hâm Mâm* (Ehre den alles durchdringenden Vajras! Oh, großer zornvoller Gott! Zerstöre! Hûm Trat Hâm Mâm).

Im Inneren des Tempels kann es sehr voll sein, was die Lebendigkeit der buddhistischen Tradition beweist.

Das Fukagawa-Yawata-Festival, eine der drei großen Edo-Feierlichkeiten, findet alle drei Jahre im nahegelegenen Tomioka-Hachimangu-Schrein (富岡八幡宮) statt, der an den Bombenangriff auf Tokio erinnert. Der Kaiser besuchte den Schrein im August 2012 und traf einige der Überlebenden, 67 Jahre nach dem Besuch seines Vaters unmittelbar nach dem Luftangriff auf die Stadt.

IN DER UMGEBUNG

Eitaibashi ⑧

Die Ende des 17. Jahrhunderts errichtete Eitai-Brücke (永代橋) über den Sumida liegt 10 Minuten von Monzen-Nakacho und dem Fukugawa Fudou-Dou entfernt. Zusammen mit der Kiyosu-Brücke wurde sie nach dem Erdbeben von 1923 wiederaufgebaut, etwas südlich ihres Originalstandorts, wo sie den Sumida nördlich von Tsukuda überquert. Vorbild für die neue Brücke war die Ludendorff-Brücke bei Bonn, die 1945 einstürzte und an die nur noch dieser Nachbau erinnert, der heute als wichtiges Kulturgut gilt. Von Sonnenuntergang bis 23 Uhr wird die Brücke meist blau beleuchtet. Die Farbe ändert sich manchmal, um an ein besonderes Ereignis zu erinnern. Die Aussicht auf die Brücke bei Nacht hat von beiden Ufern ihren eigenen Charme – die Westseite, unweit des unverkennbaren 25-stöckigen IBM-Gebäudes in Hakozaki, ist etwas breiter und grüner, ideal für einen netten Spaziergang bei Tag oder Nacht, alleine oder zu zweit.

DAS *MEIJI-MARU*-MUSEUMSSCHIFF ⑨

Ein Leuchtturmtender aus dem 19. Jahrhundert

2-1-6 Echujima, Koto-ku (東京都江東区越中島 2-1-6)
Das Boot kann jeden Monat an mehreren Tagen besucht werden
Öffnungszeiten siehe kaiyodai.ac.jp/overview/facilities/meijimaru_museum
Bahnhof Echujima (越中島), JR Keiyo-Linie

Überquert man die Aioibashi von der künstlichen Insel Tsukishima aus, ist der prächtige Dreimaster am anderen Ufer nicht zu übersehen: Das Meiji-Maru-Museumsschiff (明治丸), das auf dem Echujima-Campus der Tokioter Universität für Meereswissenschaften und -Technologie (TUMSAT) vor Anker liegt. Zur Wartung des neu errichteten Leuchtturms im Meiji-Japan wurde die Meiji Maru von der Napier-Werft in Glasgow, Schottland, gebaut, wo sie 1874 vom Stapel lief und 1875 nach Yokohama segelte. Das Schiff erwies sich für die japanische Regierung bald als wertvoll. Es verließ Yokohama 1876 zur gleichen Zeit wie ein englisches Kriegsschiff und kam zwei Tage früher in Chichijima im Ogasawara-Archipel im Pazifik (Bonin-Inseln) an, wo es den Gebietsanspruch Japans auf die Inseln stärkte. Es wurde auch ein Feiertag, der Marine Day, eingeführt, um an die sichere Rückkehr des Meiji-Kaisers nach Yokohama am 20. Juli 1876 zu erinnern, nach dessen Reise auf der *Meiji Maru* in den Norden des Landes. Das Schiff hatte zuerst nur zwei Masten. Ein dritter folgte 1898, als es zu einem Ausbildungsschiff umgebaut wurde. Das Innere dieses herrlichen Museums, das heute als wichtiges Kulturgut gilt, kann mehrmals im Monat besichtigt werden: Fragen Sie am Eingang der Universität, ob Sie auf den Campus dürfen, um das Schiff aus der Nähe sehen.

Mehrere *Yakatabune* (traditionelle Boote, die Touristenfahrten anbieten), die auf dem Sumida verkehren, ankern am Abend gegenüber der *Meiji Maru*. Vom kleinen Nakanoshima-Park in der Mitte der Aioibashi hat man einen guten Rundumblick. Hier ist es sehr still, da Echujima, die Station, die den Campus bedient, die ruhigste des JR-East-Netzes ist, mit einem Bruchteil der Menschenmassen des Bahnhofs Shinjuku. Perfekt, um die Diskrepanz eines Schiffes aus dem 19. Jahrhundert mitten in der Stadt zu genießen.

Die Unyo Maru*: ein weiteres Segelschiff in der Stadt*

Die TUMSAT wurde 2004 nach der Fusion der Hochschule für Handelsschifffahrt (東京商船大学) mit der Hochschule für Fischerei (東京商船大学) gegründet. Jede hatte ihr eigenes Schiff aus der Meiji-Ära: die Hochschule für Handelsschifffahrt die *Meiji Maru* und die Hochschule für Fischerei die *Unyo Maru* (雲鷹丸), ein dreimastiges Ausbildungsschiff aus dem Jahr 1909. Es liegt noch immer auf dem TUMSAT-Campus Shinagawa auf 4-5-7 Konan im Bezirk Minato, wo die Hochschule für Fischerei ihren Sitz hatte. Man kann die Masten des Schiffs von der Monorail aus sehen, auf der Strecke zwischen dem Stadtzentrum und dem Flughafen Haneda, auch wenn der Rumpf von der Schnellstraße verdeckt wird.

DIE *DAIGO FUKURYU MARU* ⑩

Ein 1954 verstrahlter Thunfischkutter auf einer ehemaligen Deponie

2-1-1 Yumenoshima Koto-ku (東京都江東区夢の島2-1-1), im Park von Yumenoshima
Täglich 9–16 Uhr, außer Montag – fällt ein gesetzlicher Feiertag auf einen Montag, ist das Foyer geöffnet, aber am folgenden Tag geschlossen
10 Gehminuten entfernt von der Station Shin-Kiba (新木場), Tokyo Metro Yurakucho-Linie

Der Yumenoshima-Park hat einen Jachthafen, in dem einige Boote vertäut sind. Die originellste Attraktion des Parks ist aber zweifellos der kleine Thunfischkutter *Daigo Fukuryu Maru* (東京都立第五福竜丸展示館). Dieses 141-Tonnen-Schiff, das der Präfektur Shizuoka gehörte und 1947 vom Stapel lief, war typisch für die japanische Fischereiflotte der Nachkriegszeit. Es wurde während eines US-Atombombentests im Bikini-Atoll (Marshallinseln, Nordpazifik) im März 1954 stark verseucht. Obwohl sich das Boot in einem Gebiet befand, das zum Zeitpunkt der Explosion als sicher galt, wurde es einige Stunden nach dem Test von kontaminierter Korallenasche getroffen, die der Wind weitergetragen hatte. Nach wenigen Tagen kehrte es ohne Zwischenfall in den Hafen zurück, doch ein Besatzungsmitglied starb sechs Monate später an den Folgen der Strahlung. Der Fischkutter, der sich noch in einem hervorragenden Zustand befindet, ist nun in einer kleinen Museumshalle ausgestellt, deren Besuch nicht lange dauert, aber eine faszinierende Erinnerung an die Gefahren von Atomwaffen ist.

Der Abfallkrieg

Mit mehreren Sportanlagen und einem Grillbereich ist der Yumenoshima-Park eine friedliche, grüne Oase wie viele andere in der Bucht. Schwer zu glauben, dass dieser Ort einst eine riesige, offene Deponie für die gesamte Hauptstadt war, ein Brennpunkt für den berühmten „Abfallkrieg“ zwischen den Stadtbezirken in den 1970er-Jahren. 1972 entschied Koto, das genug von der Weigerung Suginamis hatte, eine Abfallbehandlungsanlage zu bauen, für Suginami-Müllkipper systematisch den Zugang zum Standort zu blockieren. Die übelriechende Kolonne hinterließ einen bleibenden Eindruck. Für viele Tokioter ist Yumenoshima noch immer gleichbedeutend mit „Freiluft-Deponie“, was die relative Ruhe an diesem Ort heute erklären könnte.

NEUE SPORTANLAGE IN TATSUMI NO MORI ⑪

Discgolf und Bowling in Tokio

2-1-35 Tatsumi, Koto-ku (東京都江東区辰巳 2-1-35)
Februar bis Oktober 9–17 Uhr, November bis Januar 9–16 Uhr;
vom 29. Dezember bis 3. Januar geschlossen
10 Gehminuten entfernt von der Station Tatsumi (辰巳), Tokyo Metro Yurakucho-Linie

Am südlichen Ende von Tatsumi No Mori Koen (辰巳の森海浜公園), neben dem Olympischen Wassersportzentrum, kann man manchmal Sportler beobachten, die sich mit seltsamen Gesten bewegen. Dieser Parkabschnitt ist acht „neuen Sportarten" gewidmet.

Er bietet einen 9-Loch-Mallet-Golfplatz, eine Sportart irgendwo zwischen Kricket und Golf – eine japanische Erfindung. Für diesen neuen Sport braucht es weder Eisen noch Holz, nur einen Schläger mit einem relativ großen Kopf, der einfach zu handhaben ist. Beim Discgolf wird eine Frisbeescheibe in ein spezielles Gefäß geworfen. Zudem gibt es einen 8-Loch-Ground-Golfplatz, ein Ableger für ältere Leute, bei dem man einen größeren Ball verwendet. Weitere Versionen sind Garden Golf, das hier entwickelt wurde – statt normaler Golfbälle werden Billardkugeln verwendet –, und Putter Golf, eine Minigolf-Variante, bei der kleine Kinder leichter den Ball treffen.

Außerdem gibt es zwei Free-Tennis-Plätze (ein Sport, der wie Riesentischtennis aussieht), Shuffleboard-Plätze (mithilfe eines Schiebers werden gewichtete Scheiben über den Platz geschossen) und sogar ein Petanque-Feld, aber ohne Anis und mediterrane Sonne.

Außer an Wettkampftagen ist die Anlage selten überfüllt und man kann leicht eine dieser Sportarten erlernen. Buchen Sie vorab oder sagen Sie einfach, dass Sie einen Platz nutzen möchten, und mieten Sie die benötigte Ausrüstung. Für einige der Sportarten gibt es am Vormittag auch Einführungskurse (Anmeldung im Informationszentrum des Parks).

IN DER UMGEBUNG

Das Tatsumi Danchi ⑫

Das gigantische Tatsumi *Danchi* (辰巳団地) liegt westlich des Tatsumi-No-Mori-Parks. Das Danchi, dessen voller Name Tokyo Metropolitan Tatsumi 1-Chome Apartments (都営辰巳一丁目アパート) lautet, ist der Schlüssel zu einem Teil der Geschichte Tokios.
Diese „Monsteranlage" aus den späten 1960er-Jahren mit rund 100 fünfstöckigen Wohnblocks (ohne Aufzüge) kollidiert mit den ultramodernen Türmen von Shinonome und Toyosu, die im Hintergrund glitzern. Die Umgebung hat den jüngsten Megatower-Boom entlang der Bucht verschlafen und ist in ihrer Epoche gefangen. Während des Erdbebens von 2011 stand sie kurz wieder im Rampenlicht, da das Phänomen der Bodenverflüssigung hier besonders offensichtlich war.

DIE AUFGELASSENE HARUMI-BRÜCKE

⑬

Überreste einer stillgelegten Güterstrecke

Zwischen 2 Harumi, Chuo-ku (東京都中央区晴海 2) und 2 Toyosu, Koto-ku (東京都江東区 2) – Rund um die Uhr zu besichtigen, doch die Brücke ist für die Öffentlichkeit geschlossen; 10 Gehminuten entfernt von der Station Toyosu (豊洲), Tokyo-Metro-Linien Yurakucho oder Yurikamome

Überquert man den Harumi-Kanal in der Nähe des überlaufenen La-Laport-Einkaufszentrums, ist die einsame Harumi-Brücke (晴海橋梁) das Relikt einer Güterstrecke aus Zeiten des Wirtschaftsbooms. Sie wurde 1957 für den Transport von Zement, Rohstoffen und Chemikalien zwischen Toyosu, Harumi und dem Echujima-Frachtterminal gebaut. Der zunehmende Lkw-Verkehr machte die Strecke obsolet, die schließlich 1989 während der Deindustrialisierung Toyosus aufgelassen wurde. Die Brücke ist nun für die Öffentlichkeit gesperrt.

Auf dem Areal rund um den Frachtterminal von Ecchujima gibt es noch einige weitere Relikte, obwohl die Strecke selbst vollständig unter der Bahnhofshalle von Toyosu verschwunden ist. Zwei Pfeiler einer im Jahr 2000 abgebrochenen Brücke befinden sich auf dem Toyosu-Kanal. Östlich des Kanals, bei 1-Shiobara, ist die Strecke am Südufer deutlich zu erkennen, und im Süden von 2-Shiobara zeigen die schmalen, überwucherten Streifen, wo sie früher verlief.

Toyosus industrielle Vergangenheit

Toyosu (豊洲) hat sich in letzter Zeit zu einem der bemerkenswertesten Orte der Stadt entwickelt, doch seine Vergangenheit ist industriell, wie die aufgelassene Brücke zeigt. Wie die benachbarten Bezirke entstand Toyosu in der ersten Hälfte des 20. Jahrhunderts aus den Gewässern der Bucht. Dort wurden mehrere Fabriken gebaut, darunter auch ein Gaskraftwerk. Dessen Schließung im Jahr 1984, gefolgt von der Eröffnung der U-Bahn-Station Toyosu und dem Ende der Gasförderung im Jahr 1988, beschleunigten den Wandel des Bezirks in den 1990er-Jahren. Die Fabriken siedelten um, die Arbeiterwohnungen machten erst Platz für Büros und dann, 2000 und 2010, für riesige Wohntürme rund um das Urban Dock LaLaport Toyosu, einen Einkaufskomplex, der 2006 auf dem Gelände einer IHI-Werft eröffnete. Der atemberaubende Blick auf die Regenbogenbrücke von der Terrasse des LaLaport-Restaurants und das elegante Ambiente machen es zu einer beliebten Event-Location mit wenig bekannter Vergangenheit.

DIE RESTE DES K-MUSEUMS

⑭

Eine architektonische Kuriosität

3-1-10 Ariake Koto-ku (東京江東区有明3-1-10)
Das Gebäude ist nur von außen zu besichtigen
10 Gehminuten entfernt von Ariake (有明), Linien Yurikamome oder Kokusai-Tenjijo (国際展示場), TWR Rinkai-Linie

Designt von Makato Sei Watanabe, dem Architekten, der auch das Gebäude Nr. 1 der technischen Hochschule Aoyama entwarf (s. S. 200), steht das äußerst ungewöhnliche K-Museum (共同溝展示館, Kyodokan Tenjikan oder „Leitungstunnel-Museum", das K bezieht sich auf den japanischen Namen) allein am Ende der Yume-No-Ohashi-Brücke, die den Kanal auf der Westseite des Bezirks Ariake überspannt.

1997 für Ausstellungen über die Leitungstunnel, Kabel und andere Rohrleitungen zur Versorgung der Stadt eröffnet, war das Museum weniger als vier Jahre für die Öffentlichkeit zugänglich. Aufgrund fehlender Besucher wurde es im April 2001 geschlossen. Seitdem ist das kleine Gebäude zu einer Art architektonischer Kuriosität inmitten Tokios geworden. Es stellt seine kantigen Formen für Passanten zur Schau, und junge Sängergruppen kommen manchmal hierher, um Fotoshootings zu veranstalten.

Neben dem Tokyo Big Sight, Fuji TV und dem Ariake Coliseum umfasst die umliegende Stadtlandschaft eine Reihe futuristischer Gebäude und bietet einen Einblick in das, was auf der Weltausstellung 1996 präsentiert hätte werden können, die jedoch im Mai 1995 abgesagt wurde, als die Dotcom-Blase platzte[1].

[1] Ein Verweis auf die Spekulationsblase der späten 1980er-Jahre, die 1991 platzte und zu einer langen Periode der wirtschaftlichen Stagnation führte, in Japan auch als das „Verlorene Jahrzehnt" bekannt.

DAS ZOLLINFORMATIONSZENTRUM TOKIO

⑮

Schmuggelware und „Custom-Kun“

2-7-11 Aomi, Koto-ku (東京都江東区青海 2-7-11)
Täglich 9–17 Uhr, an Wochenenden und gesetzlichen Feiertagen geschlossen
Freier Eintritt
5 Gehminuten entfernt von der Station Telecom Center (物流センター), Yurikamome-Linie

Im zweiten Stock des Hauptgebäudes des Tokioter Zollamts bietet ein neuartiges Informationszentrum (東京税関・情報ひろば) eine Reihe kleiner Ausstellungen über die Geschichte (seit der Ankunft der „Schwarzen Schiffe“ von Commodore Matthew Perry und der Öffnung Japans), Rolle und Bedeutung des Zolls für das Land.

Das Zentrum präsentiert eine Auswahl an Fälschungen, verschiedenen ausgestopften Tieren geschützter Arten sowie sehr einfallsreichen Beispielen für Schmuggelmethoden. Nachdem Sie alles über Spürhunde gelernt haben, können Sie einen Röntgensimulator ausprobieren.

Das Zentrum bemüht sich sehr, trotz des ernsten Themas einen leichten Ton anzuschlagen. Besucher können Selfies mit dem Zollmaskottchen Custom-Kun, einem kuscheligen gelben Hund, machen.

Um in das Informationszentrum zu gelangen, muss man sich zuerst an der Rezeption anmelden.

IN DER UMGEBUNG

Blick auf die Uferpromenade von Oi vom Aomi-Minami-Futo-Park aus (16)

Fünf Gehminuten vom Zollamt entfernt ist der Aomi-Minami-Futo-Park ruhig und oft fast menschenleer. Angeln ist erlaubt, daher verbringen passionierte Angler manchmal den ganzen Tag dort.

Der Park verfügt über einen schönen, einfachen japanischen Garten, bietet aber, sehr zur Freude der Fans von Hafenlogistik und riesigen Schiffen, vor allem eine der besten Aussichten der Stadt auf den Container-Terminal von Oi. Diejenigen, die das Spektakel des Be- und Entladens genießen möchten, sollten morgens vorbeikommen, wenn es mehr Schiffsbewegungen und auch mehr Aktivität bei den Containern gibt.

Gegenüber gibt es keinen direkten öffentlichen Zugang zu den Oi-Docks, und die riesigen Kräne sind von der Straße aus nur teilweise sichtbar. Zudem kann der Lkw-Verkehr zu und von den Kais in der Hauptverkehrszeit höllisch laut werden. Besser, man genießt das alles im Park und aus der Ferne.

Die Bucht auf der Oi-Seite ist eine Ode an die Frachtschifffahrt: Die sieben Liegeplätze werden von 14 rot-weißen Kränen bedient und nehmen 2.354 Meter Küste ein. Diese Hafenanlage, die 1975 eröffnet und 2004 renoviert wurde, ist die größte der drei Frachtdocks im Hafen von Tokio. Die 1967 eröffneten „historischen" Docks befinden sich in Shinagawa, nördlich von Oi. Mit nur drei Liegeplätzen sind dies die kleinsten Docks im Hafen. Die dritte Anlage befindet sich in Aomi, gleich neben dem Park. Jedes Jahr passieren etwa 3.000 Frachtschiffe und 1,8 Millionen TEU-Container Oi.

Auf der anderen Seite des Wassers, in Oifuto, wird der 1977 eröffnete öffentliche Minatogaoka-Futo-Park vom Hafen Tokio betrieben, in dessen Mitte sich ein 20 Meter hoher, künstlicher Hügel befindet – hoch genug für einen guten Blick auf die Umgebung, einschließlich eines Teils der Docks.

DIE CHUO-BOHATEI-DEPONIE

⑰

Die Stadt kümmert sich um ihren Abfall

5 Gehminuten entfernt von der Bushaltestelle Kankokyoku-Chuo-Godochoshamae (環境局中防合 同庁舎前); Toei-U-Bahn-Linie 波1 von der Station Telecom Center (テレコムセン ター), Yurikamome-Linie
Rund um die Uhr erreichbar, letzter Bus vom Telecom Center um 21 Uhr
Für den Besuch einer Aufbereitungsanlage ist eine Voranmeldung erforderlich (tokyokankyo.jp/kengaku/umetate.html oder 03-3570-2230)
Touren: Montag bis Freitag 9–16:30 Uhr, im Januar, Februar, März, Juli und August auch samstags

Die Deponie Chuo-Bohatei (中央防 波堤 – Zentraler Wellenbrecher) ist, neben anderen Projekten in der Bucht, ein gutes Beispiel für die Entstehung der Stadt: 300 Hektar Tokio, aus dem Wasser zurückgewonnen. Direkt nach der Chuo-Ohashi-Brücke gibt es einen kleinen Streifen neben der Straße (zugänglich für alle, die mutig genug sind, hier entlangzugehen) unter der Einflugschneise der Start- und Landebahn B des Flughafens Haneda. Die maritime Deponie selbst ist nicht öffentlich zugänglich, doch die Tokyo Metropolitan Environmental Corporation (東京都 環境公社) organisiert Touren zu einer Aufbereitungsanlage an der Nordseite der Deponie. Der Besuch vermittelt

einen Eindruck davon, was mit dem Abfall passiert und welche Rolle er bei der Stadterweiterung spielt.

IN DER UMGEBUNG

Fußgängerzugang zur Gate Bridge ⑱

Die majestätische Gate Bridge (ゲートブリッジ), die im Februar 2012 eröffnet wurde, um Chuo-Bohatei und Wakasu zu verbinden, ist über die Südspitze von Wakasu teilweise für Fußgänger zugänglich. Mitte der 1970er-Jahre entstanden, ist dies einer der wenigen Verwaltungsbezirke der Stadt ohne offizielle Einwohner. Ein Bus verbindet den Südausgang des Bahnhofs Shin-Kiba mit dem Campingplatz im Wakasu-Park, einem der wenigen innerhalb der Metropole Tokio. Der Campingplatz ist an Wochenenden und bei Grillfesten im Sommer gut besucht. Der Bus fährt den 18-Loch-Golfplatz Golf Links entlang, unter Schutznetzen für den Fall, dass sich ein Ball verirrt. Der Campingplatz und der Golfplatz liegen im Schatten der beeindruckenden Brücke. Ein Fahrstuhl fährt hinauf zur Brücke, von wo aus man einen freien Blick auf den Osten der Stadt genießt. Nur der Ostabschnitt ist für Fußgänger zugänglich. Man gelangt hier also nicht zur Deponie Chuo-Bohatei, wenn man zu Fuß unterwegs ist.

Abfallkrieg *313*

Akabane Hachiman *161*

Am Kagata-Schrein begrabener Wal *68*

Andere Fujizukas in Tokio *157*

Andere Grabhügel in der Gegend *135*

Andere japanische Nachbildungen der Lourdes-Grotte *247*

Antisuizid-Gitter von Takashimadaira *142*

Antonin Raymond, Begründer der modernen japanischen Architektur *55*

Arakawa: Ein Fluss mit einem anderen Namen *163*

Arakawa, Tokios letzte Straßenbahnlinie *265*

Arakawa Museum of Aqua *162*

Arbeitslager Ishikawajima *36*

Archäologiemuseum der Universität Kokugakun *198*

Archäologiepark Iko *212*

Arimasutonbiru-Haus *53*

Aufgelassene Harumi-Brücke *316*

Aufgelassene Station Keisei Hakubutsukan-Dobutsuen *272*

Aussichtsplattform am Rathaus von Nerima *154*

Backsteinmauern des Arakawa Yuen *266*

Bahnhof Kuhonbutsu *130*

Beide Kewpies sind nicht identisch *227*

Beine in den Fußspuren von Soga Gogo kräftigen *307*

Bewegliche Brücke von Handeda *82*

Binbo-Ga-Saru-Statue *271*

Biorium *119*

Blick auf die Uferpromenade von Oi vom Aomi-Minami-Futo-Park aus *321*

Blinde Enma-Statue *256*

Blumenhalle am Ota-Markt *78*

Botanische Gärten der Tokio University Graduate School of Science *254*

Brandbombeneinschläge auf der Nihonbashi-Brücke *22*

Bronzedenkmal für Gundam *90*

Bronzestatuen der *Kochikame*-Charaktere *218*

Brücke für die Expo 1940 in Tokio, die nie stattfand *39*

Chinreisha *28*

Chinzanso-Anwesen *248*

Chuo-Bohatei-Deponie *322*

Dagashi-Ya-Spielemuseum *159*

Daigo Fukuryu Maru *312*

Daikokuten-Skulptur bei Minobu-Betsuin *20*

Dakini, Inari, Buddhismus und Shinto *45*

Denkmal für das alte Ginza *35*

Denkmal für den Countdown zum 21. Jahrhundert *46*

Denkmal für den Kopf von Taira no Masakado *26*

Denkmal für die Prostituierten von Yoshiwara im Jokan-ji *292*

Denkmal im Pflaumengarten *301*

Diskrete *Kagai* von Mukojima *287*

E-Sonnenblume von Daikanyama *204*

Edan Mall Fukasawa *129*

Ehemaliges Bett des Nakagawa *236*

Ehemaliges Wohnhaus von Tokutomi Roka *110*

Eingang zum Nakano-Gefängnis *94*

Eitaibashi *309*

Ekodas Fujizuka *156*

Elf Tajima-san Tempel *153*

Enkiri Enoki *174*

Enma-Statue im Taiso-ji *187*

Erstes Arsenal *169*

Fassade des Fukagawa Fudou-dou *308*

Flussaufwärts auf dem Fluss Shibuya *196*

Fuchsstatuetten im Toyokawa-Inari-Tempel *44*

Fussweg des Kirigaoka *Danchi* 160
Fußgängerzugang zur Gate Bridge 323
Galerie der Gedenkstätte im Komazawa-Olympiapark 128
Garten Shinchiteien 30
Gebäude Nr. 1, Aoyama Technical College 200
Gedenkstein für das Sugamo-Gefängnis 244
Gedenkstein in der Residenz von William Adams 24
Gedenkstein mit weißen Ziegeln in Togoshi-Ginza 64
Geheimnisvolle Säulen von Lumine Est 191
Geisterstufe in Yayoi 261
Gesicht des großen Buddha von Ueno 274
Glocke auf Reisen 257
Godzilla-Statue am Eingang der Toho Studios 117
Godzilla-Statue vor dem Midtown Hibiya 40
Grab des Residenten des Königreichs Hawaii in Japan 243
Grabmal für die Tiere des Zoos Ueno 276
Grant Heights oder Grand Heights? 149
Gräber sezierter Leichen in Yanaka 270
Großer Buddha von Tokio 146
Gunkan-Higashi-Shinjuku 188
Hakone-Yama 182
Haneda-Shinto-Schrein 42
Hasegawa-Machiko-Kunstmuseum 125
Haus von Basho 252
Hayagriva von Koto 305
Heilige Hallen des Rissho Kosei-Kai 102
Heisi-Garten im Gyosen-Park 238
Hikarigaoka *Danchi* 148
Himmelstreppe am Mount Atago 48
Honjo, ein zweifach erschütterter Bezirk 285
„Hügel zum Fuji" 270
Ichigaya Fish Center 184
Imado, Danzaemon und die niedrigen Kasten 291
Imado-Schrein 290
Institut Noguchi 171
Inszenierung der Enma-Statue im Fukagawa Enmado 306
Irori im Suginami Historical Museum 100
Iwabuchi-Schleuse 164
Jizo: groß angelegte Polizeiuntersuchung in der Edo-Zeit 221
Jizo im Hojoin-Tempel 83
Jizos von Nishiarai-Daishi 214
Joe-Statue in San'ya 294
Kaiser-Bahnhof Harajuku 195
Kan'eiji-Saka: eine weitere aufgelassene Station auf der Keisei-Linie 273
Kappa 279
Katori-Jinja-Shinto-Schrein in Kameido 300
Kawaji Toshiyoshi, Saigo Takamori und der Satsuma-Aufstand 33
Kimura Budoen („Traubengarten") und Hühnerstall 135
Kishin-En-Garten 136
Kisho-Jinja-Wetterschrein 96
Kleines Akihabara 17
Koaidame, ein Territorialstreit zwischen Saitama und Tokio? 221
Koishikawa-Bau, Museum der Universität Tokio 255
Koizumi-Rinder 150
Koku-Jinja-Schrein 42
Kokucho-Glocke 21
Komazawa-Olympiapark und die Spiele von 1940 129
Kriminologische Sektion des Museums der Meiji-Universität 16
Kyu-Furukawa-Teien-Gärten 166

Kulturzentrum Kita: Ehemaliges Hauptquartier der ersten Munitionsfabrik 169
Labyrinth von 6-Otsuka und 5-Higashi Ikebukuro 245
Lebensmittel- und Landwirtschaftsmuseum 118
Lourdes-Grotte 246
Makoto Sei Watanabe 201
Maneki-Neko im Gotoku-Ji-Tempel 113
Manseibashi-Geisterstation 19
Marinedorf 71
Meguro Sky Garden 62
Meiji-Maru-Museumsschiff 310
Menschliche Überreste unter dem Internationalen Forschungszentrum für Infektionskrankheiten 183
Miura Anjin, der erste westliche Samurai 24
Momotaro Dentetsu 227
Mon-Fliesen des *Akamon* in Todai 260
Morigasaki-Park: Auf dem Dach einer Abfallverwertung 83
Motoo Ōtaguro 99
Mumifizierter *Kappa*-Arm am Sogen-ji 278
Museum der Luftangriffe und Kriegsschäden in Tokio 304
Naito-Shinjuku-Diorama 186
Nakano-Broadway-Wohnanlage 95
NHK-Rundfunkmuseum 49
Nihonbashi-Uogashi-Denkmal 25
Nishi-Oizumicho: Tokios einzige Verwaltungsexklave 151
Nishirokugokoen-Park 86
Noguchi-Institut 171
Okoi 67
Okuno Building in Ginza 34
Omori-Nori-Museum 80
Onagigawa-Clover-Kyo-Brücke und der Mikrodamm von Koto 303
OTA, ein riesiger, aber zugänglicher Markt 79
Ota oder die städtische Deindustrialisierung 85
Ōtaguro-Park 98
PALM 65
Park an den Ufern des Hikifunegawa 222
Pfeiler der Kachidori-Brücke 38
Pferdebrunnen 190
Pio 84
Polizeihäuschen und der Briefkasten im Zoo von Ueno 277
Ponys im Yoyogi-Stadtpark 194
Pulvermühle des Zweiten Arsenals 170
Raststationen auf den Edo-Routen 173
Reisfelder in der Stadt 149
Reste des K-Museums 318
Riesendämme am Edogawa 232
Rissho Kosei-Kai 103
Rotierender Buddha von Okura 116
Runensteine im Hibiya-Park 41
Rurikoin-Byakurengedo-Tempel 192
San'ya 295
San'ya Bori und Yoshiwara 293
Sando am Hisatomi-Inari-Schrein 126
Sangenjaya-Dreieck 120
Sazae-san und Sakurashinmachi 125
Säulen am Standort der Sakuma-Brücke 17
Säulen des Haupttors zum Yasukuni-Schrein 29
See der ehemaligen Yasuda-Gärten 284
Seibu-Shinjuku-Linie 191
Sendagaya-Tunnel 195
Senzoku-Ike-Unterführung 72
Setagaya Museum of History 121
Shibue-Spielplatz 227
Shimokita und seine vergessene Vergangenheit 207

Shinagawa-shuku 69
Shinagawaura: Die alte Mündung des Megurogawa 69
Shingyoji 153
Shirahige-Higashi *Danchi* 288
Shitamachi-Bob 84
Shogan-ji-Planetarium 230
Soba-kui Jizovon Kuhon'in 152
Sogar die Bahnhofsglocke spielt die Titelmelodie von *Gundam* 91
Sportanlage in Tatsumi No Mori 314
Spuren des Erdbebens von 1923 23
Stadtmuseum Katsushika 223
Standort der Statuen 219
Statue an der Chikusa-Spielwarenfabrik 226
Statue im Garten von Atago Green Hills 50
Statuen 225
Statuen von Captain Tsubasa 224
Statuen von Gohyaku Rakan-ji 66
Statuen von Sazae und ihrer Familie in Sakurashinmachi 124
Statuen von Tieren, die im Krieg getötet wurden 29
Statuetten im Pearl Center 97
Stehender Stein von Tateishi 228
Steile Hänge von Den-en-Chofu 135
Stele Tsuki wo iru 165
Straßenbahnen auf der Arakawa-Linie 264
Sumida Heritage Museum 286
Sunamachi-Ginza 303
Tafel am Mount Asuka 167
Taira no Masakado 27
Takanawa Central Passage 52
Takarakuji Dreamkan 32
Tanokami: der Schutzgeist der Reisfelder 199
Tateishi Nakamise 229
Tatsumi *Danchi* 315
Tempeldorf Iko 213
Tetsugakudo-Park 92
Tobu-Daishi-Linie 215
Todoroki-Schlucht 132
Toiletten des Leuchtturms im Tsukuda-Park 36
Toiletten des Oku-Bahnhofs 268
Tokio-Ableger der Miki Corporation 202
Tokio Camii 206
Tokio, eine dem Wasser abgetrotzte Stadt 233
Tokios verborgene Flüsse 197
Tokios zweites Arsenal 171
Tokioter Polizeimuseum 33
Tokiwadai und seine Sackgassen 158
Tokodai-Blüte 73
Tokutomi Roka 111
Toneri-Ikiiki-Park 210
Tor zur Seishin-Joshi-Gakuin-Schule 54
Torii des Toyokawa-Inariin Jiyugaoka 70
Toshimaen und seine Burg 153
Tower-Hall-Funabori-Aussichtsplattform 234
Toyama Heights, ein überaltertes Dorf in den Yamanote-Hügeln 189
Toyosus industrielle Vergangenheit 317
Trockengärten 239
Tsumami-Kanzashi-Mini-Museum 180
Tumuli auf den Hügeln Musashinos 134
Türme der Komazawa-Wasserentnahmestelle 122
Ultraman von Soshigaya-Okura 114
Umgebaute Tamanoi-Cafés 295
Universitätsrestaurants auf dem historischen Campus Todai 261
Unter dem Tamagawa-Daishi-Tempel 138
Unyo Maru 311
Ursprung von „Edan" 129

Überreste der Hinrichtungsstätte Kozukappara *296*
Überreste der Hinrichtungsstätte Suzugamori *74*
Überreste der Kanonenstände von Odaiba *56*
Überreste der Munitionsfabrik Jujo *168*
Überreste der Senju-*Shukuba* *216*
Überreste des Onagigawa-Frachtterminals *302*
Überreste von Itabashishuku *172*
Venezianischer Kanal in Tokio *71*
Verbrannte Bäume von Senso-ji *280*
Vergiftet, ausgehungert oder erwürgt *277*
Verschnürte *Jizo*-Statue *220*
Von Jour Caux, der japanische Gaudí *108*
Wachposten im Viertel Nishi-Naka-dori *37*
Waseda El Dorado *178*
Wasser für Edo *259*
Wasserversorgungsmuseum in Tokio *258*
Wegweiser in der Oyama-Dori *120*
Weitere Spuren von Ultraman *115*
Westliche Gräber auf dem Somei-Friedhof *242*
Wildvogelpark am Hafen von Tokio *76*
Wohnhäuser La Porta Izumi no Mon und Mind Waa *104*
Yakushi-no-Izumi-Garten *144*
Yokoamicho-Park *282*
Yonei und das Maruka Building *35*
Zeit in Edo *21*
Zenshinsha *235*
Zoji-ji: der einzige Tempel in Tokio, der „vor dem Bösen schützt" *215*
Zollinformationszentrum Tokio *320*
Zug-Aussichtsplattform mAAch ecute Kanda Manseibashi *18*
Zum Gedenken an die Burg von Akatsuka *147*
Zwei berüchtigte Häuser im Soshigaya-Park *112*

Anime, アニメ, japanische Cartoons.
Apato, (von „Apartment"), アパート, ein in der Regel niedriges Wohnhaus (zwei bis drei Etagen) mit einer Holz- oder Stahlkonstruktion, besonders beliebt während der Showa-Zeit. Der begrenzte Raum in dieser Art von Wohnung und die dünnen Wände führten dazu, dass diese emblematischen Häuser der 1960er- und 1970er-Jahre den Spitznamen „Kaninchenkäfige" erhielten.
Bodaiji, 菩提寺, buddhistischer Tempel, der für Beerdigungsfeiern im Familienkreis genutzt wird.
Bunrei, 分霊, Teilung eines *Kami* (Shinto-Gott), um zwei Kopien des Originals zu erhalten und eine davon einem anderen Schrein zu geben.
Combini, コンビニ, örtlicher Supermarkt, in der Regel eine Kette.
Cosplay, コスプレ, Verkleidung als Manga- oder Videospielfigur.
Dagashi, 駄菓子, billige Süßigkeiten, die hauptsächlich an Kinder verkauft werden.
Daikokuten, 大黒天, buddhistischer Schutzgott, vom Sanskrit-Namen Mahakala, abgeleitet vom Hindu-Gott Shiva. Einer der Sieben Glücksgötter.
Daimyo, 大名, Feudalherr.
Danchi, 団地. *Danchis* sind funktionale Wohngebäude in der Stadtentwicklung. Sie werden hauptsächlich als öffentliche oder halböffentliche Wohnkomplexe für weniger wohlhabende Schichten genutzt. In der Regel bestehen sie aus einer Reihe von gleich hohen Wohnblöcken, bei denen die Nutzung wichtiger ist als das Aussehen. Die großen *Danchis* wurden nach dem Zweiten Weltkrieg und während des darauffolgenden Wirtschaftsbooms gebaut.
Datsue-ba, 奪衣婆, dämonisches Wesen, das den Geistern der Toten ihre Kleidung raubt, wenn sie den Sanzugawa (三途川), den Grenzfluss zur Unterwelt, überqueren.
Doyagai, ドヤ街, „Doya-Viertel", ein Stadtteil, der einfache Übernachtungsmöglichkeiten zu sehr günstigen Preisen bietet. Das Wort *Doya* ist Slang, eine Umkehrung von *Yado* (宿), Wohnraum.
Ebisu, 恵比寿, Schutzgott, Gott der Fischerei, einer der Sieben Glücksgötter, die einzige japanische Gottheit ohne hinduistischen Ursprung.
Ema, 絵馬, kleine Holztafel in den Shinto-Schreinen, auf die man ein Gebet oder einen Wunsch schreiben kann.
Enma, 閻魔, buddhistische und hinduistische Gottheit Yama, urteilt am Eingang zur Unterwelt über die Toten.
GachaGacha, ガチャガチャ, auch *Gachapon* (ガチャポン) genannt, münzbetriebener Automat, der Spielzeug in einer Plastikkapsel auswirft und das Geräusch beim Betätigen des Hebels nach dem Einwerfen der Münze nachahmt.
Genkai-shuraku, 限界集落, („inakzeptabel"), ein ländliches (Berg-)Dorf weit entfernt von den wichtigsten Handelsrouten des Landes, wo die Überalterung der Bevölkerung die Existenz des Dorfes bedroht.
Geta, 下駄, traditionelle Schuhe.
Goemonburo, 五右衛門風呂, gusseiserne Wanne, die von einem Feuer erhitzt wird; mit einer Holzplatte versehen, um den direkten Kontakt mit der heißen Oberfläche zu vermeiden.
Hatamoto, 旗本, Samurai, der in der Edo-Zeit direkt dem Shogunat diente.
Hatsumode, 初詣, erste Gebete im japanischen Neujahr.
Hokora, 祠, Shinto-Schrein, Miniaturschrein.
Honetsugi,骨接ぎ, traditioneller Chiropraktiker oder Knocheneinrenker.
Hotei, 布袋, lachender Buddha, Gott der Toleranz und Großzügigkeit.
Hondo, 本堂, Haupthalle eines Tempels, in dem das Objekt der Verehrung untergebracht ist.
Irori, 囲炉裏, traditionelle japanische Feuerstelle.
Izakaya, 居酒屋, „Gastropub", etwas zwischen Bar und Restaurant. Hier wird immer Alkohol ausgeschenkt.
Jizô, 地蔵, einer der meistverehrten buddhistischen Bodhisattvas Japans, sein Sanskrit-Name ist Kshitigarbha. Oft in Form eines stehenden Mönchs dargestellt, wird er im Volksmund als Retter wandelnder Seelen und Geister gesehen, manchmal als Beschützer von Kindern.
JMA, Kishocho, 気象庁, *Japan Meteorological Agency*.
JSDF, Jieitai, 自衛隊, *Japan Self-Defense Forces*, Japanische Selbstverteidigungsstreitkräfte.

Kabayaki, 蒲焼き, gegrillter Aal.
Kagai oder ***Hanamachi*** (花街), Rotlichtviertel, in dem sich die Geisha-Häuser befinden.
Kami, 神, Shinto-Geist oder -Gottheit.
Kanzashi, 簪, Haarschmuck.
Koban, 交番, lokales Wachhäuschen.
Kojiki, (古事記, *Aufzeichnung alter Begebenheiten*) und **Nihonshoki** (日本書紀, *Chronik Japans)*. Beide stammen aus dem 8. Jahrhundert und gelten als die frühesten offiziellen Geschichtswerke Japans. Sie enthalten unter anderem Mythen und Legenden über die Entstehung des Landes und beschreiben das Wesen des Shinto-Pantheons.
Konnyaku,こんにゃく, Paste aus Konjakmehl.
Korokke (vom Niederländischen *Krokket*), コロッケ, frittierte Kroketten, meist auf Basis von Kartoffelpüree, eine japanische, von der westlichen Küche inspirierte Spezialität, die Ende des 19. Jahrhunderts aufkam.
Maneki-Neko, 招き猫, Katzenfigur, die Glück bringt.
Mansion, マンション, Wohnblock.
Miko, 巫女, Frau, die im Schrein dient.
MLIT, *Kokudo Kotsusho*国土交通, Ministerium für Land, Infrastruktur, Transport und Tourismus.
Moba-Moga, モボ・モガ, Abkürzung für „Modern Boy, Modern Girl", Kultur und Mode der verwestlichten Jugend ab den 1920er- und 1930er-Jahren.
Mon, 紋, Wappenzeichen.
Monjayaki, もんじゃ焼き, Spezialität aus Weizenmehl.
Monozukuri, ものづくり, „Dinge herstellen", ein Begriff, der oft eingesetzt wird, um die Präzision japanischer Technik und industrieller Produktion hervorzuheben.
Nihonshoki, s. *Kojiki*.
Omamori, 御守, schützender Glücksbringer.
Oyakodon, 親子丼, Reisgericht mit Ei.
Pachinko, パチンコ, Spielautomat ähnlich dem Flipperspiel.
Rakans, 羅漢, Schüler Buddhas auf dem Weg der Erleuchtung (Arhat), oft mit lachendem Gesicht dargestellt.
Rangakusha, 蘭学者, „Hollandologen", japanische Intellektuelle der Edo-Zeit, spezialisiert auf das Studium westlicher Texte. Diese erhielten sie während der Isolationsphase des Landes unter anderem durch Handel mit holländischen Seefahrern.
Romaji,ローマ字, lateinisches Alphabet.
Ronin,牢人 oder 浪人, in der Edo-Zeit ein Krieger ohne Meister nach dem Verlust (oder der Aufgabe) seines Feudalherrn.
Ryotei, 料亭, gehobenes Restaurant, manchmal sind Geishas anwesend.
Sando, 参道, Pilgerweg, Weg vom *Torii* bis zum Schrein.
Sento, 銭湯, öffentliche Bäder.
Shomen-Kongo, 青面金剛, sechsarmige blaue Gottheit, Yaksha-Geist, der sich vom chinesischen Taoismus ableitet und das Herzstück des populären *Koshin*-Kults (庚申) ist. *Shomen-Kongo* ist ein Gott-Dämon, der vor Krankheit schützt.
Shugoshin, 守護神, Hüter, Schutzgottheit.
Shukuba, 宿場, Raststation auf den Edo-Routen (s. S. 173).
Sobas, 蕎麦, Buchweizennudeln.
Suikinkutsu, 水琴窟, traditionelle Gartenornamentik, die als Musikinstrument fungiert, basierend auf dem Geräusch von Wassertropfen, die in eine verborgene unterirdische Kammer fallen.
Tokusatsu, 特撮, TV-Serie oder Film mit vielen Spezialeffekten (von *Bioman* über *X-Or* bis *Godzilla*), *Ultraman* ist einer der frühesten Vertreter des Genres.
Torii, 鳥居, Tor zu einem Shinto-Schrein.
Wadokei, 和時計, mechanische Uhr, die die Zeit auf traditionelle Weise anzeigt (s. S. 19). Die variierende Stundenlänge in der Edo-Ära, je nach Jahreszeit, führte zur Entstehung einiger besonders komplexer Vorrichtungen.
Yakatabune, 屋形船, traditionelles Ausflugsboot für Dinner-Kreuzfahrten.
Zaibatsu, 財閥, Firmenkonglomerat.

Im September 1995 kommt Thomas Jonglez im pakistanischen Peschawar, 20 Kilometer von den Stammesgebieten entfernt, die er wenige Tage später besucht, auf die Idee, die ihm bekannten verborgenen Orte von Paris zu Papier zu bringen. Seine siebenmonatige Reise von Peking nach Paris führt ihn damals unter anderem nach Tibet (in das er ohne gültige Papiere, versteckt unter Decken in einem Nachtbus, einreist), in den Iran und nach Kurdistan. Den gesamten Weg legt er ohne Flugzeug, ausschließlich per Schiff, Anhalter, Fahrrad, Zug oder Bus, reitend und zu Fuß zurück. Er erreicht Paris gerade noch rechtzeitig, um mit seiner Familie Weihnachten zu feiern. Nach der Rückkehr in seine Geburtsstadt verbringt er zwei Jahre mit der Erkundung praktisch aller Straßen von Paris, um, gemeinsam mit einem Freund, seinen ersten Reiseführer über die Geheimnisse von Paris zu schreiben. Anschließend ist er zunächst sieben Jahre in der Eisen- und Stahlindustrie tätig, bevor ihn erneut die Leidenschaft packt und er sich ganz dem Entdecken widmet. 2003 gründet er seinen Verlag, 2006 zieht er nach Venedig. 2013 zieht es ihn mit seiner Familie wieder in die Welt hinaus. Sechs Monate führt die Reise von Venedig über Nordkorea, Mikronesien, die Salomon-Inseln, die Osterinsel, Peru und Bolivien nach Brasilien. Nach sieben Jahren in Rio de Janeiro lebt Thomas heute mit seiner Frau und seinen drei Kindern in Berlin. Die Publikationen des Jonglez Verlags sind in neun Sprachen und 40 Ländern erhältlich.

IM SELBEN VERLAG ERSCHIENEN

ATLAS

Atlas der geographischen Kuriositäten
Atlas der Wetterextreme
Atlas of unusual wines (auf Englisch)

BILDBÄNDE

Abandoned Asylums (auf Englisch)
Abandoned Australia (auf Englisch)
Abandoned Belgium (auf Englisch)
Abandoned France (auf Englisch)
Abandoned Lebanon (auf Englisch)
Abandoned Spain (auf Englisch)
After the Final Curtain – The Fall of the American Movie Theater (auf Englisch)
After the Final Curtain – America's Abandoned Theaters (auf Englisch)
Baikonur – Relikte des sowjetischen Weltraumprogramms
Chernobyl's Atomic Legacy (auf Englisch)
Cinemas – A French heritage (auf Englisch)
Clickbait – A visual journey through AI-generated stories (auf Englisch)
Forbidden Places – Exploring our Abandoned Heritage Vol. 1 (auf Englisch)
Forbidden Places – Exploring our Abandoned Heritage Vol. 2 (auf Englisch)
Forbidden Places – Exploring our Abandoned Heritage Vol. 3 (auf Englisch)
Forgotten Heritage (auf Englisch)
Stilles Venedig
Ungewöhnliche Hotels
Venedig aus der Luft
Verborgene Heiligtümer
Verbotene Orte
Verlassenes Deutschland
Verlassenes Frankreich
Verlassenes Japan
Verlassene UdSSR
Verlassene USA
Verlassenes Italien
Verlassene Kirchen – Kultstätten im Verfall

VERBORGENES-REISEFÜHRER

Verborgenes Amsterdam
Verborgenes Bali
Verborgenes Bangkok
Verborgenes Barcelona
Verborgenes Berlin
Verborgene Dolomiten
Verborgenes Dublin
Verborgenes Edinburgh
Verborgenes Florenz
Verborgenes Genf
Verborgenes Granada
Verborgenes Hamburg
Verborgenes Istanbul
Verborgenes Kapstadt
Verborgenes Kopenhagen
Verborgenes Korsika
Verborgenes Lissabon
Verborgenes London
Verborgenes Los Angeles
Verborgenes Mailand
Verborgenes Neapel
Verborgenes New York
Verborgene Normandie
Verborgenes Paris
Verborgene Provence
Verborgenes Rom
Verborgenes Sevilla
Verborgenes Singapur
Verborgene Toskana
Verborgenes Venedig
Verborgenes Wien

„SOUL OF"-REIHE

Soul of Amsterdam – 30 einzigartige Erlebnisse
Soul of Athen – 30 einzigartige Erlebnisse
Soul of Barcelona – 30 einzigartige Erlebnisse
Soul of Berlin – 30 einzigartige Erlebnisse
Soul of Kyoto – 30 einzigartige Erlebnisse
Soul of Lissabon – 30 einzigartige Erlebnisse
Soul of Marrakesch – 30 einzigartige Erlebnisse
Soul of New York – 30 einzigartige Erlebnisse
Soul of Rom – 30 einzigartige Erlebnisse
Soul of Tokio – 30 einzigartige Erlebnisse
Soul of Venedig – 30 einzigartige Erlebnisse

Folgen Sie uns auf Facebook, Instagram und X

BILDNACHWEISE

 Fotos von Pierre MUSTIÈRE, mit Ausnahme von:

David MICHAUD:

Kriminologische Sektion des Museums der Meiji-Universität, Takarakuji Dreamkan, Okuno-Gebäude, Toyokawa-Inari-Tempel, Kagata-Schrein, Tamagawa-Daishi Außenaufnahme

Nesnad, Kyu-Furukawa-Gärten

Wiii, Tokio-Moschee

Bau der Komatsugawa-Schleuse (New-Year-Karte, ca. 1930)

Großer Buddha von Ueno, Taisho-Ära, 1912–1926

Ansicht von Asakusa und Azumabashi nach dem Bombardement vom März 1945. Danke für diese Aufnahmen an das Center of the Tokyo Raids and War Damage.

ABBILDUNGEN

Begegnung zwischen William Adams und Tokugawa Ieyasu 1600, Pieter VAN DER AA, 1707

Poster für die Expo 1940 in Tokio

徳川幕府刑事図譜 (illustriertes Buch der Strafmaßnahmen aus dem Tokugawa-Shogunat, 1893)

木曾街道板橋之驛 (Raststation Itabashi auf der Kiso-Kaido-Route), KEISAI Eisen (渓斎英泉), ca. 1836

名所江戸百景 四ツ木通用水引ふね (100 Ansichten von Edo: Schleppboot am Yotsugidori-Kanal) UTAGAWA Hiroshige (歌川広重), 1857

Erweiterung Tokios in die Bucht, Pierre MUSTIÈRE, verschiedene Quellen, 2017

幻燈写心競 隅田川 (Daydreams von Magic Lantern: Sumidagawa), TOYOHARA Chikanobu (豊原周 延), 1890

Mantra Mahāpratyangirā, 10. Jahrhundert v. Chr.

DANKSAGUNG

KERA Hiyoko, Machiko und Yuichiro; Nadine MUSTIERE; Philippe MUSTIERE; Antoine RIBAUD; Nicolas PLARD; Carole NAGANUMA; KANNO Naoko; SANO Kana; Samir BENNAFLA; Stéphanie AYUSAWA; Marine DURAND; Mamoun DRISSI KACEMI; Natsuki, An, Miku, Annie, Asuka, Kurumi, Nami (und Momo/Takako) in Baltimore; für Korrekturen, Klarstellungen und/oder Genehmigungen: KAWAKAMI Yusuke (Minato City Local History Museum); HORI Kenshin (Gohyaku Rakan-ji); YASUDA Kiyotaka (Lebensmittel- und Landwirtschaftsmuseum); TAKADA Hiroshi (Koyama-Shuzo Brauerei); ISHII Naoe (Arakawa Museum of Aqua); KITAGAWA Shoichiro (Kyu-Furukawa Gärten); ISHIDA Tsuyoshi (Tsumami-Kanzashi Mini-Museum); MIYAZAWA Satoshi (Shinjuku Historical Museum); AMITANI Norimasa (Kokugakuin University); KASUGA Ryo (Shogan-Ji); MURAKI Megumi (Wasserversorgungsmuseum Tokio); besonderer Dank an FUTABA Ryotei und Kingyo für die Einführung; KUMAGAI Katsuhiro (Seiko Museum); ICHIDA Mari (Daigo-Fukuryu-Maru-Museumshalle);

SHIBATA Junko (Zollinformationsmuseum Tokio); LEE Kazuo (Tokyo Metropolitan Environmental Corporation); auch wenn die betreffenden Orte aus Platzgründen nicht in diese Ausgabe aufgenommen wurden, sind wir dankbar für die Unterstützung von FUJITA Teru (Suginami Animationsmuseum) SAWA Yoshihiro, MISAKA Mihoko (Trainingszentrum für Katastrophenprävention im Tokyo-Rinkai Park) und WADA Tadashi (Tokio U-Bahn-Museum).

Karten: **Cyrille Suss** – Layout: **Iperbole und Emmanuelle Willard Toulemonde** – Deutsche Übersetzung: **Verena Thiard-Laforet** – Lektorat: **Desirée Šimeg** – Korrektorat: **Carola Köhler** – Redaktion: **Clémence Mathé**

März 2024 – 1. Auflage
ISBN: 978-2-36195-496-3
Gedruckt in Bulgarien von Dedrax